문식성 전략 50
- 단계별 언어 기능 교수 전략 -

Authorized translation from English language edition, entitled 50 LITERACY STRATEGIES: STEP-BY-STEP, 3rd Edition, ISBN: 0135158168 by TOMPKINS, GALL E., published by Pearson Education, Inc, publishing as Prentice Hall, Copyright ⓒ 2009.

All right reserved. No part of this book may be reproduced or transmitted in any from or by any means, electronic or mechanical, including photocopying, recording or by any information storage retrieval system, without permission from Pearson Education, Inc.

KOREAN language edition published by HANKOOKMUNWHASA, Copyright ⓒ 2012.
이 책의 한국어 판권은 Pearson과의 독점 계약에 따라 한국문화사에 있습니다.

문식성 전략 50

단계별 언어 기능 교수 전략

Gail E. Tompkins 지음
박정진 · 조재윤 옮김

한국문화사

문식성 전략 50 - 단계별 언어 기능 교수 전략 -

발 행 일 2012년 4월 10일 초판 인쇄
        2012년 4월 20일 초판 발행

원   제 50 LITERACY STRATEGIES Step by Step
지 은 이 Gail E. Tompkins
옮 긴 이 박정진·조재윤
꾸 민 이 김성아
펴 낸 이 김진수
펴 낸 곳 **한국문화사**
등   록 1991년 11월 9일 제2~1276호
주   소 서울특별시 성동구 아차산로 3(성수동 1가) 502호
전   화 (02)464-7708 / 3409-4488
전   송 (02)499-0846
이 메 일 hkm7708@hanmail.net
홈페이지 www.hankookmunhwasa.co.kr

책값은 뒤표지에 있습니다.

잘못된 책은 바꾸어 드립니다.
이 책의 내용은 저작권법에 따라 보호받고 있습니다.

ISBN 978-89-5726-957-2 93370

이 도서의 국립중앙도서관 출판시도서목록(CIP)은
e-CIP홈페이지(http://www.nl.go.kr/ecip)와
국가자료공동목록시스템(http://www.nl.go.kr/kolisnet)에서
이용하실 수 있습니다. (CIP제어번호: CIP2012001733)

저자 서문

　<문식성 전략 50: 단계별 언어 기능 교수 전략(50 Literacy Strategies: Step by Step)> 제3판은 학생들의 문식성 능력(literacy abilities)을 계발하기 위한 연구 기반이면서도 현장 검증을 거친 전략들을 담고 있다. 실제로 초등학교와 중학교 교사들이 사용하기에 편리하도록 자료들을 조직화하여 제시하고 있다. 각 교수 전략을 실행하기에 필요한 모든 것(적용 학년 수준, 영어 학습자를 위한 안내, 언제/왜 이 전략을 사용하는가, 각 활동의 단계별 실행 절차)이 일관되고 이해하기 쉬운 구성 방식으로 전개되어 있다.

　새롭게 재조직된 이번 판은 새 교수 전략인 '뜨거운 의자(Hot Seat)', '상호작용하며 소리 내어 읽기(Interactive Read-Alouds)', '저자에게 질문하기(Questioning the Author)', '루브릭(Rubrics)', '단어 사다리(Word Ladders)'를 포함하였다.

　각 활동은 가장 적절한 사용 방법을 안내하고, 다음 질문을 한눈에 답할 수 있는 표를 보면서 시작하도록 하였다.

- 이 전략으로 가장 계발시키고자 하는 교수 초점(말하기/듣기, 음운 인식/발음(음성), 유창성, 어휘력, 독해, 작문, 철자 쓰기, 내용교과)은?
- 이 교수 전략을 사용하기에 가장 알맞은 학년 수준은?
- 이 활동은 영어 학습자의 필요성에 부응하는가?

　교수 초점과 일관된 구성 방식은 연구 기반이면서도 교실 검증을 거친 전략들을 효과적으로 실행할 수 있도록 해 준다. 교사들을 위한 이 전략들은 문학 중심 단원, 읽기와 쓰기 워크숍 또는 주제 중심 단원을 포함하여 다양한 교수 방법으로 통합될 수 있다.

　이렇게 요약된 표에 이어 이 특정 교수 전략이 왜 효과적인 활동인지에 대한 간단한 논의를 통하여 해당 교수 전략을 소개하였다. 그 다음에는 이 교수 전략을 통하여 실행할 수 있는 단계가 분명하게 서술되어 있다. 추가로 수업에서 전략을 적용한 학생 예시 글이나 작품을 그림으로 제시하였다. 그리고 해당 교수 전략을 언제 사용하는가에 대한 설명은 교사들이 실제 수업 장면에 있을 때 도움이 될 수 있는 내용으로 진술되어 있다.

주요 특징

- 전략은 알파벳 순서로 배열하였고 쉽게 참조하기 위하여 번호를 붙였다.
- 이 책의 표지 안쪽에 교수 전략 초점(말하기/듣기, 음운 인식/발음(음성), 유창성, 어휘력, 독해, 작문, 철자 쓰기, 내용교과)에 따라 필요한 활동을 찾기 쉽게 안내하는 색인을 두었다.
- 전략을 효과적이고 빠르게 실행하기 위해 교사들이 알아야 할 것들은 일관되고 이해하기 쉬운 구성 방식으로 제시되었다.
- 전략을 안내하기 위하여 실례를 포함한 완전한 단계적 교수를 제시하였다.
- 다양한 언어권 출신으로 구성된 학생들의 요구를 반영하기 위해서 영어 학습자를 위한 안내 부분을 제시하였다.

<문식성 전략 50: 단계별 언어 기능 교수 전략>은 교사들을 대상으로 하는 읽기(reading), 문식성(literacy), 또는 언어 교과(language arts)의 교수 방법 과정에서 보조 교재로 사용될 수 있다. 또한 교사들의 연수 과정이나 교직원 워크숍의 핵심 교재로도 효과적이다. 주로 문식성 교육 분야의 예비 교사와 현직 교사 모두를 훈련시키기 위한 풍부한 자료라 할 수 있다.

Gail E. Tompkins의 전략 관련 저서를 소개하면 다음과 같다.

- *Teaching Vocabulary: 50 Creative Strategies, Grades 6-12*, second edition, by Gail E. Tompkins and Cathy Blanchfield.
- *Sharing the Pen: Interactive Writing with Young Children*, by Gail E. Tompkins and Stephanie Collom.
- *50 Ways to Develop Strategies Writers*, by Gail E. Tompkins and Cathy Blanchfield.

역자 서문

우리의 학교 현실을 걱정하는 사람들은 흔히 전통적 방식의 수업을 지양하고 새로운 대안적 수업으로 탈바꿈하기를 기대한다. 그러면서 새로운 대안이 교실 수업으로 정착되지 못하는 이유를 교사의 능력에서 찾는다. 그런데 문제의 원인을 교사의 능력에서만 찾는 것은 무책임한 일이라 할 수 있다. 교사들이 새로운 수업을 할 수 있도록 다양한 자료들을 제공하는 것이 우선 필요한 일이기 때문이다. 교과서만 주어지는 지금과 같은 환경에서는 교사들이 능력을 제대로 발휘하기가 쉽지 않을 것이다. "*50 Literacy Strategies*"를 번역하게 된 주된 이유가 여기에 있다.

이 책은 **Tompkins**의 "*50 Literacy Strategies: Step by Step*" 제3판을 번역한 것이다. 이 책에서 소개되고 있는 50가지 문식성 교수 전략들은 모두 교실에서 직접적으로 사용이 가능한 것들이다. 저자가 밝히고 있는 것처럼 현장 검증을 거친 것들이므로 실제적으로 유용하게 사용될 수 있다. 그리고 각 전략마다 교수 초점이나 알맞은 학년 수준, 사용 방법과 예들이 알아보기 쉽게 설명되어 있어서 누구나 편하게 활용할 수 있도록 구성되어 있다. 이런 저자의 의도에 맞게 이 책이 우리나라에서도 초중등학교 교사들이 교수학습 현장에서 적절하게 사용할 수 있기를 기대한다.

문식성은 기본적으로 실제적인 '삶'과 언어 사용 기능의 '통합'에서 그 특징을 찾을 수 있다. 우선 듣기, 말하기, 읽기, 쓰기는 의사소통 측면에 초점을 두지만, 문식성은 각종 학습, 직업 생활, 여가 생활, 국가 발전 등과 같이 개인과 사회의 삶의 문제와 직결된다. 그것도 현재의 삶뿐만 아니라, 과거와 미래의 삶을 바라볼 수 있는 다양한 시각을 형성시켜 주는 역할을 한다. 이것이 학문 분야에 따라서는 문식성(literacy)을 '소양'으로 번역하는 이유이기도 하다.

또한 문식성은 언어 사용 기능의 통합적인 관점을 보여 준다. 인간의 언어생활을 듣기, 말하기, 읽기, 쓰기의 개별적 행위로 보던 관점에서, 언어생활을 읽기와 쓰기를 중심으로 네 가지 언어 기능을 통합적으로 접근하는 관점으로 변화하고 있다. 더 나아가 문식성의 개념은 문자와 음성뿐만 아니라 소리와 영상, 가상과 현실을 포함하는 확장된 의미로까지 발전하고 있다.

이런 두 가지 특징으로 설명되는 문식성은 우리 학교교육을 변화시킬 수 있는 기반을 제공할 수 있다. 주변 맥락과 괴리된 개별적인 개인이 아니라 사회적 맥락 속에서 소통하고 기능하는 개인, 주변으로부터 주어지는 지식을 습득하는 개인이 아니라, 사회적 소통 속에서 지식을 창출하는 개인에게 필요한 것이 바로 문식성이기 때문이다. 이 책은 학생들에게 이런 문식성을 신장시킬 수 있는 다양한 교수 전략을 제공하고 있다.

여기서 소개하는 다양한 교수 전략들은 문식성 능력 신장에 초점을 두기 때문에 특정 언어 기능이나 특정 교과목을 위한 전략들로 제한되지 않는다. 따라서 국어와 영어 교과 이외의 다양한 교과에서도 활용하기를 권장한다. 예를 들어, 과학 교과에서 실험 결과를 정리하여 발표할 때에는 벤 다이어그램(46번 전략)을 활용할 수 있고, 사회 교과에서 인물에 대해 공부할 때에는 책 보물 상자(5번 전략)를 활용할 수 있을 것이다.

이 책을 번역하는 과정에서 어려움이 있었다. 대표적인 것이 다양하게 인용되고 있는 동화나 챕터북들을 번역하는 일이었다. 우리말로 번역된 책들도 있었으나 그렇지 않은 경우도 많았다. 대부분이 유명한 수상작들이라 우리 학생들도 읽어보길 권한다는 측면에서 가능한 우리말로 번역하여 제시하였다. 우리말로 이미 번역된 책들은 그 책명을 그대로 따랐으나 그렇지 못한 경우에는 번역을 하고 참고의 뜻으로 원 제목을 밝혔다. 다만 우리말로 번역하는 것이 매우 어색할 경우에는 원 제목을 그대로 싣기도 하였다.

또한 각 문식성 전략마다 예시로 제시된 학생 글이나 작품들 또한 번역이 쉽지 않았다. 번역해서 제시하면 저자의 원래 의도를 살리지 못하는 경우가 많았기 때문이다(예: '나만의 책'이나 '알파벳 북'). 따라서 기본적으로는 원서의 예를 그대로 싣는 것을 원칙으로 하였으나 저자의 의도에서 크게 벗어나지 않는 경우에는 번역하였다.

이 책을 번역하기로 마음먹은 때부터 계산하면 꽤 오랜 시간이 걸렸다. 실제 번역 과정이 어려웠기보다는 옮긴이들이 번역 작업에 집중할 수 있는 여유를 많이 갖지 못했기 때문이라는 것을 고백한다. 그래서 번역 내용에 실수가 있거나 미비한 것은 앞으로 기회가 되면 수정·보완해 나갈 것을 약속드린다.

늦어진 번역 일정과 여러 번의 수정에도 불구하고 번역이 마무리되기를 기다려 주신 한국문화사 김진수 사장님과 멋진 책으로 편집해 주신 김태균 부장님께 진심으로 감사드린다.

2012년 4월
박정진·조재윤 씀

차례

- 저자 서문 / V
- 역자 서문 / VII

1. 나만의 책("All About..." Books) ·· 1
2. 알파벳 북(Alphabet Books) ·· 7
3. 사전 안내(Anticipation Guides) ··· 13
4. 저자의 의자(the Author's Chair) ·· 17
5. 책 보물 상자(Book Boxes) ·· 21
6. 책 이야기(Book Talks) ·· 25
7. 합창 읽기(Choral Reading) ·· 29
8. 빈칸 메우기 절차(Cloze Procedure) ··· 35
9. 조직망(Clusters) ··· 39
10. 협동책(Collaborative Books) ··· 45
11. 정육면체 채우기(Cubing) ··· 51
12. 자료 도표(Data Charts) ··· 55
13. 이중-항목 일지(Double-Entry Journals) ······································ 59
14. 지우기 브레인스토밍(Exclusion Brainstorming) ························ 63
15. 관객으로 걷기(Gallery Walks) ··· 67
16. 골디락스 전략(Goldilocks Strategy) ·· 71
17. 대집단 대화(Grand Conversations) ·· 75
18. 안내된 읽기(Guided Reading) ·· 81
19. 뜨거운 의자(Hot Seat) ·· 85
20. 상호작용하며 소리 내어 읽기 (Interactive Read-Alouds) ········· 89
21. 상호작용하며 쓰기(Interactive Writing) ······································ 95
22. K-W-L 도표(K-W-L Charts) ·· 101
23. 언어 경험 접근법(Language Experience Approach) ·················· 107
24. 학습일지(Learning Logs) ··· 113
25. 문식성 센터(Literacy Centers) ·· 119
26. 단어 만들기(Making Words) ··· 125

27. 미니레슨(Mini lessons) ·· 131
28. 오픈마인드 초상화(Open-Mind Portraits) ··· 135
29. 구성 프로필(Plot Profiles) ·· 139
30. 독서 전 계획(Prereading Plan) ··· 143
31. 질문-대답 관계(Question-Answer Relationships) ··································· 147
32. 저자에게 질문하기(Questioning the Author) ··· 153
33. 얼른쓰기(Quickwrites) ·· 157
34. 퀼트(Quilts) ··· 163
35. 독자 극장(Readers Theatre) ·· 169
36. 독서일지(Reading Logs) ··· 175
37. 상보적 질문(Reciprocal Questioning) ·· 179
38. 루브릭(Rubrics) ·· 183
39. 공유된 읽기(Shared Reading) ·· 189
40. 스케치하고 확장하기(Sketch-to-Stretch) ·· 193
41. SQ3R 학습 전략(SQ3R Study Strategy) ·· 197
42. 이야기 삽화판(Story Boards) ·· 201
43. 이야기 다시 말하기(Story Retelling) ··· 205
44. 지속적 묵독(SSR, Sustaned Silent Reading) ··· 211
45. 티 파티(Tea Party) ··· 215
46. 벤 다이어그램(Venn Diagrams) ··· 219
47. 단어 사다리(Word Ladders) ·· 225
48. 단어 분류(Word Sorts) ··· 229
49. 단어 벽(Word Walls) ·· 235
50. 쓰기 모둠(Writing Groups) ··· 241

1 나만의 책("All About..." Books)

교수 초점		학년 수준
☐ 말하기/듣기	☐ 독해	■ 유치원–2학년
☐ 음운 인식/발음(음성)	■ 작문	☐ 3–5학년
☐ 유창성	☐ 철자 쓰기	☐ 6–8학년
☐ 어휘력	■ 내용교과	■ 영어 학습자

어린 아이들이 친근한 주제에 관한 '나만의 책'을 만든다. 아이들은 4, 5쪽으로 된 소책자를 꾸미는데, 각각의 쪽에는 한 문장씩 쓰고 그 문장이 전하고 있는 정보를 정교화해 주는 그림을 덧붙인다. 학생들은 "저자의 의자(4번 전략 참고)"를 통해 다른 학생들과 서로 공유하기 전에 선생님께 먼저 책을 읽어 준다. 그리고 선생님은 학생들이 아이디어를 정교화하거나 기계적인 실수는 수정하도록 돕는다. 학생들은 이런 책 쓰기 경험을 하는 동안 각 쪽에 쓴 문장을 점차 문단으로 만들면서 각 쪽에 표현한 정보들을 확장하고 정교화할 수 있다.

왜 이 교수 전략을 사용하는가?

이 전략은 대부분의 어린 아이들 또는 초보 필자들이 하는 책 만들기의 초기 형태들 중의 하나이다. 책의 구성은 한 쪽에 글과 그림으로 된 하나의 정보가 담긴 것으로 비교적 단순하다. 이런 책은 하루나 이틀 정도로 빠르고 쉽게 완성될 수 있기 때문에 초보 필자와 교사들에게 좋은 쓰기 경험을 제공한다.

📝 영어 학습자를 위한 안내

나만의 책 만들기는 나이와 상관없이 초보적인 필자로서의 영어 학습자에게 매우 좋은 활동이다. 책의 구조는 학습하기가 수월하다. 학생들은 각 쪽에서 한두 문장을 사용하여 하나의 화제에 대해 하나의 관련 정보를 쓰고 거기에 그림을 덧붙인다. 매우 기교가 뛰어난 학생들은 책에 제시된 정보를 확장해 주는 인상적이고 상세한 그림으로 자신의 책을 꾸민다. 영어 학습자들은 자신들에게 흥미를 주는 화제를 공유하거나 주제 중심 단원을 공부하는 동안 혼자서나 짝과 함께, 또는 소집단 별로 책 만들기 활동을 할 수 있다.

어떻게 이 교수 전략을 사용하는가?

이 쓰기 활동은 대부분의 학생들이 책 만들기 활동을 절차에 익숙해지기만 하면 바로 혼자서 할 수 있기 때문에 대체로 유치원부터 2학년 수준에 적합하다. 교사는 다음 단계에 따라 이 전략을 활용한다.

1. 만들 책을 위한 주제를 고른다.

학생들이 자신들에게 친숙하거나 흥미가 있는 주제를 선택할 수도 있고, 교사가 현재 공부하고 있는 주제 중심 단원과 관련된 광범위한 주제를 제시할 수도 있다.

2. 쓸 수 있는 아이디어를 수집하고 조직한다.

학생들은 각각의 쪽에 쓰거나 그릴 내용과 관련하여 가능한 아이디어들을 브레인스토밍 한다.

3. 책을 쓴다.

학생들은 자신이 그렸던 그림들에 따라 각각의 쪽에 한두 문장을 쓴다.

4. 선생님과 함께 책을 읽는다.

학생들은 교사와 함께 협의를 하면서, 자신이 쓴 책을 다시 읽고, 필요한 경우에는 교정하거나 편집을 바꾼다. 학생들은 간혹 자신이 썼던 것에 단어를 추가하거나 철자 오류를 수정하기도 하고, 필요한 구두점을 집어넣는다. 또한 교사나 학생들은 협의 이후에 컴퓨터로 최종판을 작성하기도 하지만, 어떤 학생들은 최종판으로 수정하는 작업 없이 "발표"하기도 한다.

5. 완성된 책을 학급 전체와 공유한다.

마지막 단계로서, 학생들은 '저자의 의자(4번 전략 참고)'에 앉아 자신의 완성된 책을 반 친구들에게 읽어 준다. 그러면 반 친구들은 축하의 말을 해 주고, 궁금한 것에 대해서 질문을 한다.

언제 이 교수 전략을 사용하는가?

학생들은 주제 중심 단원들을 학습하는 과정이나 쓰기 워크숍 활동 중에 책 만들기 전략을 사용한다. 주제 중심 단원에서 학생들은 자신들이 학습한 것을 서로 공유하기위해 이런 책을 쓰게 된다. 다음 (예)는 1학년 학생들이 만든 책의 두 쪽이다. 이 학생은 단원에서 배운 정보에 대해 썼고, 대부분의 단어들을 교실에 붙인 '단어 벽'을 참고하여 정확하게 쓸 수 있었다. 몇몇 오류를 보인 철자들은 교사와의 협의를 통해 수정되었다.

(예) 1학년 학생들이 만든책

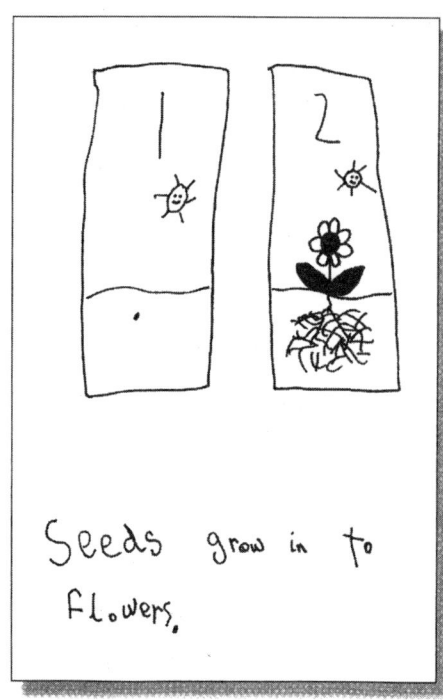
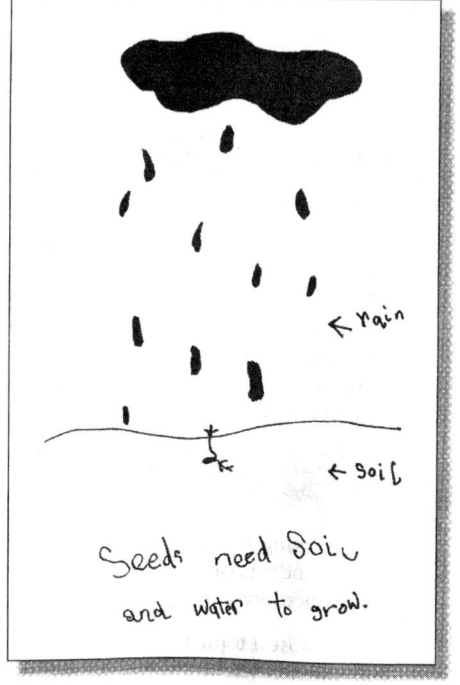

쓰기 워크숍 활동을 하는 동안, 학생들은 자신의 가족들, 애완동물, 휴가, 취미, 그리고 그 밖의 경험들에 대해 쓰면서 이 책들을 구성하기 위한 나만의 주제를 선택한다. 예를 들어, 한 1학년 학생은 쓰기 연구회 활동을 하는 동안 자신의 책에 "나의 귀중한 고양이"에 대해 썼다.

Page 1: 내 고양이는 "미아우(야옹이)"인데, 항상 야옹거리기 때문이다.
My cat is named Meow because she meow and meow all the time.

Page 2: 나는 매일 아침 야옹이에게 고양이 사료를 접시에 담아 준다.
I feed Meow Cat Chow in her dish every morning.

Page 3: 야옹이는 6일 동안 어디론가 사라졌었지만 집으로 돌아왔다. 야옹이는 정말 더러워졌지만 안전하게 돌아왔다.
Meow got lost once for 6 days but then she came home. She was all dirty but she was safe.

Page 4: 야옹이는 발등이 하얀 것을 빼고는 모두 검은 색이다. 야옹이의 털은 매우 부드

럽다.

Meow is mostly all black but she has white on her toes. Her fur is very silky.

Page 5: 야옹이는 내 침대에서 자는데 야옹이의 간지러운 혀로 나를 계속 핥는다.

Meow sleeps on my bed and she licks me with her scratchy tongue.

이 학생은 자신에게 친숙한 화제에 대해 썼다. 학생은 자신이 만든 책의 각 쪽을 야옹이에 대한 다양한 정보에 초점을 맞추어 구성하였다.

참고 문헌

Bonin, S. (1988). Beyond storyland: Young write can tell it other ways. In T. Newkirk & N. Atwell (Eds.), *Understanding writing* (2nd ed.; pp. 47-51). Portsmouth, NH: Heinemann.

Tompkins, G. E. (2008). *Teaching writing: Balancing process and product* (5th ed). Upper Saddle River, NJ: Merrill/Prentice Hall.

2 알파벳 북(Alphabet Books)

교수 초점		학년 수준
☐ 말하기/듣기	☐ 독해	☐ 유치원-2학년
☐ 음운 인식/발음(음성)	■ 작문	■ 3-5학년
☐ 유창성	☐ 철자 쓰기	■ 6-8학년
■ 어휘력	■ 내용교과	■ 영어 학습자

저학년들이 문자를 표상하는 그림과 단어들이 스크랩북처럼 된 단어 모음집을 만든 것을 본 적이 있을 것이다. 반면 고학년들은 주제 중심 단원을 학습하는 동안 학습한 것을 공유하기 위해 전문적인 어휘들을 활용하여 더욱 세련된 알파벳 북을 만들 수 있다 (Tompkins, 2008). 학생들은 '디는 드래곤 댄스의 디(*D is for Dragon Dance*, Compestine, 2006)', '미국: 애국의 첫 걸음(*America: A Patriotic Primer*, Cheney, 2002)', '재즈 ㄱㄴㅎ(*Jazz ABZ*, Marsalis & Schaap, 2005)', '우연한 호박(주키니)(*The Accidental Zucchini: An Unexpected Alphabet*, (Grover, 1997)' 등과 같이 고학년을 위해 출판된 알파벳 학습용 대중 서적(the alphabet trade books)과 비슷하게 꾸며서 각 쪽마다 각각의 알파벳을 제시한 26쪽짜리 알파벳 북을 만든다. 이 책에서 '*e, k, q, u, y*' 등과 같이 덜 친숙한 알파벳으로 된 단어들을 확인하는 것은 특히 재미있다. 학생들은 알파벳의 각 낱자들로 시작하는 어휘 단어들을 선택하고, 그 단어가 주제와 얼마나 관련되는지 기술하면서 설명을 적는다. 그리고 텍스트를 부연하기 위해 삽화를 추가한다. 쪽 구성이 끝나면 각 쪽들을 편집하고 책으로 묶는다. 그리고 이 책들을 학생들이 읽을 수 있도록 학급문고에 꽂아둔다.

왜 이 교수 전략을 사용하는가?

Michael Graves(2006)에서는 학생들이 어휘력을 확장시키기 위해서는 단어와 관련된 다중적이고 의미 있는 경험들이 필요하다고 설명한다. 그리고 학생들이 알파벳 북을 만든다면 바로 그 자체가 학생들이 해야 할 일을 하게 되는 것이다. 학생들은 자신들이 선택하고 있는 단어들에 대해 이야기하고, 그 단어들에 읽고 쓴다. 학생들은 실제적인 프로젝트(자신들이 앞으로 읽기도 하고 내년도의 반 학생들이 읽을 책 만들기)를 창의적으로 수행하면서 단어들과 자신들이 학습하고 있는 큰 주제들을 서로 관련짓는다.

영어 학습자를 위한 안내

영어 학습자가 가진 단어 지식이 그들의 성취도에 의미 있게 영향을 주기 때문에 영어 학습자의 어휘력을 늘리는 것은 매우 중요하다. 학생들이 이 프로젝트에 참여함에 따라, 영어 학습자들은 내용교과에 나오는 단어들에 대한 자신들의 이해 정도를 되돌아보거나 새롭게 정의를 내리게 된다. 그리고 그 단어들과 학습 내용의 중심 아이디어를 연관 지어 보기도 한다. 게다가 영어 학습자들은 알파벳 북을 제작한 이후에 종종 다시 읽기도 하고, 다른 책을 새롭게 쓸 때에 자료로 활용하기도 한다.

어떻게 이 교수 전략을 사용하는가?

학생들은 알파벳 북을 대체로 반 전체가 협동적으로 만든다. 소집단 이나 개인이 만들 수 있지만, 26쪽을 채운다는 것은 고된 작업이다. 교사는 다음 절차를 따를 수 있다.

1. 시중에 나온 알파벳 북들을 고른다.

학생들은 단어 이외의 정보와 각 문자에 대한 삽화가 포함되어 아이들을 위해 세련되게 출판된 알파벳 북 학습용 대중 서적의 형식과 체재를 검토한다.

2 알파벳 북(Alphabet Books)

2. 알파벳 표를 그려 넣은 전지를 준비한다.

교사들은 긴 전지의 세로 행으로 알파벳의 낱자들을 쓰는데, 학생들이 그 낱자를 시작으로 하는 몇 개의 단어들을 써 넣을 수 있는 공간을 비워둔다. 학생들은 알파벳 표에 넣을 단어들을 브레인스토밍한다. 그리고 해당 낱자에 이어서 그 단어를 써 넣는다. 학생들은 각 낱자에 대한 단어들을 생각해 내고자 할 때 종종 '단어 벽(49번 전략 참고)'을 보기도 하고, 교실에 있는 책을 참고할 수도 있다.

3. 학생에게 각자 자신의 페이지에 넣을 문자를 고르도록 한다.

학생들은 자신이 가장 잘 쓰거나 표현해서 설명할 수 있는 단어를 고려한다. 그리고 난 후 선생님이 교실에 붙여 둔 종이의 단어 낱자에 표시를 한다.

4. 맡은 페이지의 형식을 디자인한다.

학생들은 낱자, 삽화, 글 등을 어떻게 배치할 것인지를 고려하고, 글의 유형을 결정한다. 저학년은 대체로 한 문장을 쓸 수 있고, 고학년은 자신들이 다루는 주제에 대한 세부적인 정보를 담아서 한두 문단을 쓸 수 있다.

5. 맡은 페이지를 창의적으로 꾸미기 위해 쓰기의 과정을 활용한다.

학생들은 초고쓰기, 수정하기, 편집하기 등의 쓰기 과정을 활용한다. 그런 후에 최종본을 만들고 삽화를 넣는다. 때로는 최종본을 손으로 써서 구성할 수도 있고, 컴퓨터를 이용하여 전문 편집의 모양을 갖출 수도 있다.

6. 각자 꾸민 것들을 모아 엮는다.

학생들과 교사는 알파벳 순으로 각자 만든 것들을 모으고, 표지를 구민 후, 책으로 엮는다.

언제 이 교수 전략을 사용하는가?

알파벳 북은 소설이나 전기문학 작품들을 읽은 후 뿐만 아니라, 대양, 사막, 제2차 세계 대전, 캘리포니아 선교단체 등과 같은 주제 중심 단원의 끝부분에서 프로젝트로 사용된다. 다음 (예)는 캘리포니아 선교단체에 대한 4학년 알파벳 북에 있는 철자 'U'를 이용한 페이지이다. 덜 일반적인 알파벳을 활용한 단어를 생각하기 위해서는 약간의 독창성이 필요한데, 4학년 학생이 'U'에 대해 'unbearable'를 선택한 것은 학생들의 어휘 지식과 주제 중심 단원을 학습하는 동안 제시된 중심 아이디어에 대한 학생들의 이해 수준을 보여준다.

(예) 'U'를 이용한 알파벳 북

참고 문헌

Cheney, K. (2002). *America: A patriotic primer.* New York: Simon & Schuster.

Compestine, Y. C. (2006). *D is for dragon dance.* New York: Holiday House.

Fordham, N. W. Wellman, D., & Sandman, A (2002). Taming the text: Engaging and supporting students in social studies readings. *The Social Studies, 93*(4), 149-158/

Graves, M. F. (1997). *The vocabulary book: Learning and instruction.* New York: Teachers College Press.

Grover, M. (1997). *The accidental zucchini: An unexpected alphabet.* San Diego: Voyager.

Marsalis, W., & Schaap, P. (2005). *Jazz ABZ.* Cambridge, MA: Candlewick Press.

Tompkins, G. E. (2008). *Teaching writing: Balancing process and product* (5th ed.). Upper Saddle River, NJ: Merrill/Prentice Hall.

3 사전 안내(Anticipation Guides)

교수 초점		학년 수준
■ 말하기/듣기	■ 독해	□ 유치원-2학년
□ 음운 인식/발음(음성)	□ 작문	□ 3-5학년
□ 유창성	□ 철자 쓰기	■ 6-8학년
□ 어휘력	■ 내용교과	□ 영어 학습자

'사전 안내(Head & Readence, 1992)'는 내용교과의 교재와 정보적인 내용의 책을 읽기 전에 학생들의 배경 지식을 활성화하기 위해 사용되는 전략이다. 이 전략에서 교사는 학생들이 읽기 전에 논의할 수 있도록 화제에 대한 진술문들(어떤 진술문들은 사실이고, 어떤 것은 틀리거나 일반화된 오개념에 근거한 것들)로 된 목록을 준비한다. 학생들은 각 진술문들을 가지고 토론하고 그 진술문에 대해 동의하는지 여부에 대한 자신의 판단을 결정한다. 그리고 선택된 자료를 읽은 후에, 학생들은 진술문들과 관련해서 다시 토론을 하고 자신의 처음 판단을 수정할 것인지 여부를 결정한다(Readence, Bean, & Baldwin, 2004). 대체로 학생들은 자신들의 의견 중 일부를 바꾸기도 하고, 이런 활동을 통해 자신들이 학습하고 있는 주제에 대한 각자의 이해를 새롭게 하게 되었다는 것을 인식하게 된다.

예를 들어, 사회 교과서의 '이민'에 관한 단원에서 수행한 사전 안내에서는 다음과 같은 진술문들을 만들 수 있다.

우리의 역사상 그 어느 때보다도 오늘날 미국으로 이민하는 사람이 더 많아졌다.
정부는 매년 미국으로 들어올 수 있는 사람 수에 대한 국가별 할당량을 정해 놓고 있다.
대부분의 사람은 더 좋은 직업을 얻거나 더 많은 돈을 벌고자 미국으로 이민을 온다.
'거주 외국인들(Aliens)'이란 미국에 불법 체류하는 사람들이다.

'난민들(refugees)'이란 전쟁이나 어떤 재앙 때문에 자신의 모국으로부터 쫓겨서 달아난 사람들이다.
수많은 이민자들은 미국에서 새로운 삶의 방식에 적응하는데 어려움을 느끼고 있다.

여러분은 몇몇 진술에 대해서는 동의하고, 다른 것들에 대해서는 동의하지 않을 것이다. 아마도 두 개 정도의 진술에 대해서는 확신하지 못할지도 모른다. 읽기를 시작할 때, 속으로 이와 관련된 질문들을 하게 되면 해당 자료를 읽는 목적을 부여해 주고 주요 핵심 아이디어에 초점을 맞추도록 이끌어 줄 것이다. 텍스트를 읽는 동안 여러분은 한두 진술에 대한 초기 판단이 정확하지 않음을 알게 될 것이고, 읽은 후에 다시 판정을 할 때에는 몇 개 정도는 결정을 바꾸게 될 것이다.

왜 이 교수 전략을 사용하는가?

이 전략의 목적은 화제에 대한 학생들의 관심을 자극하고 배경 지식을 활성화하는 것이다. 그리고 사전 안내 진술문들에 대한 토론 후에, 학생들은 읽기 과제를 이해하는데 더 나은 준비를 할 수 있게 된다. 또한 읽기 후 추수 토론을 통해 주요 핵심 아이디어를 명확하게 하고 읽기 활동을 종결하게 한다.

어떻게 이 교수 전략을 사용하는가?

학생들은 진술들에 대해 논의하기 위해 반 전체가 함께 활동하거나 소집단 별로 활동을 한 후 어떤 진술이 올바른지에 대해 읽기 전과 후에 각각 판정한다. 교사들은 이 전략을 활용하면서 다음 절차를 따른다.

1. 읽기 과제와 관련된 몇 개의 주요 개념을 확인한다.

교사는 주제에 대한 학생들의 지식과 학생들이 가지고 있을 것 같은 오개념들을 기억해 둔다.

3 사전 안내(Anticipation Guides)

2. 너댓 개 정도로 된 진술 목록을 만든다.

교사는 일반적으로 토론을 이끌고 오개념을 명확하게 할 수 있는 진술들을 적는다. 목록은 도표나 학생들 각자 가질 수 있도록 복사될 수 있는 종이에 적어서 제시할 수 있다. 안내에는 학생들이 읽기 전과 읽고 나서 한 번 더 각 진술들에 동의하는지 여부를 점검할 수 있는 공간을 제공한다.

3. 사전 안내에 대해 토론한다.

교사는 사전 안내 전략을 소개하고 학생들이 진술들에 대해 대답하도록 한다. 소집단이나 짝끼리 또는 혼자서 활동을 하면서, 학생들은 진술들에 대해 생각하고 그것들에 대해 각각 동의하는지 그렇지 않은지에 대해 결정한다. 그리고 난 후, 전체 학생들과 함께 각 진술에 대한 자신의 반응을 논의하고 자신의 입장을 방어한다.

4. 텍스트를 읽는다.

학생들은 텍스트를 읽으면서 읽기 전에 각 진술들에 보였던 자신의 반응과 실제 텍스트에 진술된 것들을 비교한다.

5. 각 진술들에 대해 다시 토론한다.

학생들은 읽었던 텍스트에서 각 진술을 입증하거나 반박하는 정보를 열거하면서 그 진술들에 대해 다시 이야기를 나눈다. 그리고 학생들은 각각의 진술들에 대해 읽기 전과 후의 생각을 비교하고 새로운 판단을 할 수도 있다. 학생들이 '사전 안내'를 이용할 때, 교사들은 학생들이 읽기 전에 왼쪽에 표시했던 것들은 접어서 보이지 않도록 하고 각 진술들에 대해 오른쪽에 다시 반응하도록 한다.

언제 이 교수 전략을 사용하는가?

비록 사전 안내 전략이 정보 위주의 책이나 내용교과 교과서를 읽기 전에 배경 지식을 활성화하는데 자주 이용되지만, 노숙자 문제, 민주주의 대 전체주의, 범죄와 처벌, 이민

등을 포함하는 복잡한 문제들을 탐색하는 소설을 읽을 때에도 사용될 수 있다. 예를 들어, S. E. Hinton의 '아웃사이더(*The Outsiders*)'을 읽기 위한 준비 활동으로 한 8학년 교실에서 갱단에 대해 공부했는데, 학생들은 소설을 읽기 전과 후에 다음과 같은 사전 안내표를 채우는 활동을 했다. 사전 안내에서 갱단에 대한 진술들은 핵심 사항들을 규명하게 했고, 살아있는 토론을 유도했으며, 생각한 반응들을 유도했다.

(예) 갱단에 대한 사전 안내

읽기 전에		갱단	읽은 후에	
일치	불일치		일치	불일치
		1. 갱단은 나쁘다.		
		2. 갱단은 흥분을 일으킨다.		
		3. 갱단이 되면 안전하다.		
		4. 갱단은 갱스터들의 삶을 바꾸어 놓는다.		
		5. 갱단은 필요한 것을 채운다.		
		6. 한번 갱단이 되면, 빠져나오기는 매우 어렵다.		

참고 문헌

Head, M. H., & Readence, J. E. (1992). Anticipation guides: Using prediction to promote learning from text. In E. K. Dishner, T. W. Bean, J. E. Readence, & D. W. Moore (Eds.), *Reading in the content areas* (3rd ed.; pp. 227-233). Dubuque, IA: Kendall/Hunt.

Hinton, S. E. (2006). *The outsiders*. New York: Penguin.

Readence, J. E., Bean, T. W., & Baldwin, R. S. (2004). *Content area literacy: An integrated approach* (8th ed.). Dubuque, IA: Kendall/Hunt.

4 저자의 의자(the Author's Chair)

교수 초점		학년 수준
☐ 말하기/듣기	☐ 독해	■ 유치원-2학년
☐ 음운 인식/발음(음성)	■ 작문	■ 3-5학년
☐ 유창성	☐ 철자 쓰기	■ 6-8학년
☐ 어휘력	☐ 내용교과	☐ 영어 학습자

교실의 특정 의자 하나를 '저자의 의자'로 지정한다(Graves & Hansen, 1983). 이 의자는 '저자의 의자'라는 것을 알게 해 주는 흔들의자나 방석과 나무받판이 있는 접이식의자 또는 접의자 등이 좋다. 학생들은 자신이 쓴 것을 반 친구들과 공유하기 위해 이 의자에 앉게 되는데, 이때가 이 의자에 누군가 앉게 되는 유일한 시간이다. 학생들은 쓰기의 과정 중 각각 다른 단계에서 자신의 쓰기를 공유하게 된다. 초고를 공유하는 단계에서 학생들은 자신의 쓰기를 어떻게 교정할 수 있는지에 대해 피드백을 받기 원하고, 완성된 작품을 공유하는 단계에서는 쓰기 프로젝트의 완성을 축하하게 된다. 모든 학년의 교사들이 저자의 의자 전략을 사용할 수 있는데, 이 특별 의자는 초등학교 교실에서 학생들의 저작자에 대한 개념을 발달시키는 데 특히 중요하다(Graves, 1994).

왜 이 교수 전략을 사용하는가?

Donald Graves & Jane Hansen(1983)은 학생들이 저자와 스스로 저자가 된 것에 대한 인식이 어떻게 성장하고 있는지에 관해 상세하게 기록했다. 먼저, 학생들은 저자들이 책을 쓴다는 것을 배운다. 자신들에게 읽어주는 수많은 책들을 들은 후 또는 스스로 책을 읽은 후에, 학생들은 저자는 책을 쓰는 사람이라는 개념을 형성하게 된다. 다음으로, 학생들은 자신들도 책을 쓰기 때문에 자신들 역시 저자라는 인식을 하게 된다. 저자의 의자 전략을 통해 자신들이 쓴 책을 반 친구들과 공유하는 것이 학생들 자신이 저자라는 관점을 갖게 하는데 도움을 준다. 셋째, 학생들은 글을 쓸 때에 스스로 선택할 것들이 있다는 것을 알게 된다. 그리고 이런 인식은 다양한 쓰기 목적, 형식, 독자들을 경험하면서 지속적으로 성장한다. 자신들의 책을 반 친구들과 공유하고 친구들의 평을 듣고 나면, 학생들은 공유된 책 중 하나를 자신이 지금 다시 쓴다면 동일한 방식으로 쓰지는 않을 것이라는 것을 인식하게 된다.

어떻게 이 교수 전략을 사용하는가?

학생들은 저자의 의자 전략을 쓰기 워크숍의 일부로 활용하게 된다. 그리고 반 전체가 자신들의 쓰기를 공유하고 반 친구들의 쓰기에 대해 서로 평을 해 준다. 교사들은 이 전략을 활용하는 과정에서 다음 절차를 따른다.

1. 특별 의자를 선정한다.

어떤 교사들은 저자의 의자 전략을 위해 알뜰시장에서 학생에 맞는 크기의 의자나 접이의자를 구입한다. 그리고 그 의자에 '저자의 의자'로서 특별한 의자임을 확인할 수 있는 표시를 한다. 의자에 칠을 하거나 특정 표시를 인쇄해 둔다. 또 다른 교사들은 여기에 사용하기 위해 접이식의자를 구입하기도 한다.

2. 저자의 의자가 어떻게 사용될지 설명한다.

학생 저자는 쓰기 워크숍이나 기타 쓰기 활동을 하는 과정에서 자신의 쓰기를 반 친구들과 공유하기 위하여 그 특별 의자에 앉게 된다.

3. 한 학생에게 저자의 의자에 앉도록 한다.

한 학생이 저자의 의자에 앉고 반 친구들은 교실의 바닥이나 저자의 의자 앞에 놓여 있는 의자들에 편하게 앉는다.

4. 그 학생에게 자신의 쓰기를 읽게 한다.

저자의 의자에 앉은 학생은 자신이 쓰고 있거나 완성한 한 편의 쓰기를 큰 소리로 읽고 첨부된 삽화는 다른 사람들에게 보여준다.

5. 청자들에게 들은 글에 대한 평을 요청한다.

학생들은 들은 글에 대해 보충할 것이나 질문, 또는 책에 대한 기타의 평을 하기 위해 손을 든다.

6. 저자의 의자에 앉은 학생은 반 친구들을 호명한다.

저자의 의자에 앉아 있는 학생은 평을 하도록 친구들을 두세 명 호명한다. 그리고 그 학생은 저자의 의자에 앉을 다음 학생을 지명한다.

언제 이 교수 전략을 사용하는가?

저자의 의자는 쓰기 활동을 수행하는 동안 반 친구들에게 자신이 쓴 것에 대한 피드백과 조언을 요청하거나 완성된 자신의 쓰기 프로젝트 결과물을 소개하기 위해 쓰기의 어떤 과정에서도 활용될 수 있는 전략이다. Labbo(2004)에서는 학생들에게 컴퓨터와 대형 모니터를 활용하는 하이테크 저자의 의자를 창안하도록 제안하고 있다. 그렇게 하면 쓰기 결과물이 반 친구들 모두가 스스로 읽을 수 있도록 제시될 수 있고, 또한 큰 소리로 읽고 있는 학생과 같이 읽을 수 있게 해 준다. 그리고 난 후 학생들은 평과 제안을 할 수 있다. '저자의 컴퓨터 의자'의 장점 중 하나는 학생들이 컴퓨터 지식과 전문 기술을 공유할 수 있다는 것이다.

참고 문헌

Graves, D. H. (1994). *A fresh look at writing*. Portsmouth, NH: Heinemann.
Graves, D. H., & Hansen, J. (1983). The author's chair. *Language Arts, 60,* 176-183.

Karelitz, E. B. (1993). The author's chair and beyond. Portsmouth, NH: Heinemann.
Labbo, L. D. (2004). *Author's computer chair. The Reading Teacher, 57,* 688-691.

5 책 보물 상자(Book Boxes)

교수 초점		학년 수준
☐ 말하기/듣기	■ 독해	■ 유치원-2학년
☐ 음운 인식/발음(음성)	☐ 작문	■ 3-5학년
☐ 유창성	☐ 철자 쓰기	☐ 6-8학년
☐ 어휘력	■ 내용교과	■ 영어 학습자

'책 보물 상자'는 특정 이야기나 정보적인 글과 관련된 물건들이나 그림들을 모아놓은 것이다. 학생들은 책을 읽은 후에 상자 또는 기타 용기의 바깥 부분을 나름대로 장식하고 책과 관련된 물건이나 그림을 다섯 가지 정도 모은다. 그리고 난 후 학생들은 자신들이 모은 각 내용물들을 읽은 책이나 읽기 자료 사본과 함께 상자 안에 담는다(Tompkins, 2006). 그 내용물들은 책을 이해하는데 매우 중요한 것이어야 한다. 예를 들어, '기억 전달자(*The Giver*, Lowry, 2006)'를 읽고 만든 책 보물 상자는 사과, 장난감 자전거, 숫자 19가 있는 카드, 장난감 썰매, 그리고 아이들의 의사 놀이용 피하 주사기 등을 담을 수 있다.

학생들은 또한 정보적인 글과 전기문을 읽은 후에도 책 보물 상자를 만들 수 있다. 예를 들면, '빵, 빵, 빵(*Bread, Bread, Bread*, Morris, 1989)'을 읽은 후에, 2학년 학생들은 얇게 자른 흰 빵, 도넛 모양의 딱딱한 빵(bagels), 멕시코 지방의 둥글고 얇게 구운 옥수수 빵(토르티야, tortillas), 납작한 빵(pita bread), 막대 형태의 딱딱하고 짭짤한 비스킷(프레첼, pretzels), 가늘고 긴 프랑스 빵(French baguettes), 육계피 빵(cinnamon rolls), 피자, 그리고 기타 여러 종류의 빵을 가져왔다. 학생들은 보물 상자 속 각각의 빵을 사진으로 찍고 세계지도에 각 빵이 기원한 나라들을 표시했다. 그리고 학생들은 그 빵을 먹은 후에 그중 가장 좋아하는 빵에 대해서 썼다. 교사는 쓴 것들을 모아서 책으로 엮었고, 보물 상자에 그 책 또한 추가로 넣었다. Jean Fritz의 '그리고 나서 *Paul Revere*, 무슨 일이 벌어졌었나?(*And Then What Happened, Paul Revere?*, 1996)'를 읽고 난 후, 5학년 학생들은 상자를 은제품처럼 보이도록 하기 위해 알루미늄 호일로 상자를 포장했고, *Paul Revere*가 그려진 초상화, 애국자의 생명줄이 있는 종이 한 장, *Paul Revere*가 만든 은제품을 상징하는 포크, 그가 참가했던 보스턴 다과회를 위한 차 봉지, 그리고 학생의 숙모가 그에게 보낸 보스턴 지역의 우편엽서를 상자에 넣었다.

교사들은 자신들이 학생들과 함께 읽을 책을 위한 보물 상자를 만들기도 한다. 예를 들어, '털장갑(*The Mitten*, Brett, 1989)'을 읽고 만든 상자에는 실과 뜨개바늘, 하얀 장갑 한 쌍, 그리고 작은 박제된 것이나 그림으로 그려진 동물들(사마귀, 설피를 신은 토끼, 고슴도치, 부엉이, 오소리, 여우, 불곰, 그리고 쥐 등)을 담을 수 있다. 교사가 만든 상자들은 저학년, 영어 학습자, 또는 읽기 곤란 학생들에게 특히 유용하다.

왜 이 교수 전략을 사용하는가?

책 보물 상자는 학생들이 읽은 책들에 대한 이해를 강화해 주는 시각적 표상들이다. 학생들은 보물 상자를 만들고 그 안에 넣을 중요한 물건들이나 그림들을 고르면서 스스로가 가지고 있는 책에 대한 이해를 새롭게 할 수 있다. 한편 교사들은 책을 읽기 전에 학생들이 만든 책 보물 상자를 공유할 때, 학생들의 배경 지식을 형성시켜 줄 수 있고 책을 읽을 때 필요한 어휘를 소개할 수도 있다.

영어 학습자를 위한 안내

교사들은 상자 안에 있는 물건들을 통해서 어휘와 배경 지식을 갖도록 가르칠 수 있기 때문에 영어 학습자들에게 종종 책 보물 상자를 활용한다. 학생들은 물건들을 다루어 보고 얘기하는 동안 그와 관련된 단어들과 그 단어들을 문장에서 어떻게 사용해야 하는지에 점차 친숙해지게 된다. 이런 준비는 읽기 경험을 더욱 성공적으로 이끌어 준다.

5 책 보물 상자(Book Boxes)

어떻게 이 교수 전략을 사용하는가?

간혹 학생들은 개별적으로 책 보물 상자를 만들기도 하고, 때로는 소집단 별로 함께 만들기도 한다. 교사는 다음의 절차에 따라 학생들이 보물 상자를 만들도록 유도한다.

1. 책을 읽는다.

학생들은 책을 한 번 읽거나 다시 읽으면서, 거기에서 언급된 것들 중 책 보물 상자에 넣고 싶은 중요한 물건들의 목록을 만든다.

2. 책 보물 상자를 선택한다.

학생들은 그 물건들을 담을 수 있는 상자, 바구니, 플라스틱 통, 빈 커피 깡통, 가방, 기타 용기 중에서 하나를 선택하고, 읽은 책의 제목 그리고 관련된 그림이나 단어들을 넣어 그것을 장식한다.

3. 책 보물 상자를 채운다.

학생들은 읽은 책의 복사본 한 부와 함께 세 개에서 다섯 개 또는 그 이상의 물건이나 그림을 상자에 넣는다. 그리고 상자 속의 모든 항목들과 그 항목들이 선택된 이유들을 설명한 목록표도 작성해서 넣는다.

4. 채워진 상자를 공유한다.

학생들은 책 보물 상자에 넣은 각 항목들을 보여 주고, 그것을 포함시킨 이유를 설명하면서 자신들이 만든 각자의 책 보물 상자를 반 전체와 공유한다.

언제 이 교수 전략을 사용하는가?

학생들은 문학 중심 단원이나 문학 동아리에서 책을 읽은 후의 프로젝트로써 책 보물 상자를 만든다. 물론 그 외에도 이 교수 전략이 사용될 수 있는 방법은 매우 다양하다. 여기서는 그 중에서 다섯 가지를 제시한다.

- **작가 상자:** 자신들이 좋아하는 작가에 대해 공부할 경우, 그 작가가 쓴 책들, 작가에 대한 전기적 정보, 작가에게 쓴 편지, 그리고 운이 좋다면 작가로부터 받은 답장 등을 상자에 넣는다.
- **자서전 상자:** 자신의 생활에서 해마다 어떤 모습으로 살았는지를 보여주는 물건이나 사진들을 모은 후 자신들이 꾸민 상자 안에 넣어서 '자서전 상자'를 만든다.
- **시 상자:** 학생들이 좋아하는 시를 나타낼 수 있는 물건이나 사진 또는 그림들을 모아서 그 시의 복사본과 함께 자신들이 꾸민 상자 안에 넣어서 '시 상자'를 만든다.
- **전기 상자:** 전기문을 읽은 후에, 그 사람과 관련된 물건이나 사진들을 모아서 상자나 다른 용기에 넣는다.
- **주제 상자:** 주제 중심 단원인 경우에, 그 주제와 관련된 물건, 상자, 또는 책들을 모아서 꾸민 상자 안에 넣는다.

이와 같은 다양한 형태의 상자들을 만드는 동안, 학생들은 중요한 아이디어들을 확인하고 그 아이디어를 시각적으로 표현하는 방법을 찾게 된다.

참고 문헌

Brett, J. (1989). *The mitten*. New York: Putnam.
Friea, J. (1996). *And then what happened, Paul Revere?* New York: Putnam.
Lowry, L. (2006). *The giver*. New York: Scholastic.
Tompkins, G. E. (2006). *Literacy for the 21st century: A balanced approach* (4th ed.). Upper Saddle River, NJ: Merrill/Prentice Hall.

6 책 이야기(Book Talks)

교수 초점		학년 수준
■ 말하기/듣기	■ 독해	■ 유치원-2학년
□ 음운 인식/발음(음성)	□ 작문	■ 3-5학년
□ 유창성	□ 철자 쓰기	■ 6-8학년
□ 어휘력	■ 내용교과	□ 영어 학습자

'책 이야기'는 교사들이 학생들에게 특정 책을 안내해 주고, 그 책을 읽도록 흥미를 이끌어 주는 티저 광고 전략이라 할 수 있다. 책 이야기를 하는 동안 교사는 그 책을 보여주고, 결론을 뺀 채 내용을 요약하며, 학생들의 흥미를 이끌기 위해 짧은 발췌문을 소리 내어 읽어준다. 그리고 난 후 교사는 흥미를 가진 학생 독자들이 돌려 읽을 수 있도록 하거나 학생들이 자유롭게 읽을 수 있도록 학급문고에 장서로 보관한다.

학생들도 같은 단계로 책 이야기를 한다. '읽기 워크숍'을 하는 동안 읽은 책을 학생들에게 안내할 수도 있다. 다음은 3학년 학생들이 Paula Danziger의 '앰버 브라운은 크레용이 아니에요(Amber Brown Is Not a Crayon, 1994)'에 관해서 '책 이야기'를 수행한 내용을 전사한 것이다.

제가 소개할 책은 '앰버 브라운은 크레용이 아니에요'입니다. 이 책은 여자아이인 앰버 브라운과 남자아이인 저스틴 다니엘, 두 어린이에 관한 이야기입니다. 보세요. 그 아이들의 그림입니다. 그 아이들도 3학년이고, 담임선생님이신 코헨 선생님은 아이들이 공부하는 장소를 비행기 여행을 가는 것처럼 꾸미셨어요. 그래서 아이들은 비행기 안에 있는 것처럼 하기 위해 의자들을 옮겼고 앰버와 저스틴은 항상 나란히 앉았습니다. 여러분께 책의 앞부분을 읽어 주겠습니다. (학생은 학생들에게 첫 번째 세 문단을 소리 내어 읽어 준다.) 이 이야기는 정말 재미있어요. 그리고 책을 읽으면서 여러분이 읽고 있는 것 대신에 작가가 말하려고 하는 이야기에 대해 생각해 보세요. 앰버 브라운에 대한 또 다른

이야기가 많이 있습니다. 이것이 지금 제가 읽고 있는 책입니다(You Can't Eat Your Chicken Pox, Amber Brown, 1995).

이 학생과 이 학생이 속한 반 아이들이 책에 대해 말하기에 성공적인 몇 가지 이유가 있다. 교사는 책에 대해 어떻게 말할 것인지에 대해 시범을 보였고 학생들은 자신들이 직접 골랐으며 정말로 좋아하는 책을 읽고 있었다. 게다가 이 학생들은 읽은 책에 대해 친구들에게 말해 주는 경험을 충분하게 해 왔다.

Robb(2000)는 '책 이야기'를 '독자의 의자'라고 지칭했는데, 이 활동은 수용적인 독서와 독자에 초점을 맞춘다. 학생은 책을 읽은 후에 책에 대해 간단한 발표를 할 수 있는 특정 의자(독자의 의자)에 앉고 반 친구들은 '저자의 의자'에서와 같이 의자에 앉은 친구에게 질문을 하게 된다.

왜 이 교수 전략을 사용하는가?

'책 이야기'는 동기를 부여하는 활동이다. 교사와 학생이 책을 공유할 때, 학생들은 학습 공동체의 일원으로 느끼고 더 자주 책을 고르고 그 책을 읽으려고 한다. 게다가 학생들은 자신들이 읽었고 흥미를 느꼈던 책을 함께 읽게 된다면, 그것은 학생에게 기념이 되는 활동도 된다.

어떻게 이 교수 전략을 사용하는가?

책 이야기는 시간이 그리 많이 들지 않는 비형식적인 활동이다. 교사들은 규칙적으로 학급문고에 추가하는 책들을 소개하는 반면에 대부분의 학생들은 읽고 싶은 책을 고르지 않는다. 교사들은 책 이야기 전략을 수행할 때 다음 단계를 따른다.

1. 함께 읽을 책을 고른다.

교사는 학생들에게 소개할 새로운 책이나 학생들이 많은 흥미를 보이지 않았던 책을 선택한다. 학생들은 그 책을 읽거나 반복해서 읽으면서 책에 친숙하게 된다.

2. 간단한 발표 계획을 세운다.

교사는 학생들이 책을 읽는 데 관심을 갖도록 하기 위해서 학생들에게 그 책을 어떻게 소개할 것인지에 대한 계획을 세운다. 대체적으로 책의 제목과 저자를 먼저 다루고, 장르나 화제, 결론을 제외한 플롯에 대한 간단한 요약 등을 언급한다. 교사들은 또한 자신들이 그 책을 왜 좋아했는지를 확인하고 왜 학생들이 그 책에 흥미를 느낄지에 대해 생각한다. 때때로 교사들은 읽을 수 있는 짧은 인용구나 보여 줄 수 있는 삽화를 선택한다.

3. 책을 보여주고 그 책에 대해 계획했던 내용을 발표한다.

교사들은 책에 대해 말하기를 수행하고 그 책을 보여 준다. 교사들의 설명은 대체로 학생들이 그 책을 빌려 읽도록 하는 정도면 충분하다.

언제 이 교수 전략을 사용하는가?

교사들은 학급문고에 있는 책을 학생들에게 소개하기 위해 책 이야기 전략을 활용한다. 학교 입학 초기에 교사들은 도서관의 책들을 학생들에게 제공하는데 많은 시간을 할애하고, 한 해 동안 학급문고에 추가되는 새로운 책들을 끊임없이 소개한다. 교사들은 또한 문학 동아리나 주제 중심 단원을 공부할 때 일련의 책들을 이용하여 책 이야기 활동을 할 수 있다(Gambrell & Almasi, 1996). 2학년을 가르치는 교사라면 '쉽게 읽는 책 시리즈(these series of easy-to-read books)'를 소개하면서 일련의 책 이야기 활동을 할 수 있다.

- Cynthia Rylant's Henry and Mudge series about about a boy and his dog, including *Henry and Mudge and the Big Sleepover*(2007)
- Jane Yolen's sci-fi series, including *Commander Toad and the Big Black Hole*(1996)
- The Magic Tree House series of stories and companion nonfiction books, including *Carnival at Candlelight*(Osborne, 2006)

교사는 지하철에 관한 7학년의 단원인 경우에 지하철에 관한 다섯 권의 책을 소개할 수 있다. 그리고 학생들이 그 중의 한 권을 읽도록 책 모둠을 만든다.

참고 문헌

Danziger, P. (1994). *Amber Brown is not a crayon*. New York: Putnam.
Danziger, P. (1995). *You can't eat your chicken pox, Amber Brown*. New York: Putnam.
Gambrell, L. B., & Almasi, J. F. (Eds.). (1996). *Lively discussions! Fostering engaged reading*. Newark, DE: International Reading Association.
Osborne, M. P. (2006). *Carnival at candlelight*. New York: Random House.
Robb, L. (2000). *Teaching reading in middle school: A strategic approach to teaching reading that improves comprehension and thinking*. New York: Scholastic.
Rylant, C. (2007). *Henry and Mudge and the big sleepover*. New York: Aladdin Books.
Yolen, J. (1996). *Commander Toad and the big black hole*. New York: Putnam.

7 합창 읽기(Choral Reading)

교수 초점		학년 수준
■ 말하기/듣기	☐ 독해	■ 유치원-2학년
☐ 음운 인식/발음(음성)	☐ 작문	■ 3-5학년
■ 유창성	☐ 철자 쓰기	☐ 6-8학년
☐ 어휘력	☐ 내용교과	■ 영어 학습자

학생들은 합창 읽기를 하는 동안 시, 운문, 기타 텍스트를 소리 내어 읽는다. 다중의 읽기를 통해, 학생들은 더욱 자기 표현적으로 읽는 것을 배우며, 유창하게 읽는 능력을 증진시킨다. 합창 읽기를 위해 다양한 과제들이 가능하다. 학생들은 반 전체와 함께 텍스트를 소리 내어 읽을 수도 있고, 소집단 별로 텍스트를 나누어 일부분씩 읽을 수도 있다. 또는 개별 학생들이 반 친구들이 텍스트의 나머지를 읽는 동안 특정 줄이나 단락을 읽게 할 수도 있다. 4가지 가능한 과제들을 예시하면 다음과 같다.

- **메아리 읽기**: 선도자가 한 줄을 읽으면 나머지들이 한꺼번에 따라 읽는다.
- **선도자 읽은 후 합창 읽기**: 선도자가 시의 중심 부분을 읽고, 나머지는 후렴을 읽거나 다 같이 합창한다.
- **소집단 읽기**: 반을 둘이나 그 이상의 소집단으로 나누고, 각 집단이 시의 한 부분씩을 나누어 소리 내어 읽는다.
- **누적하여 읽기**: 한 학생이나 한 집단이 첫 번째 줄이나 문단을 읽고, 각 줄이나 문단을 연결하여 다른 학생 또는 집단이 누적적인 효과가 나도록 읽는다.

학생들은 의미를 가장 효과적으로 전달하는 방식을 결정할 때까지 다양한 과제를 시험하면서 텍스트를 몇 번 반복해서 읽는다.

왜 이 교수 전략을 사용하는가?

합창 읽기는 학생들, 특별히 부족한 독자들에게 유익한 구두 읽기 경험을 제공한다(Rasinski & Padak, 2004). 이런 훈련을 통해 학생들은 더욱 유창한 독자가 되고, 학생들이 더 유창한 독자가 되면 자신들이 읽은 것을 더 잘 이해할 수 있다. 합창 읽기의 또 다른 장점은 독서 경험을 함께 공유할 수 있다는 점이다(Graves, 1992; Larrick, 1991). 학생들은 자신의 반 친구들과 읽기를 통해 우애를 다질 수 있고, 읽기 능력이 부족한 학생은 실패에 대한 부끄러움이나 두려움 없이 함께 할 수 있다.

영어 학습자를 위한 안내

합창 읽기는 거부감 없이 소집단 별로 반 친구들과 소리 내어 읽기를 경험하게 되기 때문에 영어 학습자들을 위해 매우 유익한 활동이다(McCauley & McCauley, 1992). 영어 학습자들은 영어를 사용하는 반 친구들과 함께 읽으면서, 영어 단어의 발음, 문장 속에서의 단어의 어법, 억양 패턴 등을 듣고 연습하게 된다. 이런 연습을 통해서 학생들의 읽기와 구어는 점차 유창하게 된다.

어떻게 이 교수 전략을 사용하는가?

학생들은 합창 읽기를 위하여 소집단으로 활동을 하거나 반 전체가 함께 활동할 수 있다. 교사는 다음 단계에 따라 이 교수 전략을 활용할 수 있다.

1. 합창 읽기에 활용할 수 있는 시를 선택한다.

교사는 시 한 편이나 다른 장르의 텍스트를 준비하고 학생들이 모두 읽을 수 있도록 도표로 복사해서 보여주거나 함께 볼 수 있도록 복사해 준다.

2. 합창 읽기를 위한 텍스트를 준비한다.

교사는 시를 어떻게 정렬하여 읽을 것인지 학생들과 함께 정하도록 한다. 교사가 도표에 표시를 하거나 학생들이 그 순서를 따를 수 있도록 각자의 복사본에 표시하게 한다.

3. 준비한 시 읽기 시범을 보이며 따라 하도록 한다.

교사는 학생들과 함께 시를 몇 차례 반복해서 자연스러운 속도로 단어를 발음하는데 유의하며 읽는다. 많은 교사들은 자신들이 읽으면서 어떻게 발음하는지 학생들이 자신의 입 모양을 볼 수 있도록 서서 진행한다.

4. 학생들에게 시를 큰 소리로 읽게 한다.

교사는 학생들이 단어를 명확하게 발음하고 표현력이 드러나도록 읽어야 한다는 것을 강조한다. 교사는 학생들의 읽기를 녹음하여 학생 스스로가 다시 들을 수 있도록 하면 좋다. 그러면 학생들은 자신들의 녹음된 읽기를 다시 들은 후에 다시 한 번 합창 읽기를 하기를 원할 것이다.

언제 이 교수 전략을 사용하는가?

교사들은 문학 중심 단원과 주제 중심 단원을 다룰 때, 또는 학생들이 풍부한 문체가 나타나는 시나 기타 짧은 텍스트를 읽을 때 합창 읽기를 활용할 수 있다. 합창 읽기는 학생들이 시적 경험을 하는데 적극적으로 참여하도록 하며, 그 과정에서 학생들이 시의 어감, 느낌, 그리고 매력 등을 전유(專有)하도록 한다. 많은 시들이 합창 읽기의 소재로 사용될 수 있는데, 반복되고, 메아리와 후렴구가 있으며 묻고 답하는 시들이 대단히 효과적이다. 예를 들어 다음 시들을 활용할 수 있다.

우리 부모님은 내가 자고 있는 줄 아세요(My Parents Think I'm Sleeping) by Jack Prelutsky(2007)
나는 오늘 아침에 깼어요(I Woke Up This Morning) by Karla Kuskin(2003)
매번 나는 나무에 올라요(Every Time I Climb a Tree) by David McCord(Paschen, 2005)
토르티야빵을 위한 송시(頌詩), (Ode to La Tortilla) by Gary Soto(2005)
길거리의 새로운 아이들(The New Kid on the Block) by Jack Prelutsky(2008)
아들을 위한 엄마(Mother to Son) by Langston Hughes(2007)
둥근 해님(A Circle of Sun) by Rebecca Kai Dotlich(Yolen & Peters, 2007)

두 명의 독자를 위해 명확하게 쓰인 시가 매우 효과적이다. 초기 독자는 Donald Hall의 책 길이의 시 '나는 개랍니다/나는 고양이랍니다(1994)'를 좋아하고, Paul Fleischman의 곤충에 관한 시 모음 '즐거운 소란: 두 목소리를 위한 시(*Joyful Noise: Poems for Two Voices*(2004)'는 능숙한 독자에게 효과적이다. 교사들은 또한 합창 읽기를 위해 연설문, 노래, 비교적 긴 시 등을 활용할 수 있다. 예를 들어, "우리 형제인 독수리, 하늘: 시애틀 추장으로부터의 메시지(*Brother Eagle, Sister Sky: A Message From Chief Seattle*, Jeffers, 1993)"이나 Woody Guthrie의 "이 땅은 여러분의 땅이지요(*This Land Is Your Land*, 2002)", 그리고 "모든 책임은 내가 지겠다: 미국의 대통령들(*The Buck Stops Here: The Presidents of the United States*, Provensen,1997)" 등을 활용해 볼 수 있다.

참고 문헌

Fleischman, P. (2004). *Joyful noise: Poems for two voices*. New York: HarperTrophy.
Graves, D. H. (1992). *Explore poetry*. Portsmouth, NH: Heinemann.
Guthrie, W. (2002). *This land is your land*. Boston: Little, Brown.
Hall, D. (1994). *I am the dog/I am the cat*. New York: Dial Books.
Hughes, L. (2007). *The dream keeper and other poems*. New York: Knopf.
Jeffers, S. (1993). *Brother eagle, sister sky: A message from Chief Seattle*. New York: Puffin Books.
Kuskin, K. (2005). *Moon, have you met my mother? The collected pomes of Karla Kuskin*. New York: HarperCollins.
Larrick, N. (1991). *Let's do a poem! Introducing poetry to children*. New York: Delacorte.
McCauley. J. K., & McCauley, D. S. (1992). Using choral reading to promote language learning for ESL students. *The Reading Teacher, 45*, 523-333.
Paschen, E. (Ed.). (2005). *Poetry speaks to children*. Naperville, IL: Sourcebooks MediaFusion.

Prelutsky, J. (2007). *My parents thinks I'm sleeping*. New York: Greenwillow.

Prelutsky, J. (2008). *The Random House book of poetry*. New York: Greenwillow:

Provensen, A. (1997). *The buck stops here: The presidents of the United States*. San Diego: Browndeer Press.

Rasinski, T., & Padak, N. (2004). *Effective reading strategies: Teaching children who find reading difficult*. Upper Saddle River, NJ: Merrill/Prentice Hall.

Soto, G. (2005). *Neighborhood odes*. San Diego: Harcourt.

Yolen, J., & Peters, A. F. (Eds.). (2007). *Here's a little poem*. Cambridge, MA: Candlewick Press.

8 빈칸 메우기 절차 (Cloze Procedure)

교수 초점		학년 수준
☐ 말하기/듣기	■ 독해	☐ 유치원-2학년
☐ 음운 인식/발음(음성)	☐ 작문	■ 3-5학년
☐ 유창성	☐ 철자 쓰기	■ 6-8학년
☐ 어휘력	☐ 내용교과	☐ 영어 학습자

빈칸 메우기 절차는 교사들에게 학생들이 읽고 있는 글의 정보나 구조를 스스로 다룰 수 있는지를 점검함으로써 학생들의 독자로서의 능력에 대한 정보를 수집할 수 있는 비형식적인 진단 도구이다(Taylor, 1953). 교사들은 학생들이 읽었던 책(이야기, 정보적인 책, 또는 내용교과의 교과서 등)에서 인용문을 선정하고 그 부분에서 다섯 번째 단어마다 지운 후, 지워진 단어는 빈칸으로 밑줄을 그어서 빈칸 단락을 구성한다. 그러면 학생들은 단락을 읽고 빠진 단어를 채워 넣는다. 학생들은 글의 단락에서 빠진 단어를 예측하기 위해서 자신들의 통사(영어 단어의 순서)와 의미(문장 속에서의 단어의 의미)에 관한 지식을 활용한다. 정확한 단어만이 정답으로 인정된다.

The Leaders of a wolf pack are called the alpha wolves. There is an _____ male and an alpha _____. They are usually the _____ and the strongest wolves _____ the pack. An alpha _____ fight any wolf that _____ to take over the _____. When the alpha looks _____ other wolf in the _____ the other wolf crouches _____ and tucks its tail _____ its hind legs. Sometimes _____ rolls over and licks _____ alpha wolf's face as _____ to say, "You are _____ boss."

문식성 전략 50 - 단계별 언어 기능 교수 전략 -

위 예시에서 빠진 단어는 "*alpha, female, largest, in, will, tries, pack, the, eye, down, between, it, the, if, the*"이다.

왜 이 교수 전략을 사용하는가?

빈칸 메우기 절차는 문장 수준의 독해력을 측정한다(Tiereney & Readence, 2005). 이 전략은 어떤 텍스트가 학생들에 대한 교수 수준에 적합한지 정하고, 학생들이 읽고 있는 소설에 대한 학생들의 이해 수준을 점검하는 데 매우 유용한 교실 활동 도구이다. 그러나 주의할 점도 있다. 즉 빈칸 메우기는 독해 능력을 전체적으로 측정하지 않고, 개별적인 문장이나 단락을 다루는 과정에서 학생들의 통사와 의미 사용 능력만을 보여 준다는 점에 유의할 필요가 있다.

어떻게 이 교수 전략을 사용하는가?

교사들은 글 한 단락을 준비하고, 학생들은 그것을 개별적으로 메운다. 다음은 빈칸 메우기 절차를 수행하기 위한 단계들이다.

1. 교과서나 대중 서적에서 한 단락을 고른다.

이야기 글이나 정보적인 글에서 일부분을 고른다. 그리고 교사는 그 단락을 다시 타이핑한다. 첫 번째 문장은 원본에 있는 그대로 정확하게 타이핑하지만, 두 번째 문장 시작부터는 처음 다섯 번째 단어를 지우고 그 자리에 밑줄을 넣는다. 그 후에는 남아 있는 단락의 다섯 번째 단어마다 지우고 그 자리에 밑줄을 넣는다.

2. 빈칸에 들어갈 단어를 채우며 단락을 채운다.

학생들은 그 단락을 끝까지 한 번 조용히 읽고 난 후, 다시 한번 읽으면서 비어 있는 밑줄에 들어갈 단어를 예측하거나 '추측'한다. 그리고 각 밑줄에 지워진 단어들을 쓴다.

3. 학생이 수행한 결과를 채점한다.

교사들은 지워진 단어를 정확하게 맞출 때마다 1점을 부여한다. 정답률은 얻은 점수를 빈칸의 숫자로 나눈 값으로 결정된다. 정답률에 대한 언어적 해석은 다음과 같다.

61% 이상 정답률: 혼자서 읽을 수 있는 수준(independent reading level)
41-60% 정답률: 도움을 받으면 읽을 수 있는 수준(instructional level)
40% 이하 정답률: 글이 어려워 불안감을 느끼는 수준(frustration level)

언제 이 교수 전략을 사용하는가?

빈칸 메우기 절차는 학생들의 독해력을 측정해 주며, 전에 읽지 않은 책들에 대한 학생들의 독서 수준을 판단하는 자료와 같이 다양한 방식으로 활용될 수 있다. 물론 학생들이 막 읽기를 마친 책에 대한 이해 수준을 평가하는 데에도 활용될 수 있다(이 경우에는 매 5번째 단어보다 특정 단어가 생략된다. 등장인물의 이름이나 배경과 관련된 사실, 또는 이야기의 핵심 사건을 생략하는 것이 효과적이다.). 점수 부여는 백분율을 사용하거나 한두 개 틀리면 A, 세 개에서 다섯 개 틀리면 B 등과 같이 한다.

빈칸 메우기 절차는 특정 대중 서적이나 교과서를 교실 수업에서 사용하는 것이 적절한지 판단하는 데에도 활용될 수 있다. 교사들은 빈칸 단락을 준비하고 모든 학생들이나 학생 중 한 모둠에게 지워진 단어들을 예측하도록 하면서 여기에 진술된 절차를 따르게 한다(Jacobson, 1990). 그리고 난 후 교사들은 예측한 결과에 점수를 주고 학생들을 위한 텍스트 적절성을 결정하는 '1/3~1/2 공식'을 사용한다. 만일 학생이 지워진 단어의 50% 이상을 정확히 예측하면 그 글은 쉽다고 할 수 있지만, 지워진 단어의 30% 이하로 예측하면 그 글은 교실 수업에서 사용하기에 너무 어려운 것이 된다. 30-50% 정도의 정답률을 보이는 글이 수업 자료로서 적당한 수준이라 할 수 있다(Reutzel & Cooter, 2008).

참고 문헌

Jacobson, J. M. (1990). Group vs. individual completion of a cloze passage. *Journal of Reading, 33,* 244-250.

Reutzel, D. R., & Cooter, R. B., Jr. (2008). *Teaching children to read*: From basals to books (5th ed.) Upper Saddle River, NJ: Merrill/Prentice Hall.

Taylor, W. L. (1953). "Cloze procedure": A new tool for measuring readability. *Journalism Quarterly, 30,* 415-433.

Tierney, R. J., & Readence, J. E. (2005). *Reading strategies and practices*: A compendium (6th ed.). Boston: Allyn & Bacon.

9 조직망(Clusters)

교수 초점		학년 수준
☐ 말하기/듣기	☐ 독해	☐ 유치원–2학년
☐ 음운 인식/발음(음성)	■ 작문	■ 3–5학년
☐ 유창성	☐ 철자 쓰기	■ 6–8학년
☐ 어휘력	■ 내용교과	■ 영어 학습자

'조직망'은 종이에 '거미줄' 같이 표현된 다이어그램이라 할 수 있다. 단어와 구절들이 중심 원으로부터 뻗어 나온 방사선들 위에 제시된다. 때로는 단어를 대신해서 또는 단어와 함께 그림이 사용되기도 한다(Bromley, 1996; Rico, 2000). '조직망'은 웹이나 지도 등과 같이 여러 가지 이름으로 불리고 있는데, 사실 그것들은 동일한 전략으로 보이며 같은 방식으로 활용된다.

조직망은 '비체계적인 조직망'과 '체계적인 조직망'의 두 종류가 있다. 비체계적인 조직망은 아이들이 그린 중심 원으로부터 뻗은 수많은 방사선들로 된 태양의 모습과 비슷하다. 이 조직망들은 많은 동등한 수준의 아이디어들을 브레인스토밍하는 데에 매우 유용하다. 이에 비해서 체계적인 조직망은 위계적이다. 몇 개의 방사선들이 중심 원으로부터 핵심 아이디어들을 담아서 뻗어 나온다. 그리고 세부적이고 구체적인 내용들을 포함하여 더 많은 방사선들이 각각의 핵심 아이디어들을 보충하여 덧붙여진다. 두 종류의 조직망을 제시하면 다음과 같다.

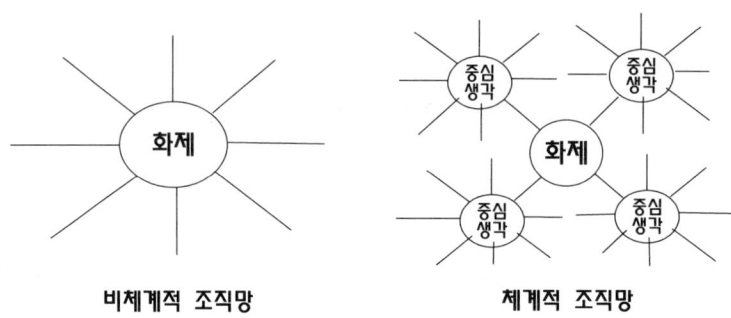

(예) 조직망의 유형

비체계적 조직망   체계적 조직망

왜 이 교수 전략을 사용하는가?

　조직망은 아이디어를 시각적으로 재현하여 제시해 주기 때문에 유용하다. 학생들은 읽고 나서 또는 쓰기를 시작하기 전에 아이디어를 브레인스토밍하거나 조직하기 위해 이런 다이어그램을 이용한다(Daniels & Zemelman, 2004). 특히 이 조직망은 비선조적이기 때문에, 또한 학생들은 조직망으로 그리는 것을 좋아하기 때문에 '개요'보다 더 유용하다. 반면에 학생들은 개요 만들기를 귀찮은 일로 여긴다.

영어 학습자를 위한 안내

　영어 학습자들은 단어와 그림의 조합을 활용하면서 조직망을 만든다. 시각적 표상은 학생들이 아이디어를 어떻게 조직하고 기억해야 하는지를 배우는 데 도움을 준다. 조직망에 쓰인 단어들은 자신들이 배우고 있거나 쓰기를 할 때 필요한 것이나 친숙하지 않은 단어일 때가 많기 때문에 매우 중요하다.

어떻게 이 교수 전략을 사용하는가?

　학생들은 다양한 목적을 위해 조직망을 만든다. 때로는 반 전체가 함께 하나의 조직망을 만들기도 하고, 때로는 소집단이나 개별적으로 조직망을 만들기도 한다. 자신들의 목적이 무엇이든지 학생들은 다음의 단계를 따른다.

1. 화제를 선택한다.

학생들은 화제를 선택하고 도표나 종이에 그려진 원의 중심에 단어를 쓴다. 중심 원은 종이의 중앙이나 맨 위에 배치할 수 있다.

2. 조직망을 디자인한다.

비체계적인 조직망을 만들기 위해, 학생들은 화제와 관련되어 있는 단어나 구절을 브레인스토밍하고 중심 원으로부터 나온 방사선들에 그것들을 써 넣는다. 체계적인 조직망을 위해, 학생들은 중심 아이디어를 확인하고 중심 원으로부터 방사선이 나오도록 그린 후, 각각의 아이디어들을 방사선의 끝에 있는 작은 원들에 써 넣는다.

3. 조직망을 완성한다.

비체계적인 조직망을 위해, 학생들은 조직망에 기록된 단어들과 구절들을 읽고 추가적인 생각들을 브레인스토밍한다. 체계적인 조직망을 완성하기 위해, 학생들은 개별 원으로부터 도출된 방사선에서 상위 아이디어와 관련된 세부 사항들을 써 넣는다. 교사들은 학생들이 자신들을 도와서 추가적인 단어나 구절을 생각하도록 자극한다.

언제 이 교수 전략을 사용하는가?

조직망은 문학 중심 단원이나 주제 중심 단원, 그리고 문학 모임 등에서 다양한 방식으로 사용될 수 있다. 예를 들면, 단어 조직망-비체계적 조직망-을 만들고 각 단어의 의미들을 방사선으로 그린다. 그리고 학습일지를 활용하여 구름 또는 중세 사회와 같은 내용교과의 학습 주제에 대해 공부하면서 정보들을 조직하기 위해 체계적인 조직망을 만들 수 있다. 또한 학생들은 작문을 시작하기 전에 아이디어들을 조직하기 위해서 조직망을 만들 수 있다. 한 단락 정도인 경우에는 비체계적인 조직망을 활용할 수 있지만, 한 단락을 넘는 좀 더 긴 글을 쓸 때에는 각 단락을 대표하는 중요 아이디어를 드러내는 체계적인 조직망을 활용하는 것이 좋다. 학생들은 자신들이 다루는 화제와 조직망을 만들려고 하는 목적에 따라 어떤 유형의 조직망이 적합한지 결정한다.

학생들은 자신들이 학습한 것을 발표하기 위해 조직망을 만들 수 있다. 보고서를 쓰는 대신에, 사회 교과나 과학 교과의 주제에 대해 학습한 것을 보여주기 위해 조직망을 구성한다. 예를 들어, 학생들은 태양계의 행성, 동물, 주, 또는 역사적인 사건 등에 대한 정보들로 조직망을 구성할 수 있다.

다음의 첫 번째 예는 토성에 대해 구성한 3학년 한 반의 비체계적인 조직망이다. 학생들은 또한 전기문이나 자서전을 읽은 후에 한 인간의 삶에 대해 조직망을 만들 수도 있다. 이런 조직망들이 지식을 보여주기 위해 사용된다면, 학생들은 그리스 바다의 신인 포세이돈에 대해 6학년 학생이 구성한 체계적인 조직망에서 보여주는 것처럼 단어들을 철자에 맞게 정확하게 쓰고, 더 깔끔한 글씨체를 보이며, 그림이나 다이어그램, 또는 다른 삽화 등을 이용한다. 다음의 두 번째는 포세이돈에 대한 체계적인 조직망의 예이다.

(예) 비체계적 조직망

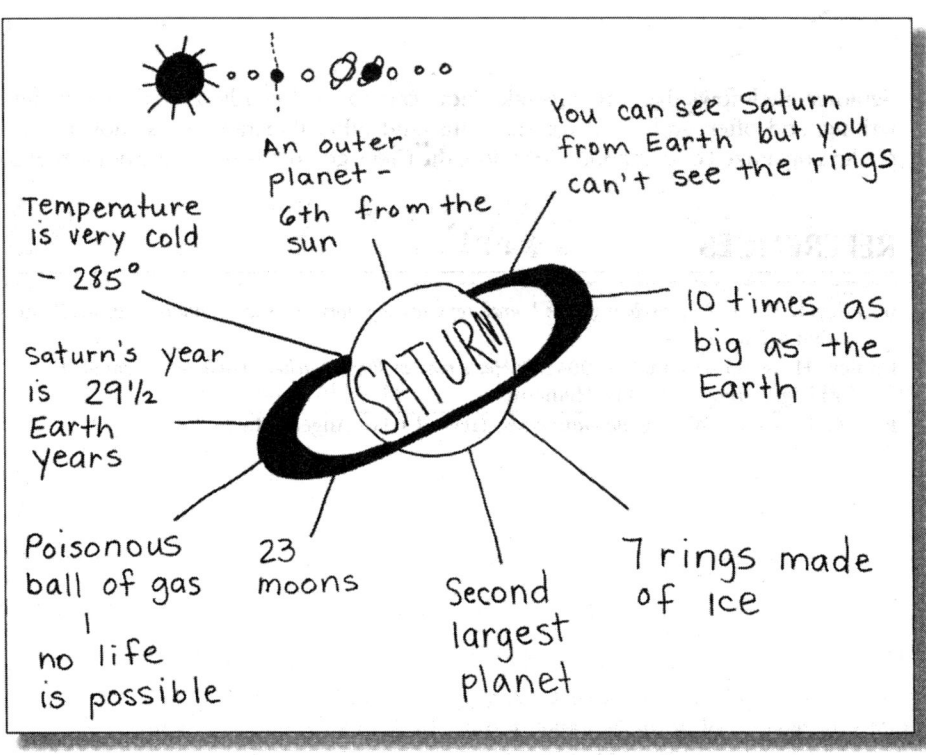

9 조직망(Clusters)

(예) 체계적인 조직망

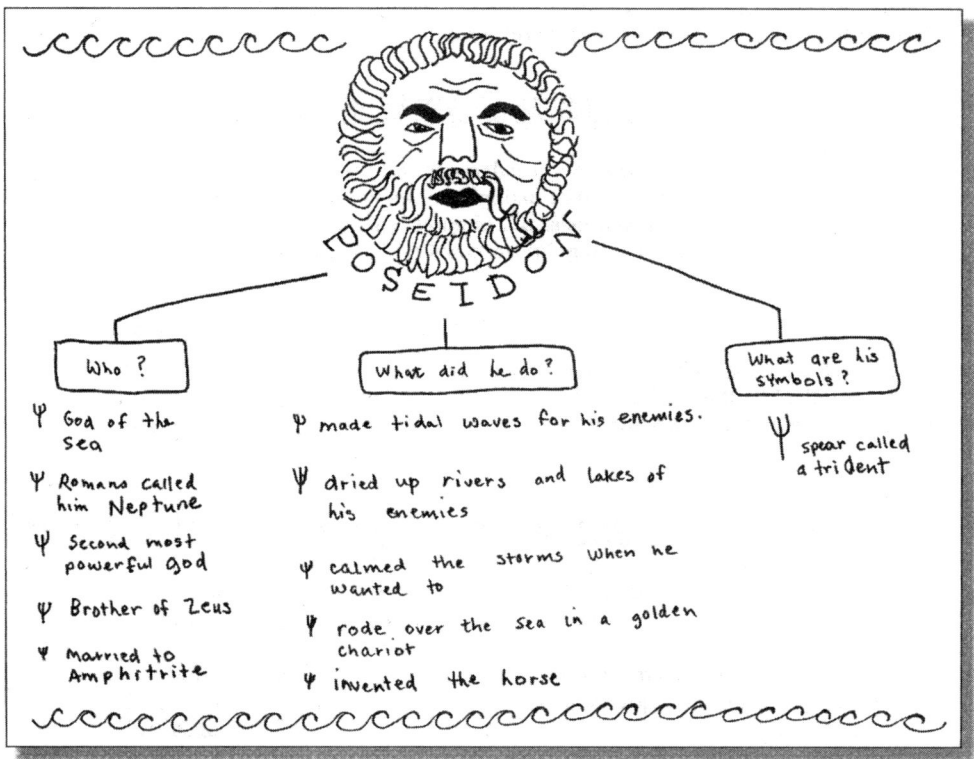

참고 문헌

Bromley, K. D. (1996). *Webbing with literature: Creating story maps with children's books*. Boston: Allyn & Bacon.

Daniels, H., & Zemelman, S. (2004). *Subjects matter: Every teacher's guide to content-area reading*. Portsmouth, NH: Heinemann.

Rico, G. L. (2000). *Writing the natural way* (rev. ed.). Los Angeles: Teacher.

10 협동책(Collaborative Books)

교수 초점		학년 수준
☐ 말하기/듣기	☐ 독해	■ 유치원-2학년
☐ 음운 인식/발음(음성)	■ 작문	■ 3-5학년
☐ 유창성	☐ 철자 쓰기	☐ 6-8학년
☐ 어휘력	■ 내용교과	■ 영어 학습자

 학생들은 협동책을 만들기 위해 소집단 별로 함께 활동한다. 학생들은 각각 한 쪽을 쓰거나 책의 각 쪽 또는 일정 부분을 쓰기 위해 반 친구와 함께 공동으로 작업을 한다. 그리고 이때의 쓰는 작업은 자신이 맡은 쪽의 초고쓰기, 수정하기, 편집하기 등과 같은 쓰기 과정을 따른다. 교사들은 첫 번째 책 만들기 프로젝트로서 그리고 쓰기 과정의 단계를 안내하기 위해서 학생들과 함께 반 전체 공동 작품을 만든다. 학생들은 좋아하는 이야기를 다시 말하거나 시를 각 쪽에 한 줄이나 한 절로 구성하기 위해 또는 정보적인 책이나 전기문을 쓰기 위해 협동책을 만든다. 앞에서 제시한 2번 전략인 '알파벳 북' 또한 협동책의 하나이다.

왜 이 교수 전략을 사용하는가?

 협동책의 장점은 학생들이 공동으로 작업을 하기 때문에 개별적으로 각자 만드는 책보다 쉽고 빠르게 책이 완성될 수 있다는 것이다(Tompkins, 2008). 학생들은 한 쪽이나 부분만을 쓰면 되기 때문에, 교사가 학생들과 협의하고 학생들이 수정하고 편집하는 데 시간을 쓸 수 있도록 돕는 데 시간을 덜 들일 수 있다.

📝 영어 학습자를 위한 안내

영어 학습자의 경우에는 어휘를 선택하고, 문장과 단락으로 표현하고, 영어 단어의 철자를 쓰는 데 도움을 줄 수 있는 영어를 사용하는 친구들과 함께 공부를 할 수 있기 때문에 협동적으로 책을 쓸 때가 혼자 쓸 때보다 성공적일 가능성이 높다.

어떻게 이 교수 전략을 사용하는가?

학생들은 협동책을 만들기 위해 소집단으로 활동을 하거나 반 전체가 함께 활동할 수 있다. 교사는 다음 단계에 따라 협동책 만들기를 수행한다.

1. 화제를 선택한다.

교사들은 문학 중심 단원이나 주제 중심 단원과 관련된 광범위한 화제를 선택한다. 그러고 난 후 학생들은 그 화제들을 좁히거나 자신들이 맡은 쪽에 맞는 특정 화제를 고른다.

2. 책의 한쪽 또는 한 부분의 디자인 방법을 안내한다.

예를 들어, 학생들이 펭귄에 대한 정보 중심 책의 한 쪽을 맡고 있다면, 학생들은 자신들이 쓰고자 하는 펭귄에 대한 다양한 사실이나 정보를 선택한다. 맡은 쪽의 상단 부분에 그 사실과 관계된 그림을 그리고 그 아래에는 사실을 쓸 수도 있다. 교사들은 학생들이 맡은 쪽 구성을 시작하기 전에 학생들과 함께 책의 한 쪽을 직접 쓰면서 이 과정을 시범보인다.

3. 학생들에게 자신이 맡은 부분을 거친 수준의 초고로 만들도록 한다.

학생들은 '쓰기 모둠'에 참여하면서 자신들이 구성한 각 쪽들을 공유하고, 친구들로부터 피드백을 받은 후에 그림이나 텍스트를 수정한다. 그러고 난 후 학생들은 사소한 실수들을 교정하고 자신이 맡은 쪽의 최종본을 만든다.

10 협동책(Collaborative Books)

4. 책을 완성하기 위해 각자 만든 쪽을 모은다.

학생들은 표지와 제목 페이지를 추가하여 만든다. 고학년의 경우 차례, 소개의 글, 결론 등을 준비할 수 있고, 끝에는 참고 문헌이나 서지 사항을 추가한다. 좀 더 튼튼한 책을 만들기 위해서 교사는 표지를 코팅하고 책을 장정(裝幀)한다(책 전체 쪽을 모두 코팅하여 묶을 수도 있다).

5. 학생들에게 나누어 줄 복사본을 만든다.

교사들은 모든 학생들을 위해 책의 복사본을 만든다. 특별하게 제본된 책은 교실이나 학교의 도서관에 보관한다.

언제 이 교수 전략을 사용하는가?

문학 중심의 단원에서, 학생들은 협동책을 통해 이야기 다시 말하기를 하기도 하고 이야기를 새롭게 창조하거나 새 버전을 만들기도 한다. 학생들은 개별 학생이 이야기의 한 장씩을 다시 말하면서 챕터북* 다시 말하기를 할 수 있다. 학생들은 또한 각 페이지에 한 줄 또는 한 연을 쓰고 삽화를 그려 넣어 시나 노래를 꾸밀 수도 있다. '악어 지갑을 가진 여자(Hoberman, 2003)', '파리를 삼켰던 늙은 여인(Taback, 1997)', '고양이들은 아무 곳에서나 잘 수 있어(Farjeon, 1999)', 그리고 '미국의 국가(Bates, 2003)'는 그림책으로 출판되었던 것으로 노래와 시를 다시 말하게 하는데 적합한 좋은 예들이다(이 책들은 학생들이 자신들의 다시 말하기를 글로 쓰기 전에 시험해 볼 수 있는 좋은 예로 이용될 수 있다).

---

* 챕터북(chapter book)은 중급 수준 독자를 위한 이야기책으로, 유아용 그림책과 청소년용 소설책의 중간 수준인 7세부터 10세 사이의 아이들에게 적합하다. 챕터북이라는 이름처럼 비교적 짧은 장들로 구성되어 있으며 그림책과는 달리 글이 중심이면서 소설책과는 달리 삽화가 많이 있다. 이 용어를 우리말로 번역하고자 하였으나 적절한 말이 없어 일단 이대로 사용하기로 한다(**역자 주**).

(예) 조니 애플시드에 관해 1학년이 만든 책

조니 애플시드는 집을 떠났습니다. 그는 오하이오 계곡을 걷고 있었습니다. 사과 씨가 담긴 배낭을 메고 머리에 모자를 쓰고 있던 그는 정말 똥배가 나왔습니다.

* 조니 애플시드(1774-1845): 각지에 사과 씨를 뿌리고 다녔다는 미국 개척 시대의 전설적 인물(본명은 John Chapman)

　학생들은 또한 정보 중심의 책과 전기문을 협동적으로 쓸 수 있다. 정보 중심의 책을 쓰기 위해서, 학생들은 하나의 사실을 각 페이지에 각각 써 넣는다. 전기문을 쓰기 위해서는 특정 인물의 삶에서 하나의 사건을 각 페이지에 각각 써 넣을 수 있다. 사과 관련 단원의 일부로 쓰인 '조니 애플시드(Johnny Appleseed)'에 대해 1학년들이 쓴 전기문 첫 페이지는 다음 박스 안의 그림과 같이 표현되었다. 1학년 학생들은 초고를 쓴 후에, 상급 학년 학생들과 함께 자신들의 텍스트들을 입력하고 최종본을 출력했다.

　학생들은 이 전략을 협동 보고서를 쓰는 데에도 활용할 수 있다. 학생들은 주제 중심 단원을 공부할 때 소집단이나 짝과 함께 주제와 관련된 연구를 수행한다. 이때 학생들은

10 협동책(Collaborative Books)

종종 자신들이 학습한 정보를 기록하기 위해 조직망(9번 전략)이나 자료 도표(12번 전략)를 이용하고, 자신들이 연구를 통해 학습한 정보를 이용하여 보고서의 한 부분을 쓴다. 그리고 학생들은 자신들의 보고서를 수정하고 편집하는 과정을 지속한다. 마지막으로 학생들은 최종본을 만들고 학급 문고에 자신들이 만든 부분을 추가하게 된다.

참고 문헌

Bates, K. L. (2003). *America the beautiful*. New York: Putnam.
Farjeon, E. (1993). *Cats sleep anywhere*. New York: HarperCollins.
Hoberman, M. A. (2003). *The lady with the alligator purse*. Boston: Little, Brown.
Taback, S. (1997). *There was an old lady who swallowed a fly*. New York: Viking.
Tompkins, G. E. (2008). *Teaching writing: Balancing process and product* (5th ed.). Upper Saddle River, NJ: Merrill/Prentice Hall.

11 정육면체 채우기(Cubing)

교수 초점		학년 수준
☐ 말하기/듣기	■ 독해	☐ 유치원-2학년
☐ 음운 인식/발음(음성)	■ 작문	☐ 3-5학년
☐ 유창성	☐ 철자 쓰기	■ 6-8학년
☐ 어휘력	■ 내용교과	■ 영어 학습자

학생들은 이 전략(Axelrod & Cooper, 2005; Neeld, 1990)을 적용할 때 6가지 차원 또는 관점에서 주제를 탐색한다. '정육면체 채우기'라는 이름은 이 전략의 교수 절차가 여섯 차원으로 구성되어 있어서 정육면체의 형태와 유사하다는 데에서 유래한다. 그 여섯 차원은 다음과 같다.

- 색깔, 모양, 크기 등을 포함하여 화제에 대해 기술한다.
- 화제와 다른 것을 비교한다. 이때에는 유사한 점과 차이점을 고려한다.
- 화제를 다른 것과 연결하고 그렇게 연결한 이유를 설명한다.
- 화제를 분석하고 어떻게 만들어졌는지 또는 무엇으로 구성되었는지 말한다.
- 화제를 적용해 보고 어떻게 쓰일 수 있는지 또는 그것으로 무엇을 할 수 있는지 말한다.
- 화제를 설득하거나 비평한다. 입장을 정한 후 그것을 지지해 줄 이유를 정리한다.

정육면체는 두 가지 방법으로 사용될 수 있다. 학생들은 자신들이 공부하고 있는 주제를 복습하거나 학습한 내용을 연구 과제로서 발표하기 위해 정육면체를 만들 수 있다. 첫 번째 방법은 덜 형식적이고 학습의 도구로서 정육면체 채우기를 사용하는 데 초점을 둔다. 두 번째 방법은 상대적으로 형식적이고 학생들이 정육면체의 각 면에 쓴 것을 초고 쓰기, 수정하기, 편집하기 등의 쓰기 과정으로 사용한다.

문식성 전략 50 - 단계별 언어 기능 교수 전략 -

왜 이 교수 전략을 사용하는가?

정육면체 채우기는 유용한 교수 전략이다. 학생들이 정육면체를 만드는 동안 상위 수준의 사고 과정을 거치고 소집단에서 함께 활동을 하면서 복잡한 생각을 서로 공유하기 때문이다. 학생들은 정육면체의 각 면에 글을 채우는 동안 자신들의 생각을 좀 더 강화하고 주제에 대한 자신들의 이해를 더욱 깊게 만든다.

영어 학습자를 위한 안내

영어 학습자에게 정육면체 채우기가 너무 어려울 것이라고 생각할 수 있다. 그러나 이 교수 전략은 영어를 학습하고 있는 학생들에게 효과적인 교수로서의 특성들을 가지고 있다(Akhavan, 2006). 이 전략은 매우 실제적인 활동이다. 학생들은 소집단에서 협동적으로 학습하고 자신들이 학습하고 있는 수업 내용에 능동적으로 관심을 가지며 자신들의 학습을 도와주는 시각 정보를 생산한다.

어떻게 이 교수 전략을 사용하는가?

학생들은 정육면체를 만들기 위해 소집단에서 함께 작업을 한다. 교사는 정육면체 채우기 전략을 실행하는 동안 다음의 단계를 수행한다.

1. 주제를 선택한다.
학생들은 정육면체 채우기를 위한 학습 주제를 선택한다.

2. 학생들을 소집단으로 나눈다.
학생들은 6개의 소집단으로 이동하고 각 집단은 여섯 영역 중 한 측면에서 주제를 검토한다. 다른 방법으로, 교사는 학생들을 6명씩의 소집단으로 나누고 각 집단끼리 학습 주제를 정육면체로 만들도록 한다(소집단의 각 구성원은 각자 여섯 영역 중 한 측면에서 주제를 검토할 것이고 결국 소집단은 정육면체를 만들게 될 것이다).

3. 주제에 대해 자유연상한다.

학생들은 각 영역에 대한 아이디어를 자유연상으로 토의한다. 그리고 '얼른 쓰기(33번 전략 참고)' 전략으로 쓰거나 자신들이 모은 생각들을 이용하여 그림을 그린다.

4. 정육면체를 완성한다.

학생들은 전체 학생들과 얼른 쓴 것들을 공유하고 상자의 각 면들에 그것들을 붙인다. 학생들은 또한 판지나 종이를 여섯 면의 상자로 접고 붙여서 정육면체를 구성할 수 있다.

언제 이 교수 전략을 사용하는가?

정육면체 채우기는 주제 중심 단원과 관련된 화제들을 탐색하는 데 유용한 절차이다. 6학년부터 8학년 학생들은 남극 대륙, 미국 헌법, 멸종 위기에 처한 동물, 지하 철도 조직 나일강 등과 같은 화제들로 정육면체를 만들 수 있다. 학생들은 또한 이야기의 등장인물을 탐구하는 데 정육면체를 이용할 수 있다. 예를 들어, 5학년 학생들로 구성된 소집단은 '별을 헤아리며(Number the Stars, Lowry: 2005)'에서 자신의 유대교 친구 엘렌을 숨겨준 기독교 소녀 안네마리(Annemarie)에 대하여 다음과 같은 내용으로 정육면체를 채웠다.

묘사(Describe): 안네마리는 10살의 덴마크인이자 기독교인이다. 맑은 금발이며 푸른 눈을 가졌다. 안네마리는 똑똑하고 활발하며 엘렌에게는 좋은 친구이다.

비교(Compare): 안네마리는 친구인 엘렌을 무척 좋아한다. 둘 다 덴마크 소녀들이고 좋은 학생들이며 좋은 친구 사이지만 서로 다르게 생겼다. 안네마리는 금발이고 엘렌은 갈색 머리이다. 안네마리는 엘렌보다 말랐고 더 달리기를 잘한다. 무엇보다도 가장 큰 차이는 종교인데, 2차 세계대전 동안에 그 의미는 남다르다. 안네마리는 기독교인이기 때문에 안전하지만, 엘렌은 단지 유대인이기 때문에 큰 위험에 처해 있다. 그 당시 독일인들은 모든 유대인들을 제거하려고 했기 때문이다.

연상(Associate): 안네마리도 우리랑 비슷하다. 우리는 그녀가 우리 교실에 있다면 좋아할 것이다.

분석(Analyze): 안네마리는 평범한 여자이지만 전쟁 때문에 몇 가지 위험한 일들을 해야만 한다. 미국에서 전쟁이 있었다면, 우리 역시 똑같이 위험한 일들을 했어야 할 것이다. 우리도 그녀가 그랬던 것처럼 용감해질 것이다.

적용(Apply): 안네마리에 대한 이야기를 읽었을 때, 우리는 용감하다는 것에 대해 많이 배웠다. 우리는 이기적일 수 없고 다른 사람들을 생각해야 한다는 것도 배웠다. 또한 똑똑해야만 하고 똑똑해지기 위한 한 방법으로 벙어리인 척 하는 것도 필요하다. 전쟁 중에는 너무 많은 비밀을 알고 있지 않는 것이 낫다.

주장(Argue): 안네마리는 우리가 알고 있는 사람 중에 가장 용감하다. 그녀는 그냥 소녀이고 싶어 했지만, 어떤 입장을 취해야 했다. 엘렌 역시 용감했지만 아무런 선택을 할 수가 없었다. 그녀는 정치범 수용소에 가야만 했고 아마도 용감하지 않았다면 죽었을 것이다. 하지만 안네마리는 달랐다. 그녀는 눈을 감고 모른 척 하며 친구를 돕지 않을 수도 있었다. 그러나 안네마리는 정말 용감했기 때문에 그러지 않았다. 그녀는 용감하다고 할 만한 매우 중요한 결정을 했다.

안네마리와 엘렌에 대한 이 정육면체 채우기는 학생들이 여섯 가지 차원으로 이야기에 대해 생각해 보면서 이야기에 대해 얼마나 깊은 이해를 했는지를 보여준다.

참고 문헌

Akhavan, N. (2006). *Help! My kids don't all speak English: How to set up a language workshop in your linguistically diverse classroom.* Portsmouth, NH: Heinemann.

Axelrod, R. B., & Cooper, C. R. (2005). *Axelrod and Cooper's guide to writing* (4th ed.). New York: St. Martin's Press.

Lowry, L. (2005). *Number the stars.* New York: Yearling.

Nelld, E. C. (1990). *Writing* (3rd ed.). Upper Saddle River, NJ: Scott Foresman/Pearson.

12 자료 도표(Data Charts)

교수 초점		학년 수준
☐ 말하기/듣기	■ 독해	☐ 유치원-2학년
☐ 음운 인식/발음(음성)	■ 작문	■ 3-5학년
☐ 유창성	☐ 철자 쓰기	■ 6-8학년
☐ 어휘력	■ 내용교과	☐ 영어 학습자

자료 도표는 학생들이 논제에 대한 정보들을 조직하는 도구로써 만들고 쓰는 격자형 표이다(McKenzie, 1979). 격자형 표는 4개 이상의 하위 논제들로 나뉠 수 있는 화제들에 대한 정보를 조직하기 위해 그려진다. 문학 중심 단원에서 자료 도표는 '신데렐라' 이야기와 같은 민담과 옛날이야기의 이본들이나 'Eric Carle, Chris Van Allsburg, Gary Paulsen' 등 한 명의 저자가 쓴 책들에 대한 정보들을 비교하는 데 이용될 수 있다. 한편 주제 중심 단원에서 자료 도표는 태양계나 미국 원주민과 같은 중심 아이디어에 대한 정보들을 기록하는 데 이용될 수도 있다. 학생들은 또한 보고서나 에세이 쓰기와 관련된 정보 수집과 조직을 위해 사전 쓰기 활동으로서 자료 도표를 활용할 수도 있다(McMackin & Siegel, 2002).

왜 이 교수 전략을 사용하는가?

이 교수 전략은 읽기 전 또는 읽은 후에 학생들이 논제에 대한 정보를 조직할 필요가 있을 때 매우 유용하다(Readence, Moore, & Rickelman, 2000). 학생들은 자신들이 수집하고 있는 정보에 대해 생각한 후에 그 논제에 적합한 자료 도표를 만든다. 이런 논제 분석의 과정은 학생들의 논제에 대한 이해 능력을 향상하는 데 도움이 된다.

어떻게 이 교수 전략을 사용하는가?

이 교수 전략은 전체 활동 또는 소집단 활동에서 활용될 수 있고, 개별 학생들은 자기만의 자료 도표를 만들 수 있다. 자료 도표를 만드는 단계를 제시하면 다음과 같다.

1. 자료 도표를 설계한다.

교사 또는 학생이 논제를 선택하고 자료 도표를 어떻게 구성할지 결정한다. 논제의 주요 특성들(구분 기준들)은 도표의 윗부분에 걸쳐서 채워질 것이며 그에 대한 예시들(구체적인 내용들)이 나머지 칸들에 포함될 것이다.

2. 계획한 대로 도표를 그린다.

교사나 학생은 (예술이나 공예 수업에 사용되는 싸지만 질긴 종이로 된) 연습장이나 종이에 주제와 어울리는 골격 도표를 만든다. 그리고 윗부분에 주요 특성들을 쓰고 나머지 세로 행에는 예시들을 채운다.

3. 논제에 따라 도표를 채운다.

학생들은 각 빈칸에 단어, 그림, 문장, 문단 등을 넣어서 도표를 완성한다. 때로는 노출된 새로운 정보들을 수용하기 위해 도표를 수정하는 것이 필요하다.

언제 이 교수 전략을 사용하는가?

학생들은 문학 중심 단원이나 주제 중심 단원에서 자료 도표를 사용한다. 종종 단원의 초반 부분에서 도표를 만드는 것으로 수업을 시작한 후 자신들이 논제에 대해서 책을 읽거나 좀 더 학습하면서 도표에 새로운 정보들을 추가하게 된다. 다음 (예)는 고래에 대한 단원을 학습하는 동안 5학년 학생들에 의해 만들어진 자료 도표이다. 소집단의 학생들은 전체 학생이 만든 도표에 다른 유형의 고래에 대한 정보들을 추가했다. 그리고 학생

12 자료 도표(Data Charts)

들은 자신들의 학습일지에 개별 자료 도표를 만들면서 반 전체가 만든 도표를 자료로 활용했다.

(예) 고래에 관한 5학년 교실의 자료 도표

		고래		
종류	생김새	먹이	고래수염 또는 이빨	사는 곳
흰긴수염고래	가장 큰 동물 약 30미터 길이 배에 황색 규조류 식물	크릴새우	고래수염	모든 바다 매우 희귀
일각(돌)고래	약 3~5미터 길이 회색 등-흰색 배 온몸에 어두운 반점	물고기 오징어	이빨	북극해
혹등고래	약 15미터 길이 긴 가슴지느러미 검은색 등-흰색 배	새우와 물고기	고래수염	모든 바다

학생들은 또 다른 방법으로 자료 도표를 단원의 마무리로써 소집단이나 반 전체가 함께 만들 수도 있다. 또한 학생들은 단원의 마지막 부분에서 자신들이 학습한 것을 요약하여 발표 자료로 만들 수도 있다. 교사는 교실의 게시판이나 벽에 자료 도표를 만들어 붙일 수 있다. 그리고 학생들을 특정 예시에 초점을 둔 소집단으로 나눈다. 그러면 학생들은 종이에 정보들을 써넣은 후에 각 예시에 맞는 가로 열에 맞는 정보들을 추가로 채운다.

참고 문헌

McKenzie, G. R. (1979). Data charts: A crutch for helping pupils organize reports. *Language Arts, 56,* 784-788.

McMackin, M, C., & Siegel, B. S. (2002). *Knowing how: Researching and writing nonfiction 3-8.* Portland, ME: Stenhouse.

Readence, J. E., Moore, D. W., & Rickelman, R. J. (2000). *Prereading activities for content area reading and learning* (3rd ed.), Newark, DE: International Reading Association.

13 이중-항목 일지 (Double-Entry Journals)

교수 초점		학년 수준
☐ 말하기/듣기	■ 독해	☐ 유치원–2학년
☐ 음운 인식/발음(음성)	■ 작문	■ 3–5학년
☐ 유창성	☐ 철자 쓰기	■ 6–8학년
☐ 어휘력	■ 내용교과	☐ 영어 학습자

'이중-항목 일지'는 공책을 두 행으로 나누어 각 열에 다른 유형의 정보들을 정리하는 독서일지의 한 형태이다(Barone, 1990; Berthoff, 1981). 왼쪽 행에는 이야기, 정보적인 글, 또는 내용교과의 교과서에서 인용구들을 쓰고, 오른쪽 행에는 그 인용구에 대한 의견이나 생각들을 정리한다. 학생들은 인용구를 자신의 배경 지식과 관련하여 반응하고 질문을 적거나 다른 관련 내용들을 만들 수도 있을 것이다. 다음 (예)는 Lewis(2005)의 '사자와 마녀와 옷장(*The Lion, the Witch and the Wardrobe*, '나니아 연대기'의 하나)'에 대한 5학년의 이중-항목 일지이다.

(예) '사자와 마녀와 옷장'에 대한 5학년 학생의 이중-항목 일지

인용구	반응
1장 이 집은 우리가 하는 것에 대해 신경 쓸 사람이 아무도 없는 집이라고 할 수 있어.	나는 내가 숙모님 댁에서 지내기 위해 텍사스 주 버몬트(Beaumont)로 갔던 때를 기억한다. 숙모님 댁은 매우 컸다. 그 집에는 피아노가 있었는데 숙모님은 우리들에게 피아노를 칠 수 있게 해 주셨다. 숙모님은 우리가 하고 싶은 것을 무엇이든지 하라고 말씀하셨다.
5장 "네 동생의 이야기가 사실이 아니라는 것을 어떻게 알았어?"라고 그가 물었다.	그것은 나에게 어릴 때와 그때 상상하던 장소를 떠올리게 한다. 나는 마음속으로 그곳에 가곤 했다. 이 상상의 장소에서 나 자신에 대해 모든 종류의 가상 이야기를 만들었다. 한번은 내 상상의

	장소에 대해 오빠에게 말한 적이 있다. 오빠는 나를 비웃으며 바보같다고 말했다. 그러나 내 마음대로의 상상을 누구도 막을 수 없었기 때문에 오빠의 반응도 내겐 방해가 되지 않았다.
15장 아직 그들은 묶인 채 죽은 듯이 누워 있는 위대한 사자의 형상을 볼 수 있다. 그들은 밧줄을 조금씩 물어뜯고 있다.	아슬란이 죽었을 때 나는 삼촌 칼(Carl)이 죽었을 때를 생각했다. 이것은 나에게 사자가 그 쥐를 풀어주고 그 쥐가 사자를 도와주는 이야기를 떠올리게 한다.

왜 이 교수 전략을 사용하는가?

교사는 이중 항목 일지를 학생들이 읽고 있는 텍스트에 대해 자신들의 생각을 구조화하는 것을 돕기 위해 사용한다(Tovani, 2000). 앞에서 보인 학생들의 (예)는 텍스트에 대한 학생들의 생각이 매우 중요함과 오른쪽 행에서 보인 반응의 유형이 자신들이 읽은 것에 대한 이해를 드러낸다는 것을 보여 준다.

어떻게 이 교수 전략을 사용하는가?

학생들은 대체로 소설이나 정보적인 글의 한두 장 또는 내용교과 교재의 한 장을 읽은 후에 이중-항목 일지에 스스로 쓴다. 그 절차는 다음과 같다.

1. 일지 쓰는 난을 설계한다.

학생들은 독서일지 한 쪽을 나누어 두 행으로 만든다. 왼쪽 행은 '인용문', 오른쪽 행에는 '논평'이나 '의견'이라는 명칭을 붙인다.

2. 일지에 인용문을 쓴다.

학생들은 읽으면서 또는 읽은 후에 즉시 하나 이상의 중요하거나 흥미로운 인용문을 일지의 왼쪽 행에 복사하여 써 넣는다.

3. 인용문에 대해 곰곰이 생각하고 의견을 적는다.

학생들은 인용문을 다시 읽고 오른쪽 행에 그 인용문을 선택한 이유와 자신들에게 그 인용문이 어떤 의미를 갖고 있는지 설명한다. 때로는 오른쪽 행을 채우기 전에 인용문을 독서 동료들이나 '대집단 대화(17번 전략)' 전략을 적용해서 학생들과 공유해 보는 것도 좋다.

언제 이 교수 전략을 사용하는가?

교사들은 학생들이 문학 중심 단원을 공부할 때와 문학 동아리에서 소설을 읽고 있는 동안 다른 유형의 독서일지 대신에 이중-항목 일지를 쓰게 한다. 때때로 교사들은 두 행의 제목을 바꿀 수 있다. 예를 들어, 이야기의 인용문을 기록하는 대신에 왼쪽 행에 '독서일지'를 쓰고 오른쪽 행에는 '반응'을 쓸 수 있다. 왼쪽 행에서는 읽은 것을 요약하고 오른쪽 행에서는 사건과의 연관성을 정리한다. 덧붙여서 어린 학생들은 이 전략을 '예측 일지'로 활용할 수도 있다(Macon, Bewell, & Vogt, 1991): 왼쪽 행은 '예측'을 오른쪽 행은 '일어난 일'로 명명한다. 왼쪽 행에는 이야기를 읽기 전에 이야기에서 일어날 것이라고 예측한 것을 쓰거나 그리고 오른쪽 행에는 읽은 후에 실제로 일어난 일을 적거나 그리는 것이다.

학생들은 또한 정보적인 책이나 내용교과 교재를 읽을 때 정리할 목적으로 이중-항목 일지를 사용할 수 있다. 학생들은 '정리'라고 명명된 왼쪽 행에서 중심 생각을 확인한 후 요약하고 '논평'이나 '반응'이라고 명명된 오른쪽 행에서 중심 생각의 의미에 대한 자신의 생각을 적는다(Daniels & Zemelman, 2004). 이야기를 읽으면서 활용되는 이중-항목일지는 오른쪽 행의 활용이 더욱 의미가 있다고 할 수 있는데, 학생들이 자신들이 읽고 있는 이야기의 중심 생각에 대해 더 깊이 있는 생각을 할 수 있는 기회를 부여받기 때문이다.

참고 문헌

Barone, D. (1990). The written responses of young children: Beyond comprehension to story understanding. *The New Advocate, 3,* 49-56.

Berthoff, A. E. (1981). *The making of meaning.* Montclair, NJ: Boynton/Cook.

Daniels, H., & Zemelman, S. (2004). *Subjects matter: Every teacher's guide to content-area reading.* Portsmouth, NH: Heinemann.

Lewis, C. S. (2005). *The lion, the witch and the wardrobe.* New York: HarperCollins.

Macon, J. N., Bewell, D., & Vogt, M. E. (1991). *Responses to literature: Grades K-8.* Newark, DE: International Reading Association.

Tovani, C. (2000). *I read it, but I don't get it: Comprehension strategies for adolescent readers.* York, ME: Stenhouse.

14 지우기 브레인스토밍 (Exclusion Brainstorming)

교수 초점		학년 수준
☐ 말하기/듣기	■ 독해	☐ 유치원-2학년
☐ 음운 인식/발음(음성)	☐ 작문	■ 3-5학년
☐ 유창성	☐ 철자 쓰기	■ 6-8학년
■ 어휘력	■ 내용교과	☐ 영어 학습자

교사들은 '지우기 브레인스토밍' 전략을 사회 교과나 과학 교과의 화제에 대한 해당 텍스트를 읽기 전에 학생들의 배경 지식을 활성화하고 그들의 이해를 확장시키기 위해서 사용한다(Blachowicz, 1986). 교사들은 학생들에게 읽어야 할 단어 목록을 제시하고 학생들은 그 목록에서 화제와 관련되지 않은 단어들뿐만 아니라 화제와 관련된 단어들을 확인한다. 그리고 읽은 후에 학생들은 단어들의 목록을 개관하고 자신들이 올바르게 단어들을 선정했는지 판단한다.

왜 이 교수 전략을 사용하는가?

'지우기 브레인스토밍'은 학생들이 단어 목록에 있는 단어들에 대해 이야기하면서 어떤 단어가 배우는 내용과 관련이 되는지 판단하고 화제에 대한 자신들의 배경 지식을 확장하며 몇몇 주요한 어휘들을 안내받기도 할 뿐만 아니라 읽기 목적을 개발하도록 하기 때문에 읽기 전 활동으로 유용하다(Wormeli, 2001).

문식성 전략 50 - 단계별 언어 기능 교수 전략 -

어떻게 이 교수 전략을 사용하는가?

'지우기 브레인스토밍' 전략은 학생들이 반 친구들과 교사가 단어 목록의 단어들에 대해 이야기하는 것을 들으면서 도움을 받을 수 있기 때문에 전체 교실 활동으로서 적합하다. 학생들이 교수 전략에 익숙해지면 때때로 소집단으로 활동한 후 반 전체와 자신들의 목록을 공유할 수 있다. 학생들은 이 전략을 수행하는 동안 반 전체 또는 소집단으로 함께 활동하게 된다. 교사들은 다음 단계를 거치면서 지우기 브레인스토밍 전략을 활용할 수 있다.

1. 단어 목록을 준비한다.

교사들은 학생들이 읽게 될 정보적인 글이나 내용교과 교재의 화제와 관련된 단어들을 확인하고 선정하는데 해당 화제에 적절하지 않은 몇몇 단어들도 포함시킨다. 그리고 그 목록을 칠판에 적거나 슬라이드로 보여 준다.

2. 학생들과 함께 단어 목록을 읽는다.

소집단이나 반 전체 활동을 통해, 학생들은 어떤 단어들이 교재와 관련이 있고 어떤 단어들이 관련되지 않는지 판단한다. 학생들은 자신들의 생각에 해당되지 않는 단어에 동그라미로 체크한다.

3. 화제에 대해 학습한다.

학생들은 '지우기 브레인스토밍' 전략을 수행하면서 단어들이 읽고 있는 텍스트에 언급되었는지 주의하며 제시된 과제를 읽는다.

4. 목록을 확인한다.

학생들은 글을 읽은 후에 '지우기 브레인스토밍' 목록을 확인하고 읽은 글에 기초하여 정정한다. 학생들은 자신들이 사전에 동그라미로 체크했던 그렇지 않았던 관련된 단어들에 체크 부호를 표시하고 관련되지 않은 단어들을 지워 나간다.

14 지우기 브레인스토밍(Exclusion Brainstorming)

언제 이 교수 전략을 사용하는가?

교사들은 '지우기 브레인스토밍' 전략을 학생들이 정보적인 글과 논문을 읽기 전에 주요 개념과 어휘에 친숙해지도록 하기 위해 읽기 전 활동으로 활용한다. 예를 들어, 8학년 교사는 학생들이 북극해에 관한 논문을 읽기 전에 다음 첫 번째 상자에서 제시된 단어들의 목록을 준비했다(*펭귄, 남극, 강수량*을 제외한 모든 단어들은 북극해와 관련된 것들이었다.). 학생들은 관련이 적어 보이는 단어 7개에 동그라미를 표시했다. 그리고 글을 읽은 후에 학생들은 선생님이 삭제할 것으로 기대했던 세 개의 단어를 지웠다.

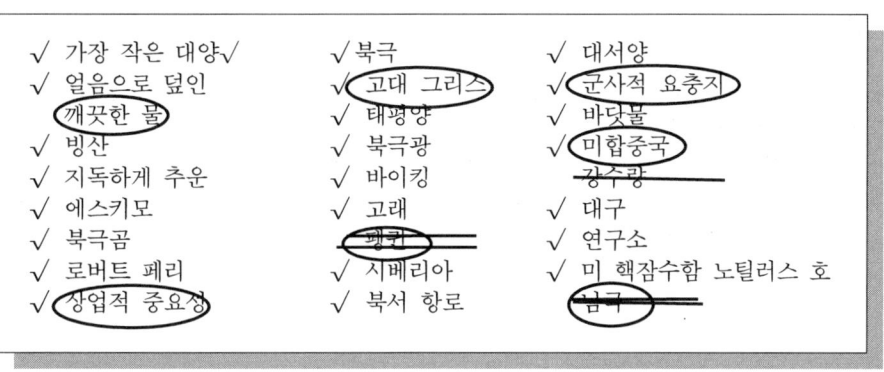

'지우기 브레인스토밍'은 또한 교사가 사회 교과나 과학적 개념에 대해 미리 초점을 맞추고자 할 때 이야기와 함께 사용될 수 있다. 다음 (예)는 4학년 교사가 골드러시 당시에 캘리포니아로 가족과 함께 이주한 어린 소녀의 이야기인 '휘플의 반항(*The Ballad of Lucy Whipple*, Cushman: 1996)'을 읽기 전에 만든 '지우기 브레인스토밍' 목록이다. 교사는 학생들에게 이야기에 나오는 어휘들을 안내하고 캘리포니아 골드러시 시절의 삶을 이해하도록 하기 위해 이 전략을 사용했다. 학생들은 읽기 전에 7개의 단어에 동그라미 표시를 했다. 그리고 읽은 후에 세 개의 단어를 지웠는데 동그라미 표시를 한 것과는 모두 달랐다.

(예) '휘플의 반항'에 대한 '지우기 브레인스토밍'

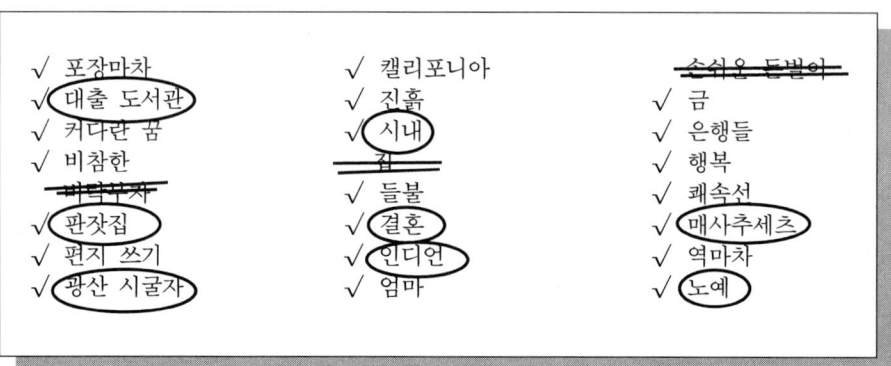

참고 문헌

Blachowicz, C. L. Z. (1996). Making connections: Alternatives to the vocabulary notebook. *Journal of Reading, 29,* 643-649.

Cushman, K. (1996). *The ballad of Lucy Whipple.* New York: Clarion Books.

Wormeli, R. (2001). *Meet me in the middle: Becoming am accomplished middle-level teacher.* Portland, ME: Stenhouse.

15 관객으로 걷기(Gallery Walks)

교수 초점		학년 수준
☐ 말하기/듣기	☐ 독해	☐ 유치원-2학년
☐ 음운 인식/발음(음성)	■ 작문	■ 3-5학년
☐ 유창성	☐ 철자 쓰기	■ 6-8학년
☐ 어휘력	☐ 내용교과	☐ 영어 학습자

    학생들은 반 친구들의 쓰기 작품이나 다른 프로젝트 결과물들을 보거나 읽고 또는 반응하기 위해 '관객으로 걷기' 활동을 하는 동안 교실 주변을 돌아다닌다. 대체로 작품은 교실의 벽에 전시되지만, 학생들의 책상에 전시될 수도 있다. 반 친구들은 접착이 가능한 종이에 감상평이나 질문을 쓰고 학생 작품 옆에 붙일 수도 있고, 작품 옆에 붙어 있는 낙서판이나 메모장에 감상평을 쓸 수도 있다. 예를 들어, 5학년 학생들은 반 친구들이 그린 미국의 식민지 지도나 한 동물 미국 분포 지도를 볼 수도 있고, 6학년 학생들은 자신들이 만든 축자적이거나 비유적 의미들로 만든 관용구 포스터를 공유하기도 하며, 8학년 학생들은 지역 신문의 편집자에게 반 친구들이 쓴 편지 사본들을 읽을 수도 있다.
    학생들의 작품은 완성된 것일 수도 있고 미완성인 것일 수도 있다. 작품이 완성된 경우 '관객으로 걷기' 활동은 '저자의 의자(4번 전략)'에서와 같이 축하연이 된다. 예를 들어, 3학년 학생들은 자신들의 책상에 쓰기 워크숍에서 출판한 책들을 전시하고, 반 친구들은 읽고 싶은 책을 찾아 교실을 돌아다닌다. 작품이 아직 미완된 것이라면 '관객으로 걷기' 활동은 '쓰기 모둠(50번 전략)'에서와 같이 저자에게 피드백과 제언을 해 주는 기능을 하게 된다. 예를 들어, 6학년 교실에서는 반 친구들이 읽고 가장 좋아하는 부분에 표시를 할 수 있도록 자신이 쓴 시의 초고 복사본을 붙여 둘 수 있다.

왜 이 교수 전략을 사용하는가?

'관객으로 걷기' 전략은 학생들의 쓰기 프로젝트에 대한 청중들의 즉각적인 반응을 제공한다(Bergen, 2005). 이 활동은 각각의 학생들이 교실 앞에 나가서 자신의 작품을 발표할 때보다 훨씬 더 빠르게 진행될 수 있고, 학생들은 반 친구들이 모두 자신들의 작품을 보기 때문에 선생님께서 혼자 보고 평을 해 줄 때보다 흥미를 느끼게 된다. 게다가, 학생들은 반 친구들에게 자신들의 반응을 통해 지원적인 피드백을 제공하며 자신들의 쓰기 프로젝트에 통합시킬 수 있는 새로운 생각들을 배우게 된다.

어떻게 이 교수 전략을 사용하는가?

'관객으로 걷기'는 반 전체 활동이다. 교사는 이 교수 전략을 실행하면서 다음의 단계를 따른다.

1. 작품을 전시한다.

학생과 교사는 '관객으로 걷기'를 위한 준비 시간에 교실 벽에 작품을 붙이거나 책상에 배열해 둔다.

2. 감상평을 적는 종이를 나누어 준다.

교사는 학생들에게 감상평을 쓸 수 있는 접착 공책을 나누어 주거나 개별 학생들의 작품 옆에 낙서장을 놓아둔다.

3. 관객으로 걷기 전략에 대해 안내한다.

교사는 '관객으로 걷기' 전략의 목적, 친구들의 작품을 읽거나 감상하는 방법, 그리고 반 친구들에게 어떤 의견을 주어야 하는지 등에 대해 설명한다. 교사들은 또한 활동 시간을 정하고, 학생들에게 모두의 작품을 읽을 시간이 없다면 가능한 한 많은 학생들의 작품을 감상하도록 안내한다.

15 관객으로 걷기(Gallery Walks)

4. 어떻게 보고, 읽고, 반응하는지 시범을 보인다.

교사는 학생들의 한두 작품을 예시로 활용해서 '관객으로 걷기' 활동을 수행하는 동안 어떻게 행동해야 하는지 시범을 보인다.

5. 학생들의 이동과 활동 상황을 지도한다.

교사는 학생들이 교실을 돌아다니는 동안 모든 학생들의 작품이 감상되고 읽히며 반응되고 있는지, 그리고 감상평들이 따뜻하고 유용한지 등을 확인하면서 학생들을 지도한다.

6. '관객으로 걷기' 마감하기

교사들은 학생들에게 자신들이 직접 만든 작품으로 돌아가서 반 친구들이 쓴 감상평이나 질문 또는 기타 반응들을 확인하도록 한다. 종종 한두 학생들은 그들의 반응을 공유하거나 '관객으로 걷기' 경험에 대해 평을 하기도 한다.

언제 이 교수 전략을 사용하는가?

'관객으로 걷기' 전략을 소개하는 좋은 방법은 그림을 붙여 놓고 학생들에게 교실을 돌아다니면서 그 그림을 보고 어떤 생각이 드는지 접착이 가능한 종이에 쓴 후 그림 아래에 붙이도록 하는 것이다. 이 첫 번째 경험은 학생들의 작품이 비평되고 있지 않기 때문에 학생들에게 부담을 주지 않는다. 그러나 '관객으로 걷기' 활동의 이면에는 학생들 자신의 작품을 감상해 주는 청중을 갖기 때문에 그림을 통한 경험을 한 후에 학생들은 반 친구들의 작품에 대해 적극적으로 반응할 필요가 있다.

학생들이 반 친구들의 작품에 대해 긍정적이고 따뜻한 감상평을 하는 것에 대해 배운 후에, 학생들은 또한 친구들의 초고를 읽고 수정 작업을 돕기 위해서 질문을 쓸 수 있다. 학생들은 반 친구들의 초고를 읽는다. 그리고 난 후, 친구들에게 아이디어를 명료화하거나 고쳐 표현하거나 부연하도록 하는 질문들을 쓴다. 예를 들어, 화산에 대한 4학년 학생의 초안 보고서를 읽은 후에, 학생들은 다음과 같은 질문들을 했다.

마그마가 무슨 뜻인가?
캘리포니아에는 화산이 있는가?
글의 제목은 무엇인가?
산과 화산은 같은 것인가?
화산에서 무엇이 불이 나게 하는가?
오늘날에는 어떤 화산이 폭발하고 있는가?

이런 질문들은 학생들이 자신의 작품을 수정할 수 있는 방향을 제공해 주는 역할을 한다.

참고 문헌

Bergen, S. (2005). Gallery walk of questions: Asking questions to think critically. In G. E. Tompkins & C. Blanchfield (Eds.), *50 ways to develop strategic writers* (pp. 53-55). Upper Saddle River, NJ: Merrill/Prentice Hall.

16 골디락스* 전략
(Goldilocks Strategy)

교수 초점		학년 수준
☐ 말하기/듣기	■ 독해	■ 유치원-2학년
☐ 음운 인식/발음(음성)	☐ 작문	■ 3-5학년
■ 유창성	☐ 철자 쓰기	☐ 6-8학년
☐ 어휘력	☐ 내용교과	☐ 영어 학습자

    학생들은 스스로 읽고 싶은 책을 고르기 위해 골디락스 전략을 이용한다(Ohlhausen & Jepsen, 1992). 전래동화 '세 마리 곰'에서 골디락스는 스프를 '너무 뜨거운 것', '너무 차가운 것' 그리고 '적당한 것' 등으로 분류했는데, 이와 마찬가지로 학생들이 읽은 책들 역시 '매우 어려움', '매우 쉬움' 또는 '적당함' 등으로 범주화될 수 있다. '매우 어려움'으로 범주화된 책에는 내용이 혼란스럽거나 낯선 단어가 많고 글씨가 작으며 삽화가 적은 책들이 포함된다. '너무 쉬움' 수준의 책은 학생들이 전에 읽었거나 유창하게 읽을 수 있는 책들이고, '적당함'으로 분류된 책은 약간의 친숙하지 않은 단어들이 있는 흥미로운 것들이다. 각 범주별 책들은 개별 학생들의 읽기 수준에 따라 차이가 있다.

    특징이 진술되는 방법 때문에 어떤 학년 수준에 있는 학생이든지 골디락스 전략을 활용할 수 있다. 3학년 수업에서 다음 상자에서 보여 주는 것과 같은 골디락스 전략 도표가 만들어졌는데, 각 특징들은 다른 학년의 학생들에 의해서 다양하게 표현될 수 있을 것이다.

---

* '골디락스(Goldilocks)'는 영국 전래동화 '골디락스와 곰 세 마리'에 등장하는 소녀의 이름으로, 소녀는 곰이 끓인 세 종류의 스프(뜨거운 것, 차가운 것, 적당한 것) 중에서 적당한 것을 먹고 기뻐했다는 데에서 유래하는 용어이다. 최근에는 경제적으로 뜨겁지도 차갑지도 않은 호황을 일컫는 말로 쓰이는데, 1990년대 후반 고성장 낮은 인플레이션 상태의 미국 경제를 가리키는 말로 처음 사용되었다(**역자 주**).

문식성 전략 50 – 단계별 언어 기능 교수 전략 –

왜 이 교수 전략을 사용하는가?

골디락스 전략을 활용하여 학습을 할 때, 학생들은 자신들의 읽기 수준에서 스스로 책을 선택할 수 있고 읽기 워크숍이나 다른 독립적인 읽기 시간을 위한 책을 고르는 경우에도 더 많은 책임을 가질 수 있다. 게다가 이 학생들은 적절한 난이도의 책을 고르지 못했거나 읽을 책을 부여받은 학생들보다 더 많이 읽고 읽는 것을 더 즐기는 것처럼 보인다.

(예) 3학년 교실에서 '골디락스 전략'을 적용한 사례

여러분에게 가장 좋은 책을 선택하는 방법

'매우 쉬운' 책
1. 짧은 책
2. 글씨가 큰 책
3. 전에 읽었던 책
4. 책에 나온 낱말을 모두 아는 책
5. 그림이 많은 책
6. 주제를 잘 알고 있는 책

'적당한' 책
1. 흥미로워 보이는 책
2. 책에 나오는 대부분의 낱말을 알 수 있는 책
3. 도넬리 부인이 큰 소리로 읽어 준 적이 있음
4. 이 작가의 다른 책을 읽은 적이 있음
5. 필요한 경우 도움을 줄 수 있는 사람이 있음
6. 주제에 대해 어느 정도 알고 있는 책

'매우 어려운' 책
1. 긴 책
2. 글씨가 작은 책
3. 그림이 많지 않은 책
4. 알 수 없는 낱말이 많은 책
5. 책을 읽을 때 도와 줄 수 있는 사람이 없음
6. 주제에 대해 거의 알지 못하는 책

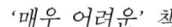

16 골디락스 전략(Goldilocks Strategy)

어떻게 이 교수 전략을 사용하는가?

교사들은 골디락스 전략을 소개하고 학생들이 혼자 읽을 책을 어떻게 선택해야 하는지에 대해 설명한다. 학생들은 자신들에게 '적당함' 수준의 책을 고를 때 참고할 도표를 만든다. 그 단계는 다음과 같다.

1. 골디락스 전략을 소개한다.

교사는 골디락스 전략이 학생들이 읽기 워크숍에서 읽을 책을 선택하는데 활용할 수 있는 절차라는 것을 설명한다. 교사는 학생들과 세 권의 책을 공유하고 학생들이 스스로 읽고 싶어 하는 책에 대해 이야기한다. 학생들은 자신들에게 매우 쉬운 책(예: 어린 아이들을 위해 쓰인 책), 매우 어려운 책(예: 자동차 수리 지침서, 스웨터 짜는 안내서, 대학 교재 등), 적당한 책(예: 소설) 등을 공유한다. 교사는 모든 학생이 이 세 범주에 적당한 책을 갖도록 강조한다.

2. 책을 분석한다.

교사는 학생들에게 매우 쉬운, 매우 어려운, 적당한 책들에 대해 학생들과 이야기를 나눈다. 그리고 학생들은 각 유형의 책들에 나타나는 몇몇 특징들을 확인한다. 교사는 학급문고 센터에 도표를 붙이고 학생들에게 책을 선택할 때 이 전략을 활용하도록 유도한다.

3. 학생들에게 이 전략을 적용하도록 한다.

교사는 학생들에게 자신들이 읽고 있는 책에 대해 토론하면서 이 세 범주를 활용하도록 한다.

언제 이 교수 전략을 사용하는가?

학생들은 읽기 워크숍이나 기타 혼자 읽는 시간을 위해 교실의 도서관이나 학교 도서관에서 책을 선택할 때 이들 세 범주를 활용한다. 또한 자신들이 읽고 있는 책에 대해 교사와 함께 토론할 때에도 이 세 범주를 활용한다. 예를 들어, 2학년 읽기 워크숍에서 한 학생이 '별 볼일 없는 4학년 이야기(Blume, 2007)'의 책장을 휙휙 넘기고 있었다. 그래서 선생님이 학생에게 책을 재미있게 읽고 있는지 물어 보았다. 학생은 "책이 매우 어려워요. 언니가 막 읽고서 좋은 책이라고 했거든요. 그런데 저는 텔레비전과 같은 몇몇 낱말밖에 모르겠어요. 그건 중요한 낱말이라서 저도 알아요. 제게 너무 어려운 책 같은데 꼭 읽고 싶었어요."라고 말했다. 그리고 교사와 함께 토론을 하는 동안 7학년 학생은 다음과 같이 말했다. "저는 지금 막 이 책을 다시 읽었어요. 작년에 Dodd 선생님의 수업 시간에 읽었는데 책꽂이에서 그 책을 봤을 때 다시 읽고 싶었지요. 제 생각에 선생님께서는 제가 전에 읽었고 제가 읽기에 어렵지 않았기 때문에 '매우 쉬운' 책이라고 하실 것 같아요. 그런데 저는 이번에는 한결 재미있었어요." 학생들은 또한 자신들의 독서일지에 세 범주에 따라 그 머리글자를 사용(매우 어려움은 TH, 매우 쉬움은 TE, 적당함은 JR)해서 책에 대해 기록할 수도 있다(36번 독서일지 전략 참고).

참고 문헌

Blume, J. (2007). *Tales of a fourth grade nothing*. New York: Puffin Books.
Ohlhausen, M. M. & Jepsen, M. (1992). Lessons from Goldilocks: "Someone has been choosing my books but I can make my own choices now!" *The Advocate*, 5, 31-46.
Paulsen, G. (2006). *Hatchet*. New York: Aladdin Books.

17 대집단 대화 (Grand Conversations)*

교수 초점		학년 수준
■ 말하기/듣기	■ 독해	■ 유치원-2학년
☐ 음운 인식/발음(음성)	☐ 작문	■ 3-5학년
☐ 유창성	☐ 철자 쓰기	■ 6-8학년
☐ 어휘력	☐ 내용교과	☐ 영어 학습자

'대집단 대화' 전략은 학생들이 이야기를 읽고 중심 생각을 탐색하고 자신들의 느낌을 떠올려 보면서 그 이야기에 대해 토론하는 활동이다(Eeds & Wells, 1989; Peterson & Eeds, 1990). 이 활동은 아동 중심이기 때문에 기존의 토론과는 다르다. 학생들은 자신들의 학습에 책임을 가지는데, 자신들의 의견에 따라 대부분의 말을 하고 이야기 속의 예시들로 자신의 관점을 옹호한다. 학생들은 무엇이 자신들을 혼란스럽게 하고, 흥미로운 것이 무엇이며, 이야기와의 개인적 관련성이나 세상과의 관련성, 이 이야기와 내가 읽었던 다른 이야기와의 사이에서 볼 수 있는 관련성 등에 대해 이야기 한다. 학생들은 대체로 교사가 시킬 때는 손을 들지 않는다. 대신에 어른들이 친구들과 말할 때 하는 것과 같이 다른 누구도 말하지 않고 있을 때 순서를 지켜서 말한다. 학생들은 또한 반 친구들이 대화에 기여하도록 유도한다. 교사들도 '대집단 대화'의 일원이지만 협의는 기본적으로 학생들 사이에서 일어난다.

'대집단 대화' 전략은 두 부분으로 구성된다. 첫 번째 부분은 자유롭게 대화한다는 것이다. 학생들은 책에 대한 자신들의 반응을 말하고 그들의 감상평이 대화의 방향을 결정

---

* 어느 교과이건 교실 수업은 주로 대화와 협상으로 이루어지는데, 이때 대화는 세 가지 형태로 진행된다. 하나는 대집단 대화(grand conversation)이고 둘째는 소집단 활동(small group work)이며 세 번째는 교사-학생 협의(teacher-student conference)이다. 대집단 대화가 다른 것들과 차별화되는 가장 큰 특징은 전체 교실 집단을 대상으로 읽은 것(특히 문학 작품 읽기가 해당되는데 이에 대하여 설명적인 글을 읽고 대화하는 것을 특별히 교수 대화 instructional conversation 라고 부름)에 대해 교사가 아닌 소속된 학생들 주도의 대화가 이루어진다는 점이다(역자 주).

한다. 교사들은 학생들의 반응을 공유하고 질문을 하며 정보를 제공한다. '대집단 대화'의 나머지 부분은 교사들이 대화의 첫 번째 부분에서 이야기하지 않았던 책의 한두 측면에 대한 학생들의 주의에 초점을 맞춘다는 것이다. 영어 학습자들이 이 대화 전략에 성공적으로 참여하도록 하기 위해서 모둠에서 편안함을 느낄 필요가 있다(Graves & Fitzgerald, 2003).

Martinez와 Roser(1995)에서는 학생들의 대집단 대화의 만족도를 조사했다. 그들은 학생들 자주 이야기의 사건과 등장인물에 대해 이야기를 하거나 이야기의 주제를 탐색한다는 것을 발견했다. 그러나 작가가 이야기를 구조화하는 방식, 텍스트와 삽화들의 배열, 비유적이거나 반복적인 언어의 사용 등을 탐색하기 위해 작가의 기교를 깊이 파고들지는 않았다. 연구자들은 대화가 가지고 있어야 할 이런 세 가지 경향을 '경험', '내용', '대상'이라고 불렀다.

자신들이 스스로의 이야기를 쓸 때 작가의 기법에 대해 배웠던 것을 적용하기 때문에 (대화의) 대상에 학생들의 주의를 끌어오는 것은 매우 중요하다. 주역, 속도, 비유적 언어, 주요 관점, 상상, 놀라운 마무리, 목소리, 회상 등에 대해 더 잘 아는 학생들이 그렇지 않은 학생들보다 이야기를 더 잘 쓴다. 학생들이 저자의 기교를 평가하는 것을 교사가 돕는 한 가지 방법은 대집단 대화 활동 속에서 질문을 하는 것이다. 예를 들어, 교사들은 학생들에게 왜 Kate DiCamillo는 '작은 영웅 데스페로(*The Tale of Despereaux*, 2006)'에서 독자들에게 주석을 제공했는지와 Paul Fleischman이 '작은 씨앗을 심는 사람들(*Seedfolks*, 1997)'의 각 장에서 다른 인물의 관점을 어떻게 그리고 있는지를 생각해 보도록 할 수 있다.

학생들과 공유하고자 선택한 이야기들 역시 중요하다. Martinez와 Roser(1995)에서는 어떤 책들은 '내용'에 대해 이야기하기에 적합하고, 또 어떤 책들은 '경험'이나 '대상'에 대해 이야기하기에 적합하다고 지적한다. '국화꽃(*Chrysanthemum*; Henkes, 1996)'이나 '제레미 대처, 공룡 부화기(*Jeremy Thatcher, Dragon Hatcher*; Coville, 2002)'와 같은 드라마틱한 구조를 가진 이야기나 또는 학생들과 관련된 문제들을 보여주는 이야기들은 '경험'에 대화의 초점이 맞추어진다. 반면에 '연기 자욱한 밤(*Smoky Night*; Bunting, 1999)'이나 '프린세스 아카데미(*Princess Academy*; Hale, 2007)'와 같은 주요 등장인물이 진퇴양난에 처한 다층적인 이야기나 책은 '내용'에 대화의 초점이 맞추어진다. '시간 상자(*Flotsam*; Wiesner, 2006)'과 같은 독특한 구조나 언어 특성을 가진 책은 대화의 초점이

17 대집단 대화(Grand Conversations)

'대상'에 맞추어진다.

왜 이 교수 전략을 사용하는가?

'대집단 대화' 활동에 참여하는 것은 학생들이 이야기에 대한 이해를 깊게 하고 읽기를 지속적으로 할 수 있도록 동기를 주는 데 도움이 된다. 대집단 대화의 사회적 측면은 많은 학생들에게 마음으로 호소한다는 것이다. 또한 여타의 측면에서도 이 토론을 높이 평가하는데 반 친구들과 교사가 학생들이 읽기를 지속적으로 할 수 있도록 학생들의 혼란을 명료하게 설명해 주기 때문이다.

어떻게 이 교수 전략을 사용하는가?

학생들은 소집단과 전체 집단으로 함께 대집단 대화에 참여한다. 교사는 이 교수 전략을 사용하면서 다음의 단계를 따른다.

1. 책을 읽는다.
학생들은 하나의 이야기나 이야기의 부분을 읽거나 교사가 읽어 주는 이야기를 듣는다.

2. '대집단 대화'를 준비한다.
학생들은 그림을 그리거나 독서일지를 쓰면서 이야기에 대해 여러 가지로 생각해 본다. 이 단계는 학생들이 이야기를 많이 하지 않는 경우 특히 중요하다. 왜냐하면 이런 준비 시간에 학생들은 반 친구들과 공유하고자 하는 생각들을 갖추게 되기 때문이다.

3. 소집단 대화를 한다.
학생들은 반 전체가 모이기 전에 이야기에 대해 이야기를 나눌 소집단을 구성한다. 이 단계는 선택 사항인데 일반적으로 학생들이 반 전체를 대상으로 이야기하는 것을 편안해 하지 않거나 이야기에 대해 이야기를 할 시간이 더 필요할 때 이용된다.

4. '대집단 대화'를 시작한다.

대집단 대화를 하는 동안 모든 학생들이 서로를 볼 수 있도록 학생들은 원형의 형태로 자리를 잡는다. 교사가 "누가 먼저 시작할까?" 또는 "여러분은 어떤 생각을 하고 있나요?"라는 질문을 하면서 시작한다. 한 학생이 반응을 하면 반 친구들은 첫 번째 학생이 소개한 생각에 대해 돌아가면서 이야기를 나눈다.

5. 대화를 지속한다.

어떤 학생이 새로운 생각을 제시하면, 반 친구들은 생각을 공유하고, 질문을 하고, 관련성을 만들고, 핵심을 잡아내기 위해 이야기의 인용 부분을 읽으면서 그 새로운 생각에 대해 이야기를 나눈다. 학생들은 토론되고 있는 생각에 대한 자신들의 의견에 제한을 둔다. 그리고 그 생각에 대한 토론이 끝나면 새로운 생각이 소개된다. 모든 학생들이 참여하도록 하기 위해서 교사는 종종 학생들에게 모든 학생이 최소한 한 번씩 말할 때까지는 세 가지 의견을 넘지 않도록 유도한다.

6. 질문을 한다.

교사는 토론 과정에서 이야기에 대해 놓친 측면이 있다면 학생들을 그 부분으로 유도하기 위해 질문을 한다. 예를 들면, 교사들은 이야기 구조나 저자의 기교 한 요소에 초점을 맞출 수 있다. 또는 교사들은 학생들에게 읽은 책을 그 책의 영화 버전 또는 같은 저자의 다른 책과 비교하도록 할 수 있을 것이다.

7. 대화의 결론을 맺는다.

주요 생각들이 탐색되고 나면 교사는 이야기나 소설의 장에 대한 결론을 요약하고 그리면서 대화를 마무리한다.

8. 대화를 반성한다.

학생들은 '대집단 대화'에서 토론된 생각들에 대해 반성적으로 독서일지를 쓴다.

언제 이 교수 전략을 사용하는가?

학생들은 문학 중심 단원이나 문학 동아리에서 이야기를 읽을 때 대집단 대화에 참여한다. 학생들이 대집단 대화를 하려고 만날 때에는 집단의 느낌이 형성된다. 어린 아이들은 보통 수업에서 만나고, 고학년들은 문학 중심 단원 수업 또는 교사가 반 전체를 대상으로 읽어주는 책을 듣는 활동에 참여하는 수업에서 함께 만난다. 그렇지만 문학 동아리의 경우에 학생들은 소집단으로 만난다. 왜냐하면 학생들이 읽고 있는 책들이 다양하고 말하는 기회를 더 많이 갖고 싶어 하기 때문이다. 대집단으로 만나면 학생들은 말할 기회를 자주 갖지 못하지만 소집단으로 만나면 자신들의 생각을 공유할 기회를 더 많이 갖는다.

참고 문헌

Bunting, E. (1999). *Smoky night*. New York: Voyager.
Coville, B, (2002). *Jeremy Thatcher, dragon hatcher*. New York: Aladdin Books.
DiCamillo, K. (2006). *The tale of Despereaux*. Cambridge, MA: Candlewick Press.
Eeds, M., & Wells, D. (1989). Grand conversations: An exploration of meaning construction in literature study groups. *Research in the Teaching of English, 22*, 4-29.
Fleischman, P. (1997). *Seedfolks*. New York: HarperCollins.
Graves, M. F., & Fitzgerald, J. (2003). Scaffolding reading experiences for multilingual classrooms. In G. G. Garcia (Ed.), *English learners: Reaching the highest level of English literacy* (pp. 32-124). Newark, DE: International Reading Association.
Hals, S. (2007). *Princess academy*. Bloomsbury.
Henkes, K. (1996). *Chrysanthemum*. New York: HarperTrophy.
Martinez, M. G., & Roser, N. L. (1995). The books make a difference is story talk. In N. L. Roser & M. G. Martinez (Eds.). *Book talk and beyond: Children and teachers respond to literature* (pp. 32-41) Newark, DE: International Reading Association.
Peterson, R., & Eeds, M. (1990). *Grand conversations: Literature groups in action*. New York: Scholastic.
Wiesner, D. (2006). *Flotsam*. New York: Clarion Books.

18 안내된 읽기(Guided Reading)

교수 초점		학년 수준
☐ 말하기/듣기	■ 독해	■ 유치원-2학년
■ 음운 인식/발음(음성)	☐ 작문	☐ 3-5학년
■ 유창성	☐ 철자 쓰기	☐ 6-8학년
☐ 어휘력	☐ 내용교과	■ 영어 학습자

'안내된 읽기'는 소집단 교수 전략인데, 교사들은 대략적으로 같은 읽기 수준을 가진 학생들로 구성된 소집단끼리 함께 책을 읽도록 하는 데 이 전략을 활용할 수 있다(Clay, 1991). 교사들은 학생들이 그들의 교수 수준(대략 90%의 정확성을 보이는 수준)에서 읽을 수 있는 책을 선정하고 안내된 읽기를 수행하는 동안 학생들의 읽기와 읽기 전략 사용을 돕는다(Depree & Iversen, 1996; Fountas & Pinnell, 1996). 학생들은 스스로 실제 읽기를 하는데 대체로 그 책 내내 스스로의 속도로 조용하게 읽는다. 발생적 독자는 책을 읽는 동안 종종 단어들을 부드럽게 중얼거리기도 하는데 이것은 교사가 학생들의 읽기와 그들이 사용하는 읽기 전략을 추적하는 데 도움을 준다. 안내된 읽기는 지속적인 읽기가 아니고 집단에서 학생들이 돌아가면서 소리 내어 읽는 것이다.

왜 이 교수 전략을 사용하는가?

안내된 읽기의 목적은 학생들이 유창하고 유능한 독자가 되도록 돕는 것이다. 학생들은 자신들의 읽기 수준에 적합한 책을 읽고 필요한 경우에는 옆에서 함께하고 있는 교사의 안내를 받는다.

문식성 전략 50 - 단계별 언어 기능 교수 전략 -

📝 영어 학습자를 위한 안내

교사들은 어린 영어 학습자들을 대상으로 그들이 자신의 친구들과 영어 말하기를 하는 것과 같이 에게 '안내된 읽기' 전략을 사용한다. 이 교수 전략은 읽기에 어려움을 느끼는 고학년 영어 학습자에게도 사용될 수 있다. 특히 유창한 독자가 아니고 단어 식별과 이해 전략을 잘 활용할 줄 모르는 경우에 유용하다. 고학년 학생을 위해서는 학생들의 흥미와 읽기 수준에 적절한 책을 잘 선정하는 것이 중요하다. Peregoy & Boyle(2005)에서는 안내된 읽기 전략이 소규모의 편안한 모둠 속에서 교사의 지원과 안내를 통해 흥미 있는 책을 읽게 해 주면서 학습자들에게 성공적인 경험을 제공하기 때문에 매우 효과적이라고 지적한다.

어떻게 이 교수 전략을 사용하는가?

교사들은 학생들을 그들의 읽기 수준에 따라 안내된 읽기를 위한 소규모의 탄력적인 모둠으로 조직한다(교사들은 학생들의 변화하는 요구에 맞게 변경한다). 교수 전략 단계는 학생들의 요구와 그들의 읽기 수준에 따라 다르지만, 일반적으로 다음의 단계를 따른다.

1. 적절한 책을 고른다.

교사는 소집단 학생들이 90% 이상 정확하게 읽을 수 있는 책을 고른다. 교사는 개별 학생들을 위해 책 사본을 준비한다.

2. 책을 소개한다.

교사는 읽기의 목적을 설정하고 제목과 저자 이름을 읽으면서 책 표지를 보여 준다. 그리고 책과 관련된 화제에 대한 학생들의 배경 지식을 활성화한다. 때로는 얘기하는 동안 주요 어휘들을 소개할 수도 있지만, 새로운 단어들을 반복 학습시키기 위한 단어 플래시 카드를 이용하는 것은 좋지 않다. 학생들은 그림을 보고 그것들에 대해 얘기를 하거나 내용을 예측하면서 '그림 산책'을 한다. 그리고 교사들은 우수한 독자들이 사용하고 전에 이미 학생들에게 가르쳤던 몇 가지 전략들을 간단하게 언급하고 학생들이 읽는 동안 그 전략들을 떠올리도록 한다.

3. 학생들이 책을 읽게 한다.

교사는 학생들이 읽는 동안 필요로 하는 해독과 읽기 전략을 가지고 학생들을 돕는다. 학생들은 자신들의 읽기 수준에 의지하면서 부드럽게 '웅얼거리며' 읽거나 조용히 읽는다. 교사들은 학생들이 읽는 동안 관찰하면서 단어 식별과 이해 전략을 사용하는지 평가한다. 그리고 도움을 필요로 할 때마다 학생들이 낯선 단어들을 해독하거나 낯선 문장 구조를 다룰 수 있도록 또는 텍스트에 나타난 생각들을 이해할 수 있도록 개별 학생들을 돕는다. 교사들은 "단어가 어떻게 끝나는지를 보자." 또는 "그것이 말이 되는지 생각해 보자." 등과 같은 조언을 제공한다.

4. 학생들이 반응하도록 유도한다.

학생들은 앞에서 소개한 '대집단 대화'(17번 전략) 전략에서와 같이 책에 대해 이야기하고, 질문하고 자신들이 읽었던 다른 것들과 관련시킨다. 교사들은 학생들이 읽는 동안 사용한 전략들과 관련해서 학생들을 칭찬한다.

5. 학생들이 텍스트를 다시 접하도록 한다.

교사들은 이해 전략을 시범 보이기 위해서 학생들이 막 읽었던 텍스트를 다시 활용하여 발음 개념이나 단어 식별 기능을 가르치거나 새로운 어휘를 개관해 준다.

6. 혼자 읽는 시간을 준다.

교사들은 학생들이 스스로 책을 다시 읽을 수 있도록 읽었던 책을 책 바구니에 담아두거나 학급문고 코너에 꽂아둔다.

언제 이 교수 전략을 사용하는가?

교사들은 반 친구들이 다른 문식성 활동에 참여하고 있는 동안 소규모의 학생들로 구성된 모둠을 대상으로 수준에 맞는 책을 활용하면서 안내된 읽기 수업을 가르친다 (Cunningham, Hall, & Sigmon, 2000). 반 친구들은 각 코너에서 혼자서 책을 읽거나 쓰고 발음이나 철자 활동을 한다. 교사들은 학생들이 그날에 다양한 교사 중심이나 학생 독립적 활동에 참여하도록 하기 위해 2, 30분 간격으로 모둠들을 이동하도록 한다.

참고 문헌

Clay, M. M. (1991). *Becoming literate: The construction of inner control*. Portsmouth, NH: Heinemann.

Cunningham, P. M., Hall, D. P., & Sigmon, C. M. (2000). *The teacher's guide to the four blocks: A multimethod, multilevel framework for grades 1-3*. Greensboro, NC: Carson-Dellosa.

Depree, H., & Iversen, S. (1996). *Early literacy in the classrooms: A new standard for young readers*. Bothell, WA: Wright Group.

Fountas, I. C., & Pinnell, G. S. (1996). *Guided reading: Good first teaching for all children*. Portsmouth, NH: Heinemann.

Peregoy, S. F., & Boyle, O. F. (2005). *Reading, writing, and learning is ESL: A resource book for K-12 teachers* (4th ed.). Boston: Allyn & Bacon.

19 뜨거운 의자(Hot Seat)

교수 초점		학년 수준
■ 말하기/듣기	■ 독해	□ 유치원-2학년
□ 음운 인식/발음(음성)	□ 작문	■ 3-5학년
□ 유창성	□ 철자 쓰기	■ 6-8학년
□ 어휘력	■ 내용교과	□ 영어 학습자

'뜨거운 의자'는 학생들의 독해 능력을 훈련시켜 주는 역할놀이 활동이다. 학생들은 이야기의 등장인물이나 자신들이 읽은 전기문에서 추천된 사람 또는 읽은 책의 저자나 실제 유명한 사람 등으로 가장한다. 그리고 반 친구들로의 인터뷰를 받기 위해 '뜨거운 의자'로 지정된 의자에 앉는다. '뜨거운 의자'라는 이름은 학생들이 친구들의 질문이나 의견에 빠르게 생각해서 대답해야 하기 때문에 붙여졌다. Wilhelm(2002)에서는 뜨거운 의자 활동을 통해 학생들은 등장인물들을 탐색하거나 이야기의 사건들을 분석하고, 추론을 하면서 새로운 해석을 시도한다고 설명한다. 학생들은 이 활동에 겁을 먹지 않는데, 사실 대부분의 교실에서 자주 사용되는 활동이다. 학생들은 대체로 뜨거운 의자에 앉을 기회를 얻고자 한다. 학생들은 자신들이 가장한 인물에 맞는 옷을 만들어 입기도 하고 반 친구들과 함께 그 인물에 대해 정보를 공유하기도 한다. 또한 관련된 물건들을 모으기도 하고 서로 공유하기 위해 스스로 인공물을 만들기도 한다.

왜 이 교수 전략을 사용하는가?

학생들은 이 활동에 참여하면서 자신들이 읽고 있는 책에 대한 이해를 심화시킨다. 이 교수 전략은 인물을 분석하고 추론하기 때문에 학생들이 즉흥적으로 생각하는 능력을 발달시켜 준다. 학생들은 또한 발표나 질문을 하고 반 친구들을 인터뷰하면서 구어 능력을 강화시키는 기회를 갖게 된다.

어떻게 이 교수 전략을 사용하는가?

뜨거운 의자는 대체로 대집단 활동이지만, 문학 동아리에 참여하고 있을 때 각각의 소집단별로 뜨거운 의자 활동을 수행할 수 있다. 뜨거운 의자 전략의 적용 단계는 다음과 같다.

1. 인물에 대해 학습한다.

학생들은 이야기나 전기문을 읽고 자신들이 흉내낼 인물에 대해 학습하기 위해 뜨거운 의자 활동을 준비한다.

2. 의상을 만든다.

학생들은 인물에 적합한 의상을 디자인한다. 그리고 발표할 때 사용할 인물과 관련된 물건들을 모으거나 인공물을 만든다.

3. 시작 표지를 준비한다.

학생들은 공유하고자 하는 인물과 관련해서 가장 중요한 것에 대해 생각한다. 그리고 활동 시작 부분에서 말할 내용을 계획한다.

4. 인물을 소개한다.

한 학생이 교실 앞의 뜨거운 의자로 지정된 의자에 앉는다. 그리고 역할놀이를 하고 있는 인물에 대해 첫 번째 사람이라는 점을 이용하여 짧게 이야기 하고(예: 나는 달 표면에 발을 디딘 첫 번째 인간이었다) 준비한 인공물을 나누어 준다.

5. 질문을 하고 의견을 말한다.

반 친구들은 인물에 대해 더 많이 알기 위해 사려깊은 질문을 하고 조언을 준다. 그리고 그 학생은 친구들에게 대답하는 역할을 수행한다.

6. 생각을 요약한다.

역할을 수행하고 있는 학생은 인물에 대해 제시되었던 중심 생각을 요약하기 위해 친구 한 명을 선정한다. 뜨거운 의자에 앉아 있는 학생은 잘못 이해된 것을 정정해 주고 친구들이 언급하지 않았던 다른 중요한 생각들을 추가한다.

언제 이 교수 전략을 사용하는가?

학생들은 문학 중심 단원에서 이야기를 읽을 때, 돌아가면서 다양한 등장인물들에 대한 역할놀이를 하고 뜨거운 의자에 앉아 인터뷰를 받을 수 있다. 다양한 인물들을 대표하고 있는 학생들은 좌담을 위해 함께 '집단 뜨거운 의자'로 나올 수 있다. 예를 들어, 팀 구성원들의 입장에서 6학년 퀴즈 팀이 퀴즈 왕이 되는 이야기를 담은 '퀴즈 왕들의 비밀(The View From Saturday, Konigsburg, 1998)'을 읽는 문학 중심 단원에서, 각 인물들(노아, 나디아, 에단, 줄리안, 그리고 올린스키 선생님)을 대표하는 학생들은 뜨거운 의자에 번갈아가면서 앉거나 집단이 모두 함께 나와서 그 이야기에 대해 함께 말할 수 있다. 유사하게 학생들이 문학 동아리에 참여하고 있다면, 자신들이 읽고 있는 이야기의 다양한 등장인물에 대해 돌아가면서 역할극을 하거나 집단의 한 학생이 집단 전체가 뜨거운 의자를 수행하는 동안 그와 동시에 다른 인물을 가장해서 활동할 수 있다. 학생들이 전기문을 읽고 난 후에는, 자신들이 배운 것을 반 친구들과 공유하기 위해 뜨거운 의자에 앉을 수도 있다.

참고 문헌

Konigsburg, E. L. (1998). *The view from Saturday*. New York: Aladdin Books.
Wilhelm, J. d. (2002). *Action strategies for deepening comprehension*. New York: Scholastic.

20 상호작용하며 소리 내어 읽기 (Interactive Read-Alouds)

교수 초점		학년 수준
■ 말하기/듣기	■ 독해	■ 유치원-2학년
□ 음운 인식/발음(음성)	□ 작문	■ 3-5학년
□ 유창성	□ 철자 쓰기	■ 6-8학년
□ 어휘력	■ 내용교과	■ 영어 학습자

'상호작용하며 소리 내어 읽기'는 교사가 학생들과 함께 책을 공유하는데 창조적인 방식이다. 초점은 독해에 있고 학생들이 읽기 전, 읽기 중, 읽기 후 활동에 참여하기 때문에 학생들의 독해 능력 강화에 효과적이다. 상호작용하며 소리 내어 읽기에서 교사는 학생들에게 책을 소개하고 그들이 책을 읽기 시작하기 전에 자신들의 배경 지식을 활성화하도록 한다. 그리고 교사들은 학생들이 소리 내어 읽는 동안 토론이나 다른 활동들을 통해 학생들과 관계한다. 다음에는 읽고 난 후에, 교사들은 학생들이 책에 대해 반응하도록 기회를 제공한다. 가장 중요한 것은 학생들이 소리 내어 읽는 동안 교사가 어떻게 관여하는가 하는 것이다(Fisher, Flood, Lapp, & Frey, 2004).

교사가 학생에게 관여하는 한 가지 방법은 학생들이 읽고 있는 부분에 대해 토론을 하기 위해 주기적으로 읽기를 멈추게 하는 것이다. 타이밍이 매우 중요한데, 만약 이야기를 읽고 있다면, 학생들이 예측하거나 관계들을 연상할 수 있는 지점이나 혼란스러운 장면을 읽은 후에 또는 이야기의 끝이 명확해지기 직전에서 멈추게 하는 것이 효과적이다. 만약 이야기가 아닌 산문을 읽고 있다면, 교사들은 그 책이 보여 주고 있는 중심 생각에 대해 말하거나 전문 용어에 대해 간단히 설명하기 위해서 또는 중심 생각들의 관계 강조하기 위해서 멈출 수 있다. 그리고 만약 시를 읽고 있다면, 교사들은 시 전체를 한 번에 읽고 난 후에 두 번째 읽으면서 학생들이 말놀이를 하거나 시적 장치에 주의를 기울이게 할 때, 또는 좋아하는 낱말이나 행을 반복할 때 멈추게 할 수 있다. 다음 (예)는 책의 유형에 따른 주고받는 기법 목록을 보여 준다. 토론이나 다른 활동들을 위해서 얼마나 자주 멈추어야 하는가와 읽기를 언제까지 지속해야 하는가를 결정하는 것은 실제 연습을 통해서 알게 되는데, 이러한 결정은 모둠마다 달라질 수 있다.

(예) 상호작용하는 기법들

이야기 Stories	• 이야기의 핵심에서 예측하고 예측 수정하기 • 개인, 세계, 그리고 문학적 연결 관계 공유하기 • 시각화하고 있는 것이나 사용하는 다른 전략 말하기 • 인물이나 사건을 그림으로 나타내기 • 인물로 가장하고 그 인물이 생각하는 것 공유하기 • 이야기 속의 장면 재현하기
산문 Nonfiction	• 질문하고 정보 공유하기 • 특정 정보를 읽을 때 손을 들기 • 질문을 하면서 머리글들을 다시 말하기 • 공책 필기하기 • 도해 조직자 완성하기
시 Poetry	• 음향 효과 주기 • 선생님을 따라 중얼거리며 읽기 • 선생님을 따라 시행을 반복하여 읽기 • 각운, 두운, 의성어, 또는 다른 시적 장치들을 들으면 손뼉 치기

왜 이 교수 전략을 사용하는가?

소리 내어 읽기는 오래 이어져 온 학교 교실의 관습이다. 또한 상호작용하며 소리 내어 읽기 절차는 학생들이 소리 내어 읽도록 하는 가장 좋은 방법이다. 연구자들은 학생들이 읽기 후가 아닌 읽기 중 활동에 참여하는 것이 우수한 청자가 되도록 하는 방법이라고 주장하고 있다(Dickinson & Tabors, 2001). 이 주장이 상호작용하며 소리 내어 읽기 절차를 개발하도록 이끌었다(Barrentine, 1996).

영어 학습자를 위한 안내

교사가 소리 내어 읽는 것을 듣는 것은 영어 학습자들에게 과중한 인지적이고 언어적인 요구를 부과하는데, 따라서 교사들은 종종 한 권의 책이나 그 책의 한 장을 두 번 정도 소리 내어 읽는다(Peregoy & Boyle, 2005). 첫 번째 읽는 동안, 교사들은 학생들이 예측하면서 읽도록 하고, 또한 그림에 대해 이야기하거나 읽은 것을 요약할 때 멈추게 한다.

상호작용하며 소리 내어 읽기는 몇 가지 이유 때문에 영어 학습자들에게 특히 효과적이다. 교사들은 학생들에게 스스로 읽을 수는 없지만 나이에 적합한 텍스트들을 들을 수 있는 기회를 제공한다. 그리고 학생들은 새로운 어휘들에 따라서 화제에 대한 기본적인 배경 지식을 갖추게 된다. 또한 학생들은 다양한 장르와 구조에 대해 학습하게 된다 (Rothenberg & Fisher, 2007).

어떻게 이 교수 전략을 사용하는가?

이 교실 전체 활동은 교사들이 학생들을 텍스트로 어떻게 끌어들일 것인가에 대한 계획을 세웠다면 실행하기가 비교적 쉽다. 교사들은 이 전략을 사용하면서 다음의 단계를 밟으면 된다.

1. 책을 선정한다.

교사들은 학생들의 수준에 적절하고 교수 목적에 맞는 상을 받은 책이나 수준 높은 책을 선택한다.

2. 책을 개관한다.

교사들은 책을 유창하게 읽고 멈추는 부분을 결정하기 위해 선정한 책을 읽는 연습을 한다. 그리고 학생들을 책 속으로 끌어들인다. 교사들은 이들 쪽수를 표시하기 위해 '붙이는 공책'에 안내글을 적는다. 교사들은 또한 책을 어떻게 소개할 것인지에 대해 생각하고 강조해야 하는 어려운 어휘들을 선정한다.

3. 책을 소개한다.

교사들은 학생들의 배경 지식을 활성화하고, 듣기를 하는 명확한 목적을 설정한다. 그리고 텍스트를 개관한다.

4. 대화식으로 책을 읽는다.

교사들은 유창하고 표현적인 읽기를 시범 보이면서 소리 내어 책을 읽는다. 그러면서 학생들이 텍스트의 특정 부분에 초점을 맞추도록 하는 질문을 하거나 다른 활동들에 참여하도록 하기 위해 주기적으로 멈춘다.

5. 학생들이 읽기 후 활동에 참여하도록 한다.

학생들은 토론이나 다른 형태의 반응 활동에 참여한다.

언제 이 교수 전략을 사용하는가?

교사들은 점심 후 소리 내어 읽기 시간, 또는 문학 중심 단원이나 읽기 워크숍을 하는 동안, 또는 주제 중심 단원을 공부할 때 등과 관계없이 소리 내어 읽을 때마다 이 교수 전략을 활용한다. 학생들에게 소리 내어 읽어 주는 것은 유치원이나 초등학교 1학년 교실에서는 전통적으로 유지되어 온 시간이다. 때때로 교사들은 학생들이 스스로 읽는 것을 배울 때까지만 읽어 주어야 한다고 생각한다. 그러나 책의 흥미를 공유하기 위한 소리 내어 읽기는(특히 학생들이 스스로 읽을 수 없는 책들의 경우에) 모든 학년의 교육과정에서 중요한 부분으로 유지되어야 한다(Hahn, 2002). 고학년 학생들은 선생님이 소리 내어 읽는 것을 들을 때 책에 흥미를 더 느끼고 더욱 잘 이해한다. 그리고 이런 경험은 종종 학생들 스스로 책을 읽고 싶어 하도록 만든다(Ivey, 2003). 게다가 Albright(2002)는 그림책을 이용하여 상호작용하며 소리 내어 읽기 활동을 하는 동안 자신의 7학년 학생들 반응을 관찰하였는데, 이 활동을 통해 학생들은 학습에 더 적극적으로 참여했고 높은 수준의 사고를 보여 주었으며 내용 영역의 지식을 강화했음을 발견하였다.

참고 문헌

Albright, L. K. (2002). Bringing the Ice Maiden to life: Engaging adolescents in learning through picture book read-alouds is content areas. *Journal of Adolescent & Adult Literacy, 45,* 418-428.

Barrentine, S. J. (1996). Engaging with reading through interactive read-alouds. *The Reading Teacher, 50,* 36-43.

Dickinson, D. K., & Tabors, P. O. (2001). *Beginning literacy with language.* Baltimore: Bookes.

Firher, D., Flood, K., Lapp, D., & Frey, N. (2004). Interactive read-alouds: Is there a common set of implementation practices? *The Reading Teacher, 58,* 8-17.

Hahn, M. L. (2002). *Reconsidering read-aloud.* Portland, ME: Stenhouse.

Ivey, G. (2003). "The teacher makes it more explainable" and other reasons to read aloud is the intermediate grades. *The Reading teacher, 56,* 812-814.

Peregoy, S. F., & Boyle, O. F. (2005). Reading writing and learning in ESL: *A resource book for K-12 teachers* (4th ed.). Boston: Allyn & Bacon.

Rothenberg, C., & Fisher, D. (2007). *Teaching English language learners: A differentiated approach.* Upper Saddle River, NJ: Merrill/Pearson.

21 상호작용하며 쓰기
(Interactive Writing)

교수 초점		학년 수준
☐ 말하기/듣기	☐ 독해	■ 유치원-2학년
■ 음운 인식/발음(음성)	■ 작문	☐ 3-5학년
■ 유창성	■ 철자 쓰기	☐ 6-8학년
☐ 어휘력	■ 내용교과	■ 영어 학습자

'상호작용하며 쓰기'에서, 학생들과 교사는 어떤 텍스트를 만들고 도표 기록지에 그 텍스트를 쓰는 동안 펜을 공유한다(Button, Johnson, & Furgerson, 1996). 그 텍스트는 모둠별로 작성되는데, 교사는 학생들이 도표 종이에 일련의 단어 순서대로 텍스트를 쓰는 동안 학생들을 안내한다. 학생들은 번갈아 가면서 구두점을 첨가하고 단어 사이에 공간을 표시하면서 아는 문자와 친숙한 단어들을 쓴다. 모든 학생들은 도표 종이에 텍스트를 만들고 쓰는 일에 참여한다. 학생들은 또한 작은 화이트보드에 그 텍스트를 쓸 수 있다. 학생들은 쓰기 후에 공유된 읽기(39번 전략 참고)와 혼자서 읽기 전략을 활용하면서 그 텍스트를 반복해서 읽는다.

왜 이 교수 전략을 사용하는가?

상호작용하며 쓰기는 학생들에게 쓰기가 어떻게 작동하는지와 소리-기호 대응과 철자 패턴에 대한 학생들의 지식을 사용하면서 단어들을 어떻게 구성하는지에 대해 보여줄 때 사용된다(Tompkins & Collom, 2004). 이 교수 전략은 유명한 영어 교육자인 Moria Mckenzie에 의해 개발되었는데, 공유된 읽기 전략에서 Don Holdaway가 활용한 것(Fountas & Pinnell, 1996)을 바탕으로 하였다.

문식성 전략 50 - 단계별 언어 기능 교수 전략 -

📖 영어 학습자를 위한 안내

상호작용하며 쓰기는 학년에 관계없이 영어 학습자들에게 사용하는데 매우 강력한 교수 전략이다. 교사들은 어린 학생들에게 사용하는 것과 동일한 절차를 영어 학습자들에게 적용한다. 즉, 교사들은 학생들이 문장을 결정하고 그것을 표준 영어로 작성하도록 돕는다. 학생들과 함께 활동하는 동안, 교사들은 영어 발음과 철자 규칙, 문장 구조 그리고 문어 규칙 등을 강화시키는 기회로 삼는다.

어떻게 이 교수 전략을 사용하는가?

교사들은 보통 학생들의 발달 단계나 교수 요구에 따라 소집단이나 반 전체를 대상으로 상호작용하며 쓰기 전략을 적용한다. 이 전략을 활용하면서 다음의 단계를 따르도록 한다.

1. 상호작용하며 쓰기를 수행할 때 필요한 자료들을 준비한다.

교사들은 자료 기록지, 색상 마커 펜, 수정 테이프, 알파벳 도표, 자석 문자나 문자 카드, 포인터 등을 준비한다. 교사들은 또한 개별 학생들의 쓰기에 필요한 이런 자료들(작은 화이트보드, 펜, 지우개 등)도 준비한다.

2. 활동 목표를 설정한다.

교사들은 상호작용하며 쓰기 활동을 위해서 자극 활동을 제시하거나 목적을 설정한다. 교사들은 종종 자극적인 것으로서 대중 서적을 읽거나 다시 읽는다. 반면에 학생들 또한 일일 뉴스를 쓰거나 편지를 작성하거나 또는 사회나 과학 시간에 학습하고 있는 정보를 브레인스토밍할 수 있다.

3. 쓸 문장을 선택한다.

교사들은 학생들과 함께 한두 문장 정도의 텍스트를 결정한다. 학생들은 그 문장을 몇 번씩 반복하고 그 문장을 단어들로 분절한다. 교사는 또한 학생들이 문장을 쓰면서 그 문장을 기억하도록 돕는다.

4. 쓰기 도구들을 나눈다.

교사들은 학생들이 교실 전체 활동에서 자료 기록지에 함께 쓰는 동안 개별적으로 그 텍스트를 쓰도록 하기 위해 개인별 화이트보드, 펜, 그리고 지우개 등을 나누어 준다. 교사들은 주기적으로 학생들에게 자신들이 쓰고 있는 것을 화이트보드를 들어서 보여 주도록 한다.

5. 첫 번째 문장을 쓴다.

교사와 학생들은 첫 단어를 쓰기 전에 자신들의 입으로 그 단어를 '당기거나' 또는 '내뱉으면서' 천천히 그 단어를 발음한다. 그리고 학생들은 첫 번째 단어에서 문자들을 교대로 쓴다. 교사는 자신들의 발음이나 철자 지식에 의존하면서 각 소리나 전체 단어를 쓸 학생들을 선정한다. 교사들은 종종 학생들에게 하나의 색으로 쓰게 하고 다른 색으로는 그 학생이 쓰지 못한 단어의 부분을 쓰게 한다. 이런 방법으로 교사들은 학생들이 얼마나 많은 쓰기를 할 수 있는지 확인한다. 교사들은 학생들이 문자를 어떻게 구성하는지 잘 알지 못하고, 부정확하게 문자를 구성하거나 틀린 문자로 썼을 때 수정 테이프를 사용한 것을 언급하도록 하기 위해서 이용할 수 있는 철자 중에서 우수하거나 부족한 문자 사례를 표시해둔다. 각 단어를 쓴 후에, 한 학생이 '간격을 띄우는 사람'으로서 손으로 단어들과 문장들 사이에 공간을 표시하는 일을 한다. 학생들은 새 단어가 완성될 때마다 매번 시작할 때 그 문장을 다시 읽는다. 적절할 때에, 교사들은 대문자나 구두점 기호, 그리고 다른 문어 규칙들에 주의를 환기시킨다. 교사들은 텍스트를 완성하기 위해 추가적인 문장을 쓰는 동안 이 과정을 반복한다.

6. 상호작용하며 쓴 것을 전시하기

교사들은 쓰기가 완전히 끝난 후에 그 도표를 교실에 전시하고 학생들에게 공유된 읽기나 혼자 읽기를 사용하면서 그 텍스트를 다시 읽도록 한다. 학생들은 종종 상호작용한 도표를 '방을 읽을 때' 다시 읽는다. 학생들은 도표를 '마무리하기' 위해 꾸미기 작업을 추가할 수 있다.

문식성 전략 50 – 단계별 언어 기능 교수 전략 –

언제 이 교수 전략을 사용하는가?

상호작용하며 쓰기는 문학 중심 단원들, 사회와 과학의 주제 중심 단원들, 또는 다양한 다른 목적들의 부분으로써 사용될 수 있다(Keogh, 2005). 다음은 상호작용하며 쓰기를 활용한 몇 가지 예들이다.

읽기 전에 예측하기 쓰기
읽은 후에 반응 쓰기
편지나 다른 메시지 쓰기
목록 만들기
일일 뉴스 쓰기
친숙한 이야기 다시 쓰기
정보나 사실 쓰기
조리법이나 제작법 쓰기
K-W-L 도표(22번), 조직망(9번), 자료 도표(12번), 기타 다이어그램 만들기
친숙한 텍스트의 새 버전 만들기
교실 시 짓기
단어 벽에 단어 쓰기
포스터 만들기

아이들이 유치원에서 상호작용하며 쓰기를 시작할 때, 그들은 단어의 시작음을 재현하기 위해 문자를 쓰고 'the, a, is' 등과 같은 친숙한 단어를 쓴다. 아이들이 쓴 첫 문자들은 대체로 자신의 이름 특히 첫 글자이다. 학생들은 소리-기호 대응과 철자 유형에 대해 더 학습함에 따라, 더 많은 쓰기를 하게 된다. 학생들이 유창하게 단어들을 쓰게 되면, 그들은 소집단에서 활동을 하면서 상호작용하며 쓰기를 지속할 수 있다. 모둠에서의 개별 학생은 특정 색깔 펜을 이용하여 돌아가면서 문자들이나 문자 묶음 또는 단어들을 쓴다. 학생들은 또한 부족하게 구성한 문자와 철자를 잘못 쓴 단어들을 수정하는데 수정 테이프를 사용하는 것에 익숙하게 된다. 학생들은 또한 선생님이 어떤 학생이 어떤 단어를 썼는지 확인할 수 있도록 자신들의 이름을 색깔로 표시한다. 다음 (예)는 달팽이에 관한 소집

21 상호작용하며 쓰기(Interactive Writing)

단의 상호작용하며 쓰기의 예이다. 두 철자와 한 단어에 그려진 □는 학생들이 수정 테이프를 사용한 부분을 표시한 것이다.

(예) 달팽이에 관한 소집단의 상호작용하며 쓰기

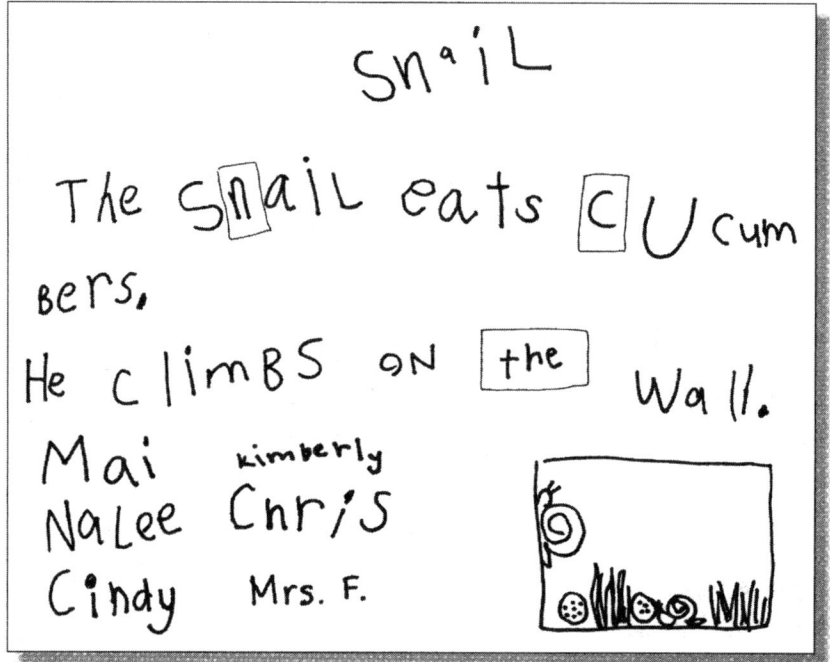

참고 문헌

Button. K., Johnson, M. J., & Furgerson, P. (1996). Interactive writing in a primary classroom. *The Reading Teacher, 49,* 446-454.

Fountas, I. C., & Pinnell, G. S. (1996). *Guided reading: Good first teaching for all children.* Portsmouth, NH: Heinemann.

Keogh, V. K. (2005). Interactive writing: Teaching skills in context. In G. E. Tompkins & C. Blanchfield (Eds.), *50 ways to develop strategic writers* (pp. 64 -66). Upper Saddle River, NJ: Merrill/Prentice Hall.

Tompkins, G. E., & Collom, S. (Eds.). (2004). *Sharing the pen: Interactive writing with young children.* Upper Saddle River, NJ: Merrill/Prentice Hall.

22 K-W-L 도표(K-W-L Charts)

교수 초점		학년 수준
☐ 말하기/듣기	■ 독해	■ 유치원-2학년
☐ 음운 인식/발음(음성)	☐ 작문	■ 3-5학년
☐ 유창성	☐ 철자 쓰기	■ 6-8학년
■ 어휘력	■ 내용교과	■ 영어 학습자

교사들은 화제에 대한 학생의 배경 지식을 활성화하고, 질문을 하면서 학생들에게 발판을 만들어 주거나 학습하고 있는 정보들을 조직하도록 하기 위해 'K-W-L 도표'를 활용한다(Ogle, 1986, 1989). 교사들은 교실 벽에 세 장의 큰 종이를 붙이고, '우리가 아는 것(What We Know)', '우리가 궁금한 것(What We Wonder) 또는 우리가 알고 싶은 것(What We Want to Learn)', 그리고 '우리가 배운 것(What We Learned)'을 각각 상징하는 문자인 'K, W, L'로 제목을 달아서 K-W-L 도표를 만든다. 앞의 도표는 병아리를 부화시키고 있었던 한 유치원 교실에서 만든 'K-W-L 도표'이다. 교사는 도표에 실제 쓰기를 했지만 아이들은 아이디어와 질문을 상상해 내었다.

(예) 병아리에 대한 유치원 교실의 K-W-L 도표

K What We Know	W What We Want to Know	L What We Learned
병아리들은 알에서 부화한다. 잠을 잔다. 노란색이나 다른 색일 수 있다. 다리가 2개이다. 날개가 2개이다. 음식을 먹는다. 꼬리가 있다. 농장에 산다.	병아리의 걸음걸이는 뒤뚱뒤뚱 하는가? 병아리는 숲에 사는가? 병아리의 몸은 뭘로 덮여 있는가? 발가락은 몇 개인가? 위를 가지고 있는가? 병아리들은 어떤 소리를 내는가? 병아리들은 해를 좋아하는가?	닭은 깃털로 덮여 있다. 닭은 네 개의 발톱이 있다. 닭은 위를 가지고 있다. 닭은 양지에서 노는 걸 좋아한다. 닭은 따뜻한 곳에 있는 걸 좋아한다. 닭은 농장에 산다.

병아리는 작다. 부리가 있다. 잔털로 덮여 있다.		

    이 교수 전략은 주제 중심 단원을 다루기 때문에 마무리를 하는 데 몇 주 이상이 걸린다. 교사들은 단원의 초반에 K-W-L 도표를 소개한 후 학생들이 그 화제에 대해 이미 알고 있는 것과 배우고 싶어 하는 것을 확인하기 위해 활용한다. 단원의 마무리 부분에서, 학생들은 자신들이 배운 것을 진술하면서 도표의 마지막 칸을 채운다.

왜 이 교수 전략을 사용하는가?

    이 교수 절차는 학생들이 새로운 정보와 배경 지식을 연결하고 주제 중심 단원과 관련된 전문 용어를 함양하도록 돕는다. 학생들은 K-W-L 도표를 만들면서, 학습 과정에 호기심을 갖고 적극적으로 참여하게 된다. 그리고 교사들은 강압적이지 않은 방법으로 복잡한 아이디어와 전문 용어를 소개할 기회를 갖게 된다. 교사들은 K-W-L 도표 개발을 지시하고 기술하고 점검하지만 이 전략을 강력하게 만드는 것은 학생들의 말하기이다. 학생들은 K와 W 행을 채우면서 아이디어를 탐색하고 L 행을 채우면서 새로운 지식을 공유하기 위해 말하기를 한다.

영어 학습자를 위한 안내

    교사들은 K-W-L 도표 전략이 학생들을 위한 효과적인 교수의 많은 특성들을 예시해 주기 때문에 현재 영어를 배우고 있는 영어 학습자들에게 종종 적용한다. 학생들은 광범위한 주제에 대한 자신들의 배경 지식과 어휘력을 계발하기 위해 협동적인 모둠 활동에 참여한다(Peregoy & Boyle, 2005). 교사들은 때때로 학생들의 학습을 돕기 위해 그림을 이용한다. 간혹 학생들은 도표의 K 행을 채우면서 주제와 관련된 그림책을 보는데 평소에 도표를 채울 정보를 작은 삽화로 그리기도 한다.

22 K-W-L 도표(K-W-L Charts)

어떻게 이 교수 전략을 사용하는가?

어린 학생일수록 반 전체 도표를 만들기 위해 함께 작업하고 고학년일수록 짝이나 소집단별로 K-W-L 도표를 만들거나 학습한 내용을 조직하고 정리하기 위해 개인별 도표를 만든다. 교사들은 학급 K-W-L 도표를 만들기 위해 다음의 단계를 따른다.

1. K-W-L 도표를 벽에 붙인다.

교사는 세 행으로 된 큰 도표를 교실 벽에 붙이는데, 각 행은 K(What We Know, 알고 있는 것), W(What We Wonder or What We Want to Learn, 궁금한 것 또는 알고 싶은 것), L(What We Learned, 배운 것)로 각각 이름을 붙인다.

2. K 행을 채운다.

주제 중심 단원을 시작할 때, 교사는 학생들에게 그 화제에 대해 알고 있는 것을 브레인스토밍하고 그 정보들을 K 행에 적도록 한다. 때때로 학생들은 부정확한 정보를 제시하는데 이런 진술들은 질문으로 바꾸도록 해서 W 행에 추가하도록 한다.

3. W 행을 채운다.

교사는 학생들이 제기한 질문들을 W 행에 적는다. 학생들은 그 단원을 공부하는 동안 지속적으로 질문을 추가한다.

4. L 행을 채운다.

학생들은 단원의 마무리 부분에서 자신들이 공부한 것을 돌이켜 보고 교사들은 이 정보들을 도표의 L 행에 기록한다.

언제 이 교수 전략을 사용하는가?

K-W-L 도표는 주제 중심 단원을 공부하는 동안 학생들의 사실 학습을 도와주는 매우 융통성 있는 교수 전략이다. K-W-L 도표에 포함되어 있는 세 종류의 행은 학습에서 모두 중요한 기능들을 담당하지만, 때때로 교사들은 K-W-L 형식을 응용하여 시간 여유와 교과의 필요에 따라 K와 L 행만 사용하거나 W와 L 행만 사용하는 등 두 행만 활용할 수 있다. 예를 들어, K와 L 행만 이용할 경우에 교사들은 사회 교과서의 한 단원을 개관한 후에 학생들이 브레인스토밍하여 질문을 만들도록 하고 그 단원 읽기가 끝난 후에 학생들이 배운 내용을 L 행에 추가하여 도표를 채우도록 한다.

경우에 따라서는 이 도표에 W와 L 행 사이에 H 행(How Do We Find Information?)을 추가할 수도 있다. 질문들을 브레인스토밍한 후에, 학생들은 그 질문에 대답하기 위해서 적절한 자료 목록(예: 서적, 사전, 지역 사회 인사, 지도, 인터넷 또는 백과사전 등)을 만든다. K-W-H-L 도표는 학생들이 K-W-L 도표를 연구 도구로 이용할 때 특히 유용하다.

교사들은 또한 중심 생각을 강조하거나 학생들이 학습하고 있는 것을 더 기억하도록 하기 위해서 K-W-L 도표에 정보들을 범주화하여 조직할 수 있는데, 이를 'K-W-L Plus' 전략이라 부른다(Carr & Ogle, 1987). 교사들은 이 도표를 소개할 때 3개에서 6개의 주요 아이디어 범주를 제공하거나 학생들이 K 행에 담긴 화젯거리들에 대한 정보들을 브레인스토밍을 한 후에 범주를 정하도록 할 수 있다. 학생들은 하나하나의 범주들에 따라 개별 정보들을 분류하면서 L 행을 채우는 과정에서 이 범주들에 초점을 맞추게 된다. 범주들이 활용되면 학생들이 제시되고 있는 주요 개별 아이디어들을 학습했음을 확인하기가 쉬워진다.

학생들은 또한 개인별 K-W-L 도표를 만들 수 있다. 반 전체 K-W-L 도표를 만들면서 학생들은 화제에 대해 아는 것을 브레인스토밍하고 질문들을 확인하며 자신들이 배운 것을 목록으로 만든다. 학생들은 자신들의 도표를 학습일지에 만들거나 K, W, L 행들로 포스터나 넘기는 책을 개발할 수도 있다. 우선 학생들은 개인별 넘기는 도표를 만들기 위해 법정 문서 크기의 종이를 세로로 접는다. 다음으로 상단의 가장자리를 자르고 K, W, L의 이름을 붙인다. 그리고 다음 (예)와 같이 학생들은 각 행에 내용을 쓰기 위해서 모서리를 들어 올린다.

(예) 4학년 학생이 만든 거미에 관한 넘기는 책

때때로 교사들은 학생들에게 전체 교실 도표를 완성한 후에 자신만의 도표를 만들게 하거나 소집단이나 개인별로 개발하도록 할 수 있다. 또한 학생들이 자신들의 L 행을 어떻게 채우는지 점검하는 것은 그들의 학습을 점검하는 아주 좋은 방법이다.

참고 문헌

Carr, E., & Ogle, D. (1987). K-W-L Plus: A strategy for comprehension and summarization. *Journal of Reading, 31,* 626-631.
Ogle, D. M. (1986). K-W-L: A teaching model that develops active reading of expository text. *The Reading Teacher, 39,* 564-570.
Ogle, D. M. (1989) The know, What to know, learn strategy. In K. D. Muth (Ed)., *Children's comprehension of text: Research into practice* (pp. 205-223). Newark, DE: International Reading Association.
Peregoy, S. F., & Boyle, O. F. (2005). *Reading, writing, and learning in ESL: A resource book for K-12 teachers* (4th ed.). Boston: Allyn & Bacon.

23 언어 경험 접근법 (Language Experience Approach)

교수 초점		학년 수준
■ 말하기/듣기	□ 독해	■ 유치원-2학년
□ 음운 인식/발음(음성)	■ 작문	□ 3-5학년
■ 유창성	□ 철자 쓰기	□ 6-8학년
□ 어휘력	□ 내용교과	■ 영어 학습자

'언어 경험 접근법(LEA)'은 아이들의 언어와 경험에 기초하는 전략이다(Ashton-Warner, 1965; Stauffer, 1970). 한 아이가 경험에 대한 단어와 문장을 구술하고 교사는 아이의 구술을 받아쓴다. 단어와 문장이 완성되면, 교사는 어떻게 쓰인 문장이 작동하는지 시범을 보인다. 쓰인 텍스트는 아이의 읽기 자료가 된다. 언어가 아이로부터 나왔고 그 내용은 그 아이의 경험에 기초한 것이기 때문에 아이는 대체로 그 텍스트를 쉽게 읽을 수 있다.

왜 이 교수 전략을 사용하는가?

언어 경험 접근법은 구두 언어가 문자 언어와 연계되기 때문에 아이들이 읽기의 세계로 들어가도록 돕는 효과적인 방법이다. 다른 형태의 읽기 활동에 성공하지 못한 아이들도 자신들이 구술한 것은 읽을 수 있다(Shanker & Ekwall, 2003). 그러나 약점은 있다. 교사들은 아이들의 구술을 받아 적을 때 '완벽한' 시범을 제공한다(교사들은 깔끔하게 쓰고 정확하게 철자를 쓴다.). 언어 경험 접근법 활동 후에, 어떤 어린 아이들은 스스로 쓰려고 하지 않는데, 자신들의 어린이다운 쓰기보다 교사들의 '완벽한' 쓰기를 더 좋아한다. 이런 문제를 해결하기 위해서, 어린 아이들은 언어 경험 활동에 참여함과 동시에 일지나 책에 스스로 쓰는 활동을 하거나 상호작용하며 쓰기 (21번 전략 참고)에 참여해야만 한다. 그러면 어린 아이들은 때로는 스스로 쓰는 활동을 하면서, 때로는 교사가 자신들의 구술을 받아쓰는 활동을 하면서 배울 것이다.

영어 학습자를 위한 안내

교사들은 영어 학습자들이 읽을 수 있고 그들에게 흥미를 주는 읽기 자료를 만들기 위해 언어 경험 접근법을 사용한다. 학생들은 잡지에서 사진을 자르고 책에 붙인다. 그리고 교사와 학생들은 그 그림 속에 있는 몇 개의 주요 단어들을 확인하고 이름을 붙이고, 그것과 관련된 문장을 만들어 낸다. 그런 후에 교사는 그림 아래에 문장을 쓰고 학생들은 그것을 다시 읽는다. 언어 경험 접근법은 학생들이 자신들에게 적절한 텍스트를 생산하고 읽기 때문에 효과적인 교수 전략이다(Crawford, 2003).

어떻게 이 교수 전략을 사용하는가?

이 융통성 있는 전략은 교사의 목적에 따라 대집단 활동, 소집단 활동, 개인 활동 등에서 사용될 수 있다. 교사는 다음의 절차를 따른다.

1. 경험을 제공한다.

경험은 쓰기를 자극하는 역할을 하는데, 학교에서 함께 한 경험, 소리 내어 읽은 책, 견학, 또는 애완용 동물 기르기나 눈밭에서 논 것과 같은 학생들에게 친숙한 경험들이 해당될 수 있다.

2. 경험에 대해 이야기한다.

교사와 학생들은 학생들의 구술이 더 흥미 있고 완성되도록 하기 위해서 경험을 되돌아보면서 그 경험에 대해 이야기한다. 교사들은 종종 '무엇에 대하여 쓸까?'와 같은 열린 질문으로 시작한다. 학생들은 자신들의 경험에 대해 이야기하는 동안 생각을 분류·조직하고 더 특수한 어휘를 사용하며, 자신들의 이해를 확장시킨다.

23 언어 경험 접근법(Language Experience Approach)

3. 학생들의 구술을 기록한다.

학생들은 구술하기 위해 문장들을 말하는데, 교사의 안내에 따라 그 텍스트는 형태를 갖추어 간다. 교사는 기록지에 문장들을 쓰고, 각 문장을 쓴 후에, 교사는 그것을 다시 읽는다. 교사는 학생들의 구술을 말한 그대로 적으려고 해야 하지만, 도표는 모든 학생들이 다시 읽도록 교실 벽에 붙여질 것이기 때문에 비표준적인 용법은 표준 영어로 수정한다.

4. 완성된 텍스트를 소리 내어 읽는다.

교사는 완성된 텍스트를 각 단어마다 가리키면서 소리 내어 읽는다. 이런 읽기는 학생들에게 텍스트의 내용을 상기하도록 하면서 그것을 적절한 억양으로 소리 내어 읽는 방법에 대해 안내해 준다. 그리고 학생들은 교사를 따라 읽는다. 몇 번의 함께 읽기를 한 후에는, 대부분의 학생들이 혼자서 또는 동료들과 그 텍스트를 읽을 수 있다.

5. 읽기 경험을 확장한다.

학생들은 대개 그 기록지를 반 전체와 함께, 소집단 별로, 또는 개인별로 다시 읽는다. 교사는 학생들이 고빈도 단어나 발음 규칙 또는 철자 유형을 보여 주는 단어에 원을 그려 넣을 수 있도록 하기 위해서 기록지 위에 비닐 시트를 붙여 둔다. 학생들은 또한 대문자나 구두점 표지 또는 자신들이 배운 문자 언어에 대한 다른 규칙을 찾아낸다.

6. 문장 조각을 만든다.

교사들은 학생들이 기록지 뒤에 부착된 주머니에 보관하는 문장 조각에 텍스트를 다시 쓴다. 학생들은 그 문장 조각들을 읽고 차례대로 나열한다. 학생들이 문장 조각들을 부드럽게 읽을 수 있게 된 후에, 그 조각들을 개별 단어들로 자른다. 학생들은 그 단어들을 친숙한 문장으로 배열하고 단어 카드로 새로운 문장을 만든다.

언제 이 교수 전략을 사용하는가?

언어 경험 방법은 보통 학생들이 읽을 수 있고 주제 중심 단원에서 쓰기 자료로써 사용할 수 있는 텍스트를 만드는 데 사용된다. 예를 들어, 1, 2학년 공동 교실에서 무당벌레에 대한 과학 단원을 공부할 때, 교사는 이 신기한 벌레들에 대한 이야기나 정보를 소리 내어 읽었고, 학생들은 무당벌레에 대한 이 지식을 가지고 다음의 텍스트를 구술했다.

1장: 무당벌레의 행동

무당벌레는 유용한 벌레다. 무당벌레는 진딧물을 먹기 때문에 사람들을 돕는다. 무당벌레는 땅을 예쁘게 만든다. 무당벌레는 빨갛고 7개의 검은 반점들을 가지고 있다. 무당벌레는 빨간 날개 주머니 아래에 자신의 날개를 보관한다. 날개는 투명하고 이 날개를 이용하여 날아다닌다. 무당벌레는 진딧물 먹는 것을 좋아한다. 하루에 50마리의 진딧물을 먹을 수 있을 만큼 그것들을 좋아한다.

2장: 무당벌레의 성장

무당벌레는 덤불이나 나무줄기의 나뭇잎 위에 산다. 무당벌레는 나뭇잎 위에 끈적거리고 노란 알을 낳는다. 알이 부화하면 작고 검은 애벌레가 나온다. 애벌레 역시 진딧물을 좋아한다. 애벌레는 번데기가 되고 그것은 다시 무당벌레가 된다. 애벌레에서 무당벌레가 될 때 처음에는 노란색이지만 곧 빨간색으로 변하고 반점이 나타나기 시작한다. 그러면 무당벌레들은 날 수 가 있게 된다.

3장: 똑똑한 무당벌레

무당벌레에게는 새들에게 잡아먹히지 않기 위한 재주가 있다. 새가 공격을 시작하면, 무당벌레는 뒤로 돌아 다리에서 불쾌한 액체를 짜낸다. 그것은 냄새가 지독해서 새들을 멀리 날아가게 한다.

각 부분은 별도의 기록 용지에 기록되었다. 그리고 학생들은 문장 조각에 쓰기 위해서 각자 한 문장씩을 선택했다. 어떤 학생들은 자신의 문장을 썼고, 교사는 다른 학생들의 문장을 썼다. 학생들은 문장 읽기 연습을 했고 반 친구들에게 읽어 주었다. 그런 후에 학생들은 문장을 분리했고 그것들을 다시 배열했다. 나중에 학생들은 '무당벌레의 모든 것'이란 책을 만들면서 공동으로 또는 개별적으로 그 문장들을 사용했다(1번 나만의 책 전략 참고).

　　교사들은 또한 읽기 능력이 떨어지는 학생들에게 언어 경험 방법을 사용할 수 있다. 학생들은 자신들이 특별히 관심을 가지고 있는 화제에 대한 텍스트를 구술하고 교사는 공책에 기록한다. 그리고 이 텍스트는 이 학생들의 읽기 자료가 된다. 학생들은 교실 도표에서 사용된 것과 동일한 활동에 참여한다. 학생들은 그 텍스트를 반복적으로 읽고 텍스트에서 고빈도 단어와 문자 언어 규칙을 보여 주는 예들을 찾는다. 그리고 그 텍스트를 활용한 문장 조각과 단어 카드를 배열한다. 언어 경험 방법은 많은 시간을 필요로 하지만, 초기 독자와 유창하게 읽지 못하는 고학년 학생들 모두에게 효과적인 교수 전략이다(Cowen, 2003).

참고 문헌

Ashton-Warner, S. (1965). *Teacher*. New York: Simon & Schuster.

Cowen, J. E. (2003). *A balanced approach to beginning reading instruction: A synthesis of six major US research studies*. Newark, DE: International Reading Association.

Crawford, A. N. (2003). Communicative approaches to second-language acquisition: The bridge to second-language literacy. In G. G. Garcia (Ed.), *English learners: Reaching the highest level of English literacy* (pp. 152-181). Newark, DE: International Reading Association.

Shanker, J. L., & Ekwall, E. E. (2003). *Locating and correcting reading difficulties* (8th ed.). Upper Saddle River, NJ: Merrill/Prentice Hall.

Stauffer, R. G. (1970). *Directing the reading-thinking process*. New York: Harper & Row.

24 학습일지(Learning Logs)

교수 초점		학년 수준
☐ 말하기/듣기	■ 독해	☐ 유치원-2학년
☐ 음운 인식/발음(음성)	■ 작문	■ 3-5학년
☐ 유창성	☐ 철자 쓰기	■ 6-8학년
☐ 어휘력	■ 내용교과	☐ 영어 학습자

학생들은 주제 중심 단원 학습의 일부분으로서 학습일지를 쓴다. 다른 형태의 일지와 마찬가지로 학습일지는 학생들이 학습하고 있는 정보를 기록하는 공책 또는 작은 책자이다. 이 일지에는 질문, 요약, 학습에 대한 반성 등을 쓰고 도표나 도형을 만들어 넣는다(Bromley, 1993; Tompkins, 2008). 학생들의 쓰기는 학습일지에서는 즉흥적이다. 그리고 중요한 것은 세련된 작품을 만드는 것이라기보다는 학습 도구로 활용하기 위해서 쓰기를 한다는 것이다. 비록 그렇다 하더라도, 학생들은 주의 깊게 쓰고 단어 벽(49번 전략)에 붙여지는 내용 관련 단어들은 철자를 정확하게 쓰도록 지도되어야 한다.

왜 이 교수 전략을 사용하는가?

학습일지의 중요한 가치는 학생들이 학습의 도구로서 일지를 사용한다는 것이다. 학생들은 이 일지에 쓰는 동안, 새로운 아이디어를 탐색하고, 새롭고 전문적인 어휘를 사용하는 훈련을 하며, 자신의 학습을 자기화한다(Strong, 2006). 게다가 교사들은 학생들의 일지를 점검하면서 학생들이 주요 아이디어를 얼마나 잘 이해하고 있는지와 그들이 혼란스러워 하는 것은 무엇인지를 신속하게 점검할 수 있다.

어떻게 이 교수 전략을 사용하는가?

학생들은 주제 중심 단원 학습을 시작할 때 학습일지를 각자 만든다. 그리고 그 일지에 단원을 배우는 동안 기재 사항들을 만든다. 다음은 이 교수 전략의 단계이다.

1. 학습일지를 준비한다.

학생들은 주제 중심 단원 학습을 시작할 때 두꺼운 도화지나 코팅된 색 도화지로 표지가 되어 있는 작은 책자로 묶여진 줄이 있는 것과 없는 것이 혼합된 공책을 사용해서 학습일지를 만든다.

2. 학생들이 학습일지를 사용하도록 한다.

학생들은 기록하기, 도형을 그리기, 어휘 목록 만들기, 얼른쓰기(33번 전략), 요약한 것 쓰기 등의 활동을 한다.

3. 학생들의 기재 사항을 점검한다.

교사들은 학생들의 학습일지를 읽고 그들의 질문에 답을 하거나 모호한 것을 명확하게 설명해 준다.

4. 학생들에게 의견을 쓰게 한다.

교사들은 주제 중심 단원 학습의 마무리 단계에서 학생들이 기재 내용을 개관하게 하고, 이 단원에서 자신들이 배운 것에 대한 의견을 쓰게 한다.

언제 이 교수 전략을 사용하는가?

학생들은 내용교과 교과서에서 주제 중심 단원을 공부하는 동안 정보가 있는 장이나 절 읽기를 통해 학습하고 있는 내용을 필기하고 그에 대해 반응하기 위해 학습일지를

24 학습일지(Learning Logs)

활용한다. 학생들은 또한 학습일지에 자료 도표(12번 전략), 조직망(9번 전략), 지도, 시간표, 또는 기타 도표 등을 만든다. 예를 들어, 개척자에 대한 사회 교과 단원을 공부하면서 학생들은 학습일지에 다음과 같은 활동들을 할 수 있다.

- 단원 공부 중에 조사하고자 하는 것에 대한 질문을 쓴다.
- 포장된 마차의 그림을 그린다.
- 개척자들이 서부로 나른 것들의 목록을 만든다.
- 미국 지도에 오리건 산길을 표시한다.
- 책에서 읽은 정보 묶음을 만든다.
- 개척자들에 대한 비디오를 보고 감상을 쓴다.
- 오리건 산길에서의 삶에 대한 시의 초고를 쓴다.
- 단원의 마무리 단계에서 배운 내용 중 중요한 다섯 가지를 선택하여 그것에 대해 교사에게 편지를 쓴다.

학습일지는 과학 단원 학습에서도 유사한 목적으로 사용된다(Santa & Havens, 1991). 예를 들어, 바위와 미네랄에 대한 단원을 공부하는 동안, 7학년 학생들은 과학 교과서의 한 장을 읽으면서 자신들이 완성한 조직망을 만들었다. 실험을 하는 동안 연구 보고서를 수집하고, 비디오를 본 후에 얼른쓰기(33번 전략 참고)를 했고, 과학적 정보에 대한 도형이나 도표를 그렸다. 학생들은 다음과 같은 두 가지 기재 내용을 만들었다. 첫 번째 학습일지 내용에서, 학생들은 퇴적암이 어떻게 형성되는지를 설명하는 일련의 삽화들을 사용했다. 두 번째 학습일지에서 학생들은 네 가지 유형의 퇴적암들을 도표로 만들었다.

(예) 퇴적암에 대한 7학년 학습일지1

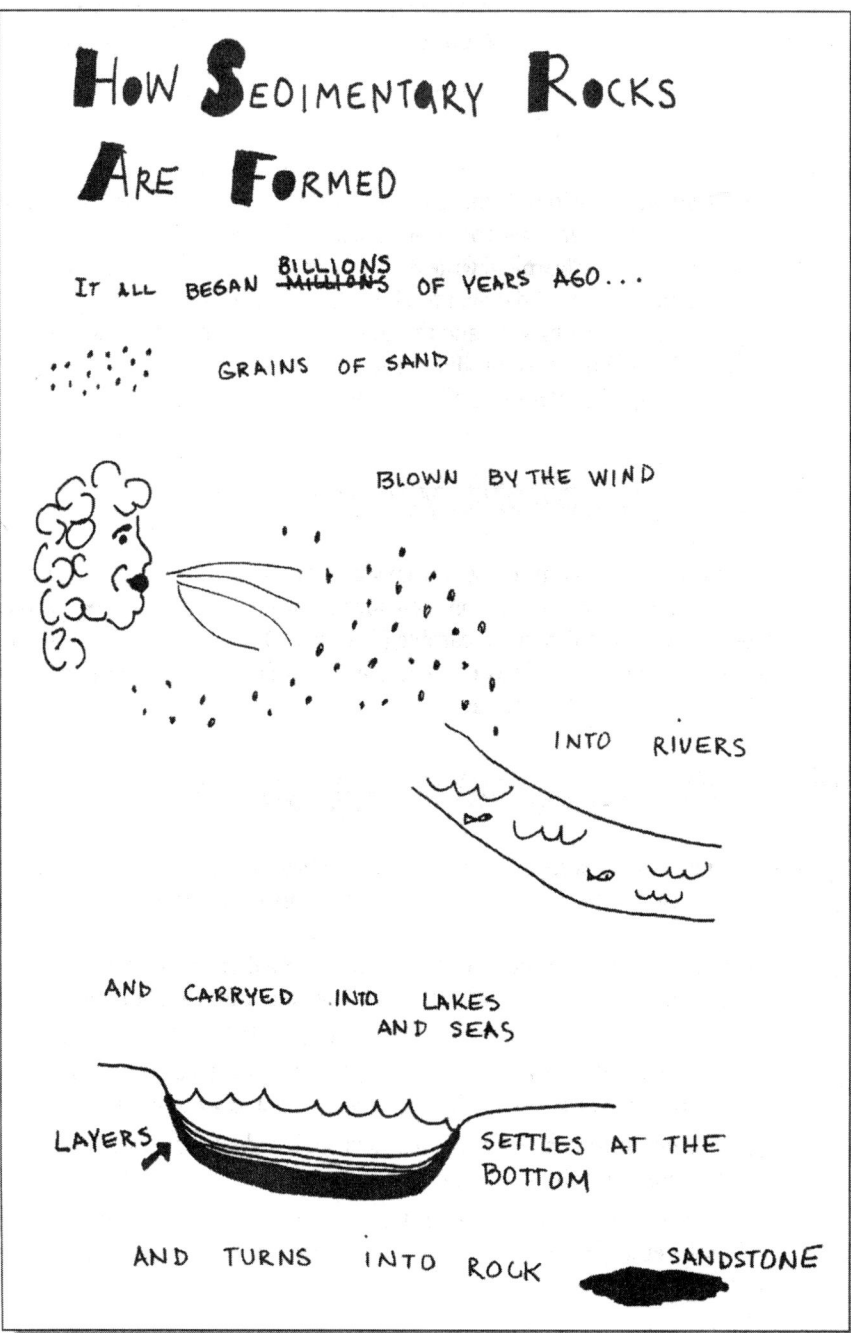

24 학습일지(Learning Logs)

(예) 퇴적암에 대한 7학년 학습일지2

학생들은 또한 수학 교과에서 배운 것을 쓰기 위해서도 학습일지를 사용한다. 그들은 교실 수업에서 제시된 개념의 설명과 예시를 기록하고, 이야기로 된 문제들을 쓰고, 자신들이 학습하고 있는 수학적 개념들과 자신들이 가지고 있을 것 같은 어떠한 문제들에 대해 반응한다. 예를 들어, 분수에 대한 단원을 학습하는 동안, 학생들은 다양한 분수들의 도형을 그렸고, 분수를 활용한 이야기 문제들을 썼고, 자신들이 배우고 있는 중심 아이디어를 탐색하기 위해 얼른쓰기(33번 전략)도 했다. 어떤 고학년 교사들은 수학 수업 시간의 마무리 5분 동안 학생들이 자신들의 학습일지에 그날 수업을 요약하고 그것에 대해 반응을 하도록 했다.

참고 문헌

Bromley, K. (1993). *Journaling: Engagements in reading, writing and thinking*. New York: Scholastic.

Santa, C., & Havens, L. (1991). Learning through writing. In C. Santa & D. Alvermann (Eds.), *Science learning: Processes and applications*. Newark, DE: International Reading Association.

Strong, W. (2006). *Write for insight: Empowering content area learning, grades 6-12*. Boston: Allyn & Bacon/Pearson.

Tompkins, G. E. (2008). *Teaching writing: Balancing process and product* (5th ed.). Upper Saddle River, NJ: Merrill/Prentice Hall

25 문식성 센터(Literacy Centers)

교수 초점		학년 수준
☐ 말하기/듣기	■ 독해	■ 유치원-2학년
■ 음운 인식/발음(음성)	■ 작문	■ 3-5학년
■ 유창성	■ 철자 쓰기	☐ 6-8학년
■ 어휘력	☐ 내용교과	■ 영어 학습자

'문식성 센터'는 학생들이 소규모의 협력적인 모둠에서 공부할 수 있는 의미 있고 유목적적인 문식성 활동을 담고 있다(Dillon, 2003; Opitz, 1994). 각 모둠은 보통 교실의 특별한 공간이나 모둠별 탁자에 편성된다(Fountas & Pinnell, 1996). 단어 만들기, 도서관, 언어 기능, 출판하기, 컴퓨터, 그리고 손가락인형 등이 포함된 다양한 문식성 센터는 문학 중심 단원 학습에서 활용될 수 있다. 20가지 센터가 다음 상자에 정리되어 있다. 센터들은 일반적으로 초등 교실과 관련되지만, 다른 모든 학년 수준에서도 효과적으로 사용될 수 있다(Dillon, 2005). 모든 학생들이 동시에 센터에서 학습할 수도 있지만, 교사가 소집단과 함께 학습을 하는 동안 대부분의 학생들은 센터에서 학습할 수 있다.

(예) 20가지 문식성 센터

저자	• 학생들이 학습하고 있는 저자에 대한 정보가 이 센터에 제시되어 있다. 저자에 대한 정보를 조사하기 위해 학생들은 포스터, 책, 또는 영상자료 등이 이용가능하다. 그리고 학생들은 또한 이 센터에서 저자에게 편지를 쓸 수도 있다.
협동책	• 학급 책에 추가될 페이지들을 쓴다. 각 학생들은 이 센터에 오기 전에 안내된 지침에 따라 각자 맡은 페이지를 완성한다. 나중에 교사는 편집하고 책으로 묶는다.
컴퓨터	• 이 센터에서는 문서 처리와 그림 그리기 프로그램, 상호작용이 가능한 책CD-ROM, 기타 프로그램 등이 설치된 컴퓨터들이 이용가능하다.
자료 도표	• 주제 중심 단원의 일부로서, 학생들은 자료 도표를 위한 정보들을 수집한다. 이 센터에서는 정보 전달 서적과 인터넷 자료를 참고할 수 있고, 전체 학급 자료 도표나 개인 자료 도표에 정보들을 추가할 수 있다.

문식성 전략 50 - 단계별 언어 기능 교수 전략 -

드라마	• 읽기와 쓰기의 실제적 목적을 배울 수 있도록 하기 위해서 문식성 도구들과 주변 환경 모형이 놀이 센터에 포함된다.
도서관	• 화제나 읽기 수준에 따라 조직된 광범위하고 다양한 책과 기타 읽기 자료들이 교실 도서관에서 이용될 수 있다. 학생들은 처음 읽거나 다시 읽기 위해서 자신들의 읽기 수준에 따라 흥미로운 책을 선정한다.
듣기	• 이야기나 다른 사람이 소리 내어 읽어 주는 것을 듣기 위해 카세트 플레이어와 헤드폰을 사용한다. 보통 듣고 있는 내용을 읽을 수 있도록 텍스트의 사본이 준비되어 있다.
단어 만들기	• 철자를 말하고 단어를 쓸 때 이용할 수 있는 문자 카드, 자석 문자, 화이트보드 등이 이 센터에 제공된다. 학생들은 철자 형태를 따르거나 2글자 단어, 3글자 단어, 4글자 단어 등과 같이 다양한 방식으로 글자를 정렬하는 특정 단어들을 만든다.
메시지	• 공책 정리를 하고 그것을 친구들에게 전달할 수 있는 우편함이나 게시판 등이 메시지 센터에 준비되어 있다. 또한 친구들의 이름 목록, 우표로 쓰기 위한 붙임 딱지, 엽서, 그리고 다양한 편지지와 봉투 등이 있다.
발음	• 여러 종류의 작은 물건들, 그림 카드, 자석 글자, 글자 카드, 그리고 작은 화이트보드 등을 이용할 수 있다. 학생들은 교사가 이미 가르친 발음 원리와 철자 규칙을 연습한다.
주머니 도표	• 교사들은 친숙한 노래나 시를 이용한 문장 조각이나 단어 카드를 설치하고, 학생들은 노래를 부르거나 시를 낭송할 수 있도록 주머니 도표에 문장 조각이나 단어들을 정렬한다. 학생들은 새로운 버전을 만들거나 새롭게 쓸 수도 있기 때문에 보통은 여분의 문장 조각과 단어 카드를 가지고 있게 된다.
시	• 다양한 시적 양식을 보여 주는 도표를 이용할 수 있는데, 학생들은 여기에서 공식적인 시를 쓴다. 학생들은 대개 교사가 이미 가르쳤던 시적 형식을 이용한다.
교정하기	• 학생들이 쓴 작문을 교정하기 위해 철자점검기, 고빈도 단어들을 정리한 단어 벽, 그리고 사전들을 활용한다. 교정하기 센터에서는 대체로 짝과 함께 활동한다.
손가락인형	• 학생들이 읽고 있는 책 내용과 관련된 손가락인형, 인형 무대, 그리고 손으로 다룰 수 있는 도구들이 준비되어 있다. 학생들은 이야기를 다시 말하거나 뒷이야기를 만들어 내는데 그 도구들을 사용한다.
읽고 쓰기	• 학생들이 교실을 다니면서 단어나 문장 또는 책을 가리키면서 읽을 때 활용하기 위한 요술막대(끝에 지우개가 달린 뾰족한 나무 막대기)와 안경(렌즈가 제거된)이 준비되어 있다. 또한 학생들이 교실 주변에 붙어 있는 친숙한 단어와 문장을 기록할 때 사용할 작은 클립보드와 펜도 이용할 수 있다.
배열하기	• 이야기나 스토리보드(그림책의 두 개 사본을 따로 잘라 각 페이지를 게시판에 맞대어 붙여 만듦)에 나온 사건에 대한 그림 세트를 배열한다. 학생들은 그림책을 위한 스토리보드와 챕터북을 만들 수 있다.
언어 기능	• 교사들에게 미니레슨에서 배웠던 언어 기능을 연습한다. 교사들은 미니레슨에서 사용한 도구들을 학생들이 사용하도록 준비해 둔다. 학생들은 단어 카드를 정렬하고, 도표에 추가적인 예시를 쓰고, 기타 도구들을 사용한다.
철자쓰기	• 단어 철자 쓰기를 연습하기 위해서 화이트보드와 자석 글자를 이용한다.
단어 분류	• 단어의 의미나 구조적 형태에 따라 단어 카드를 범주별로 분류한다. 때때로 학생들은 게시판에 분류한 단어들을 붙이기도 하고 한편으로는 범주별로 붙이지는 않고 연습 활동으로서만 단어를 분류한다.
쓰기	• 연필, 종이, 백지 공책, 엽서, 사전, 단어판 등과 같은 쓰기 도구들이 마련되어 있고, 학생들은 다양한 쓰기 활동을 하는 데 그 도구들을 사용한다. 두꺼운 도화지, 벽지, 헝겊 표지, 팔이 긴 스테이플러, 실, 마커펜 등 책 제작 도구들도 준비된다.

25 문식성 센터(Literacy Centers)

어떤 교실에서는 학생들이 자신들의 흥미에 따라 자유롭게 센터와 센터를 이동할 수 있고, 다른 교실에서는 센터가 배정되거나 어떤 '지정된' 센터에서 학습하고 다른 '선택' 센터들 사이에서 고를 수 있도록 되어 있다. 학생들은 각 센터에서 학습할 때 그 센터에 고정되어 있는 출석부에 서명하거나 교실 명부에 자신들의 이름을 적어 끝난 표시를 할 수 있다. 학생들은 보통 센터에서 센터로 매 15분에서 30분마다 고정적으로 이동하는 대신에 한 센터에서 활동이 끝나면 다른 센터로 자연스럽게 이동한다.

왜 이 교수 전략을 사용하는가?

문식성 센터는 학생들이 학습하고 있는 것에 대한 흥미, 연습 전략, 언어 기능을 탐색하고 자신들의 학습을 자기화할 수 있는 기회를 제공한다(Owocki, 2005). 때때로 교사들은 문식성 센터를 '바쁜 학습'으로만 인식하는데, 문식성 센터가 학생들이 읽고 있는 이야기들과 통합되고 학생들이 센터에서 해야 하는 것을 잘 알고 있는 경우에 이 활동은 유용한 교수 활동이 된다.

어떻게 이 교수 전략을 사용하는가?

교사들은 교수 목적에 따라 센터를 꾸미고 학생들이 활동을 완료할 기회를 제공한다. 이 교수 전략을 실행하기 위해서 다음 단계를 따른다.

1. 센터를 꾸민다.

교사는 4개에서 10개의 센터를 조직하고, 각 센터에 안내서, 준비물, 그리고 학생들의 소집단에 적합한 공간을 준비한다. 그리고 각 센터에 준비된 활동들을 설명하고 시범을 보인다.

2. 학생들이 활동을 하도록 센터로 이동시킨다.

교사는 순환하면서 센터가 어떻게 작동하는지와 센터가 작동하는 동안 어떻게 그 활동을 수행하는지에 대해 안내한다.

3. 학급 경영 체계를 활용한다.

교사들은 서명 장부, 도표에 걸린 빨래집게, 또는 다른 학급 경영 체계 등을 이용하여 학생들이 센터에서 하는 작업의 경로를 유지하도록 한다.

4. 학생들의 진행을 점검한다.

교사들은 학생들이 센터에서 센터로 이동하는 동안 점검하고 과제를 완수하기 위한 안내를 강화한다.

5. 센터를 조정한다.

교사들은 학생들의 흥미를 유지하기 위해 필요에 따라 센터를 조정하고, 배우고 있는 언어 기능을 연습할 수 있는 기회를 제공하며, 학생들의 학습을 확장한다.

언제 이 교수 전략을 사용하는가?

문식성 활동에서 하는 활동들은 학생들이 문학 중심 동아리에서 읽고 있는 이야기, 그리고 근래에 미니레슨에서 제공된 언어 전략, 기능 등과 관련된다. 학생들은 대개 각 센터에서 목표를 조정하고, 단어 카드를 정렬하고, 책을 다시 읽고, 이야기에 대한 반응을 쓰고, 그리고 언어 기능을 연습한다. 학생들은 센터에서 거의 학습지는 하지 않는다. 쓰기 센터와 도서관 센터와 같은 어떤 센터들은 고정적으로 설치되지만, 다른 센터들은 교사의 목적에 따라 조정된다. 예를 들어, '만일 쥐에게 과자를 준다면(*If You Give a mouse a Cookie*, Numeroff, 1985)'에 대한 문학 중심 단원을 공부하는 1학년 교실에서, 학생들은 다음과 같은 센터에서 공부한다.

- **쓰기 센터**: 자신들이 좋아하는 과자에 대한 책을 쓰거나 Numeroff의 이야기를 새 버전으로 만들어 쓴다.

- **발음 센터**: 물건들을 정렬하고 /s/로 끝나는 것들(mouse와 같이)은 한 바구니에 담고 나머지 물건들은 다른 바구니에 담는다. 학생들은 또한 이야기 속의 일련의 물건들을 단어의 음절수(예: napkin, cookie, straw, comb 등)에 따라 정렬해서 두 바구니에 넣는다.
- **듣기 센터**: '만약 쥐에게 과자를 준다면(If You Give a Mouse a Cookie) 또는 만약 쥐에게 머핀을 준다면(If You Give a Mouse a Muffin, Numeroff, 1991)'을 녹음기로 듣는다.
- **관찰 센터**: 새장에서 두 쥐를 관찰하고 그림으로 그리고 독서일지(36번 전략)에 관찰한 내용을 쓴다.
- **배열하기 센터**: 이야기를 다시 말하고 이야기의 사건들을 나타내는 그림들을 원 안에 배열한다.
- **단어 만들기 센터**: 자석 문자들을 사용해서 '쥐, 과자' 또는 이야기에 나오는 다른 단어들을 쓴다.

학생들은 교사가 안내된 읽기(18번 전략) 모둠에서 활동하는 동안 모든 센터들에서 학습한다.

7학년 교실에서, 중세 시대를 배경으로 한 '소녀, 발칙하다(Catherine, Called Birdy, Cushman, 1994)'을 읽은 학생들은 다음과 같은 센터들에 참여했다.

- **협동책 센터**: 중세 시대에 대한 전체 교실 알파벳 북(2번 전략)을 만들기 위해 각각 한 쪽씩 쓴다.
- **도서관 센터**: 중세 시대에 대한 다른 책들을 읽는다.
- **단어 벽 센터**: 교실 단어 벽(49번 전략)에 '토너먼트, 지참금'과 같은 중세 시대와 관련된 단어들을 추가한다. 학생들은 그 단어들에 대한 사전의 정의를 점검하고 그 의미를 나타낼 수 있는 그림을 그린다.
- **이야기 센터**: 이야기의 몇몇 핵심 포인트에서 기묘한 오픈 마인드 초상화(28번 전략)를 짝과 함께 만든다.
- **시 센터**: 소집단별로 이야기의 구절을 활용하여 갖추어진 시를 만든다. 시는 컴퓨터로 작성한다.
- **단어 만들기 센터**: 가능한 한 많은 단어의 알파벳을 쓰기 위해 책의 제목을 알파벳으로 쓴 문자 카드를 재정렬한다. 각 단어에서 문자의 숫자에 따라 도표 종이에 만든 단어들

목록을 정리한다.

교실의 모든 학생들은 '소녀, 발칙하다'를 읽고 반응하면서 보낸 3주 동안 언어 수업 시간의 마지막 20분을 센터에서 학습했는데, 협동 책 센터와 이야기 센터를 필수로 하여 4개의 센터에 참여해야만 했다.

참고 문헌

Cushman, K. (1994). *Catherine, called Birdy*. New York: HarperCollins.
Dillon, D. (2003). *Literacy work stations: Marking centers work*. York, ME: Stenhouse.
Dillon, D. (2005). *Practice with purpose: Literacy work stations for grades 3-6*. York, ME: Stenhouse.
Fountas, I. C., & Pinnell, G. S. (1996). *Guided reading: Good first teaching for all children*. Portsmouth, NH: Heinemann.
Numeroff, L. (1985). *If you give a mouse a cookie*. New York: HarperCollins.
Numeroff, L. (1991). *If you give a mouse a muffin*. New York: HarperColins.
Opitz, M. F. (1994). *Learning centers*. New York: Scholastic.
Owocki, G. (2005). *Time for literacy centers*. Portsmouth, NH: Heinemann.

26 단어 만들기(Making Words)

교수 초점		학년 수준
☐ 말하기/듣기	☐ 독해	■ 유치원-2학년
■ 음운 인식/발음(음성)	☐ 작문	■ 3-5학년
☐ 유창성	■ 철자 쓰기	☐ 6-8학년
☐ 어휘력	☐ 내용교과	■ 영어 학습자

    단어 만들기는 학생들이 단어 철자를 쓰기 위하여 철자 카드를 배열하는 활동이다. 교사는 학생들이 읽는 책에서 발음이나 특정 철자 패턴의 전형적인 예가 되는 단어를 선정한다. 그리고 소집단이나 개별 학생들이 단어를 철자로 나타낼 수 있도록 철자 카드를 한 세트 준비한다. 교사는 학생들이 철자들을 가지고 다양한 단어를 만들 수 있도록 지도한다. 예를 들어, '거미의 일기(*Diary of a Spider*, Cronin, 2005)'를 읽고 나서 1학년 집단은 *spider*에 사용된 철자들을 이용하여 *is, sip, rip, dip, drip, side, ride, ripe*와 같은 이러한 짧은 i와 긴 i 단어를 만들 수 있다. 이러한 단어들을 철자로 나타낸 다음에 학생들은 중심 단어인 *spider*를 만드는 데 이 모든 철자들을 사용한다.

왜 이 교수 전략을 사용하는가?

    단어 만들기는 교사 주도의 훌륭한 철자 활동이다(Cunningham & Cunningham, 1992; Gunning, 1995). 학생들이 단어를 만들면서 음성-기호의 결합, 철자 패턴에 대하여 배운 것을 연습한다. 학생들은 단어를 만들면서 그들이 만든 음성-기호의 관련성과 철자 형식에 대하여 학습한다. 그리고 교사는 학생들이 이해한 것, 교정할 때 혼란스러워 하는 것, 발음 중심 학습 개념, 철자 형식에 대하여 필요할 때 피드백을 주게 된다.

문식성 전략 50 – 단계별 언어 기능 교수 전략 –

📝 영어 학습자를 위한 안내

교사는 이 교수 전략을 영어 학습자들의 소집단에서 철자를 연습하기 위한 전략과 기능으로 자주 사용한다. 이 전략은 학생들이 친구들과 협력하고, 위협하지 않으면서 직접 해 볼 수 활동이기 때문에 효과적이다. 교사는 때때로 학급 전체 활동을 하기 전에 영어 학습자 소집단에서 준비 활동으로써(또는 나중에 복습 활동으로써) 함께 단어 만들기 활동을 한다. 또한 교사는 때때로 학생들이 학습하는 철자 패턴을 강화하여 사용하기 위해 뜻이 다른 단어를 선정하기도 한다.

어떻게 이 교수 전략을 사용하는가?

교사는 보통 단어 만들기 활동을 학급 전체 활동으로 한다. 때때로 학생들은 개인적으로 단어를 쓰기 위하여 낱자 카드를 배열하기도 한다. 다른 때에는 학생들이 짝 또는 소집단에서 활동하기도 한다. 교사는 이 전략을 다음 단계에 따라 활용한다.

1. **낱자 카드를 만든다.**

교사는 각 낱자마다 다수로 복사한 낱자 카드 세트를 준비한다. 교사는 *a, e, i, r, s, t*와 같은 공동적인 낱자의 복사물을 좀 더 준비한다. 교사는 한 쪽에는 소문자, 뒤쪽에는 대문자로 형식으로 된 낱자 카드를 인쇄한다. 그리고 그 낱자 카드를 작은 플라스틱 가방이나 칸막이가 있는 플라스틱 박스에 넣는다.

2. **단어를 선택한다.**

교사는 단어 만들기 활동에 사용하기 위하여 한 단어를 선택한다. 그리고 학생들이 선택한 단어를 밝히지 않고 학생들에게 필요한 낱자 카드를 나누어 준다.

3. **낱자 카드에 이름을 붙인다.**

교사는 학생들에게 그 낱자 카드의 이름을 물어보고, 그 카드들을 자음과 모음으로 나누어 책상에 배열한다.

4. 단어를 만든다.

학생들은 2개, 3개, 4개, 5개, 6개, 또는 그 이상의 낱자 카드를 사용하여 단어를 만든다. 그리고 도표에 철자를 쓸 수 있도록 단어 목록을 만든다. 교사는 학생들의 학습을 점검하고, 잘못 쓴 단어를 고쳐주기 위하여 격려해 준다.

5. 단어를 공유한다.

교사는 학생들에게 2개의 낱자로 된 단어를 확인하도록 한다. 그리고 계속 학생들이 낱자 카드를 사용하여 만든 더 긴 단어들을 모두 확인한다. 학생들이 모든 단어를 공유한 후에, 교사는 학생들이 잘못한 것과 최근에 배운 철자 패턴을 보여주고 다른 단어를 만들도록 제안한다.

언제 이 교수 전략을 사용하는가?

교사는 단어 만들기 수업을 위해 학생들과 함께 읽고 있는 책에서 단어들을 선정한다. 예를 들어, Eric Carle의 '소라게의 집(*A House for Hermit Crab*, 2005)'을 읽고 난 뒤에 *hermit crabs*를 선정하면 단어를 많이 만들 수 있다. 그리고 Laura Numeroff의 '안경을 쓰지 않는 침팬지(*Chimps Don't Wear Glasses*, 2006)'를 읽은 후에는 *chimpanzee*를 선정하는 것이 좋다. 그리고 고학년 학생들을 가르치는 교사는 단어 만들기 활동을 하기 위해서 그들이 읽고 있는 책에서 단어와 구절을 선정한다. '별을 헤아리며(*Number the Stars*, Lowry, 1989)'를 읽은 뒤에 *resistance fighters*가 사용될 수 있고, '트리갭의 선물(*Tuck Everlasting*, Bubbitt, 2007)' 또는 '비밀의 숲 테라비시아(*Bridge to Terabithia*, Paterson, 2005)를 읽은 뒤에는 그 제목을 사용해도 좋다. 교사는 또한 Patricia Cunningham과 Dorothy Hall(1994a, 1994b)이 엮은 두 권의 책을 사용하여 단어 만들기 활동에 적합한 다른 단어들을 찾을 수도 있다.

3학년 학생들을 가르쳤던 한 교사는 '털끝 하나도 바스대지 마세요!(*Don't Fidget a Feather!*, Silverman, 1994)'를 읽은 후에 *feather*라는 철자가 쓰인 단어 카드들을 나누어 주었다. 먼저 그녀는 학생들에게 두 글자 단어를 할 수 있는 대로 모두 만들어 보라고 했다. 학생들은 *he*와 *at*을 만들었고, 교사는 도표에 그 단어들을 적었다. 그리고 그녀는 학생들에게 세 글자 단어를 만들라고 했고, 학생들은 *are, eat, art, fat, rat, hat, the, ate, her*를 만들었다. 이 단어들 역시 도표에 적었다. 그리고 그녀는 학생들에게 *ear*라는 철자를 요구했고, 첫소리들을 바꿔 *hear, fear, tear*라는 철자를 만들어 볼 수 있도록 하였다. 그러고 나서 그녀가 학생들에게 *hear*를 만드는 다른 방법을 질문했더니 학생들은 *here*를 만들었다. 그리고 그녀는 한 글자를 더해 *heart*를 만들게 했다. 학생들은 *heart*라는 단어가 *he*와 *art*라는 두 개의 작은 단어들로 이루어졌다는 사실을 알게 되었다. 그 선생님은 또한 다음 (예)처럼 이 모든 단어들을 도표에 적었다. 마지막으로, 학생들은 *e* 중에서 하나만을 제외한 모든 글자들을 이용하여 *father*를 만들었고, 그녀는 학생들에게 남은 *e*를 더할 수 있는 방법을 찾아보라고 했다. 학생들은 *feather*를 만들었고 *ea*라는 글자는 짧은 *e* 소리를 나타낸다고 적기도 했다. 모든 활동이 끝난 후, 그 선생님은 학생들이 *feather*에 있는 글자들을 가지고 단어를 만들어 볼 수 있도록 하고 필요할 때는 언제라도 그녀가 만든 도표를 참조할 수 있도록 글자 카드 세트를 문식성 센터(25번 전략 참고)에 놓았다.

(예) *Feather*를 이용한 단어 만들기 활동

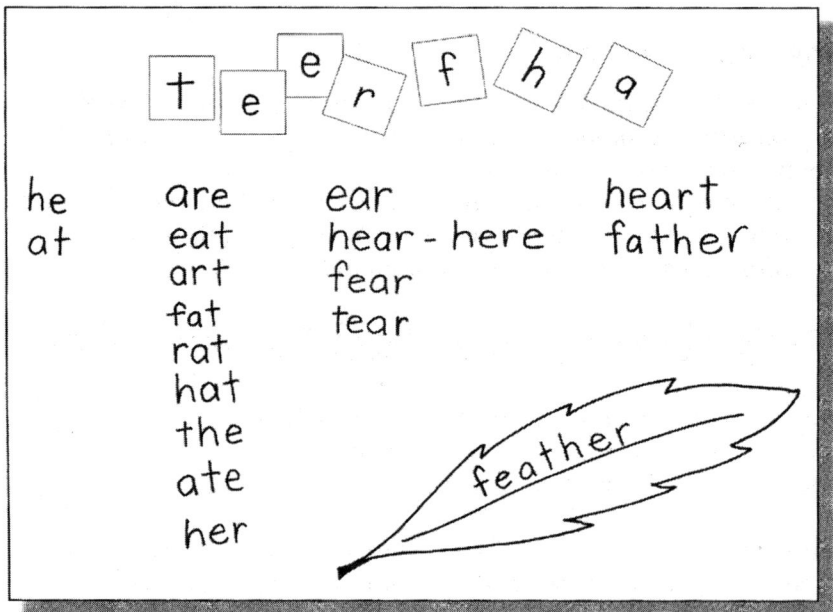

참고 문헌

Babbitt, N. (2007). *Tuck everlasting*. New York: Square Fish.

Carle, E. (2005). *A house for hermit crab*. New York: Aladdin Books.

Cronin, D. (2005). *Diary of a spider*. New York: HarperCollins.

Cunningham, P. M., & Cunningham, J. W. (1992). Marking words: Enhancing the invented spelling-decoding connection. *The Reading Teacher, 46,* 106-115.

Cunningham, P. M., & Hall, D. P. (1994a). *Making big words*. Parsippany, NJ: Good Apple.

Cunningham, P. M., & Hall, D. P. (1994b). *Making words*. Parsippany, NJ: Good Apple.

Gunning, T. G. (1995). Word building: A strategic approach to the reaching of phonics. *The Reading Teacher, 48,* 484-488.

Lowry, L. (2005). *Number the stars*. New York: Yearling.

Numeroff, L. (2006). *Chimps don't wear glasses*. New York: Aladdin Books.

Peterson, K. (2005). *Bridge to Terabithia*. New York: Harper Trophy.

Silverman, E. (1994). *Don't fidget a feather!* New York: Simon & Schuster.

27 미니레슨(Mini lessons)

교수 초점		학년 수준
☐ 말하기/듣기	■ 독해	■ 유치원-2학년
■ 음운 인식/발음(음성)	■ 작문	■ 3-5학년
■ 유창성	■ 철자 쓰기	■ 6-8학년
■ 어휘력	☐ 내용교과	■ 영어 학습자

    교사는 문식성 전략과 기능에 대하여 미니레슨이라고 불리는 간소하고 초점화된 수업을 한다(Atwell, 1998; Hoyt, 2000). 미니레슨을 위한 주제는 독서일지(36번 전략 참고)에서 도입을 어떻게 쓰는지, 텍스트에서 비유적인 언어의 예를 어떻게 찾는지, 시리즈에서 쉼표를 어떻게 사용하는지, 추론을 어떻게 하는지, 문장을 어떻게 결합하는지 등을 포함한다. 이러한 수업에서 교사는 주제를 소개하고, 학생들의 읽기 또는 쓰기를 그 주제와 연관 짓는다. 그리고 교사는 주제에 대한 정보를 제공하고, 학생들이 주제에 대하여 연습하도록 지도한다. 미니레슨은 보통 15분에서 30분 정도 실시된다. 그러나 때때로 교사는 읽기와 쓰기 활동에서 주제에 대하여 적용하도록 할 때는 며칠 넘게 미니레슨을 연장한다. 미니레슨을 가르치기에 가장 좋은 시기는 학생들이 학습한 내용을 즉시 적용해 볼 기회가 필요할 때이다.

    주제들은 학생들이 문식성 활동에서 성공적으로 참여하여 알고자 하는 것뿐만 아니라 주 정부의 학년 수준 기준 또는 기능으로 발전해 간다. Mazzoni & Gambrell(2003)은 문식성 활동을 전체-부분-전체의 순서로 하는 것-문식성 활동은 처음에는 전체 활동, 미니레슨은 부분 활동, 학생들이 학습한 것을 적용하거나 또 다른 문식성 활동은 두 번째 전체 활동으로 이루어진다-이 의미가 있고, 학생들이 독립적으로 학습하여 주제에 대하여 적용할 수 있을 것이라고 추천한다.

문식성 전략 50 - 단계별 언어 기능 교수 전략 -

왜 이 교수 전략을 사용하는가?

이 전략과 기능을 간단하게 설명하거나 학생들이 이 전략을 사용하기 위하여 상기하도록 하는 것으로는 충분하지 않다. 미니레슨은 전략과 기능을 가르치는 효과적인 방법이어서 학생들은 이 전략을 사용하기 위하여 실제로 학습한다. 교사는 학생들이 학습할 때 능동적으로 몰입하게 하고, 격려하며, 도움을 주어야 한다. 그런 다음에 교사의 지원을 점진적으로 줄이도록 해야 한다.

영어 학습자를 위한 안내

영어 학습자에게 미니레슨은 특별히 중요하다. 왜냐하면 영어 학습자들은 동시에 영어를 말하고, 읽고, 쓰기 위하여 학습하는 직접 교수와 지도받은 연습의 결합이 필요하기 때문이다. 미니레슨을 위하여 교사는 학생들과 소집단을 함께 한다. 교사가 영어 학습자에게 익숙한 텍스트를 검사하고, 학생들이 학습한 것을 친구들과 함께 연습하도록 주제를 분명하게 설명하고, 그림과 물체를 사용하며, 직접 해 보는 활동을 통합하고, 기회를 제공하도록 한다.

어떻게 이 교수 전략을 사용하는가?

교사는 폭넓고 다양한 문식성 주제에 대하여 학생 소집단과 전체 학급에게 다음과 같은 단계를 사용하여 미니레슨을 하게 된다.

1. 주제를 소개한다.

교사는 미니레슨 전략 또는 기능을 소개한다. 그리고 수업 주제와 지속적인 활동 사이에 관련을 갖도록 만든다.

2. 예시를 공유한다.

교사는 학생들이 스스로 쓰거나 학생들이 읽은 책에 있는 예를 활용한 주제 사용하는 방법을 보여준다.

3. 정보를 제공한다.

교사는 전략 또는 기능에 대하여 정보를 제공하고, 설명하며, 시범 보인다.

4. 연습을 지도한다.

학생들은 교사의 지도를 받으며 전략 또는 기능을 사용하여 연습한다.

5. 학습을 평가한다.

교사는 학생들의 향상을 점검하고, 학생들이 새롭게 학습한 전략이나 기능을 사용하는지 평가한다.

(예) 교수 단계에 따른 세 가지 미니레슨

단계	-ing 굴절 어미	오픈마인드 초상화	동음이의어
소개하기	-ed와 -s와 같이 -ing도 굴절 어미라고 설명한다.	등장인물에 대해 더 깊이 생각해 볼 수 있게 해 주는 활동으로서 오픈마인드 초상화를 설명한다.	동음이의어는 소리는 비슷하지만 철자는 다른 단어라는 것을 복습한다.
예시 공유하기	학생들에게 -ing로 끝나는 단어의 예를 찾기 위하여 "교실에서 읽어 보게" 한다. 도표에 이러한 단어 목록들 만들게 한다.	학생들이 읽었던 책의 등장인물의 오픈마인드 초상화 예시를 보여준다.	학생들에게 동음이의어를 목록을 쓰게 한다. 또한, 각 단어를 언제 쓰는지 기억하기 위해 사용하는 방법을 공유하게 한다.
정보 제공하기	단어 도표를 다시 읽어 보고 학생들이 각 단어의 어근에 동그라미를 치라고 한다. 짧은 모음 단어의 마지막 자음에 어미를 더할 때는 두 번 쓴다고 설명한다.	오픈마인드 초상화를 만드는 방법을 시범 보인다. 이러한 단계에 따라 학생들이 초상화를 나타낼 수 있도록 한다.	학생들이 글을 쓰면서 종종 혼동하였던 동음이의어 개인 목록을 작성하게 한다.
연습하기	학생들에게 -ing 단어들을 이용해 작은 책을 만들고 어근 단어에 동그라미를 치게 한다.	학생들이 읽은 책에서 중요 성격에 대하여 소집단에서 오픈마인드 초상화를 그려 보도록 한다.	학생들이 동음이의어를 사용할 때 오류를 범하는지 알아보기 위하여 빨리 써 보도록 한다.

평가하기	학생들이 읽은 책이나 쓴 글에서 -ing 단어들을 찾아보게 한다.	학생들이 그들의 초상화를 공유하게 한다. 그리고 이 활동이 자신들의 사고와 행동을 찾는 데 얼마나 도움이 되었는지 이야기하게 한다.	학생들이 다음 작문을 할 때 동음이의어 오류가 있는지 점검한다. 만약 동음이의어 오류가 발견되면 사용한 단어를 기억하는 방법을 생각하게 한다.

언제 이 교수 전략을 사용하는가?

교사는 문학 중심 단원, 읽기와 쓰기 워크숍, 다른 교수 접근법과 같은 다양한 문식성 전략과 기능을 위하여 미니레슨을 가르친다. 앞의 (예)는 교사가 미니레슨을 하는 절차에 대한 세 가지를 보여준다. 첫 번째 예시는 2학년 학생들이 -ing의 굴절 어미에 대해 미니레슨을 하는 것이다. 두 번째는 4학년 학생들에게 자신의 성격에 대한 오픈마인드 초상화(28번 전략 참고)를 어떻게 만드는지 보여준다. 그리고 세 번째 미니레슨은 6학년 학생들이 동음이의어를 복습하는 것이다.

참고 문헌

Atwell, N. (1998). *In the middle: New understandings about writing, reading, and learning*. Portsmouth, NH: Heinemann/Boynton/Cook.

Dorn, L. T., & Soffos, C. (2001). *Shaping literate minds: Developing self-regulated learners*. York, ME: Stenhouse.

Hoyt, L. (2000). *Snapshots*. Portsmouth, NH: Heinemann.

Mazzoni, S. A., & Gambrell, L. B. (2003). Principles of best practice: Finding common ground. In L. M. Morrow, L. B. Gambrell, & M. Pressley (Eds.), *Best practices in literacy instruction* (pp. 9-21). New York: Guilford Press.

28 오픈마인드 초상화 (Open-Mind Portraits)

교수 초점		학년 수준
□ 말하기/듣기	■ 독해	□ 유치원-2학년
□ 음운 인식/발음(음성)	□ 작문	■ 3-5학년
□ 유창성	□ 철자 쓰기	■ 6-8학년
□ 어휘력	□ 내용교과	□ 영어 학습자

학생들이 한 인물에 대해 더 깊이 생각하고 그 관점에서 이야기 내의 사건들을 바라보는 것을 도와주기 위하여 그 인물에 대한 오픈마인드 초상화를 그린다(McLaughlin & Allen, 2001). 이러한 초상화들은 두 가지로 이루어져 있다. 첫 페이지에 인물의 "초상화"를 그리고, 바로 뒤에 그 등장인물의 마음을 보여주는 몇 가지 "생각"을 그리는 것이다. 학생들이 오픈마인드 초상화를 그릴 때에는, 등장인물과 그의 생각들을 시각적으로 나타낸다. 다음 (예)는 '키가 크고 수수한 새라 아줌마(*Sarah, Plain and Tall*, MacLachlan, 2004)'의 주인공인 *Sarah*(이야기 내에서 신문 광고를 통해 아내가 된 사람)를 4학년 학생이 오픈마인드 초상화로 나타낸 두 페이지이다. "생각"페이지에 있는 단어들과 그림들은 이야기의 결말에 대한 그녀의 생각을 나타내고 있다.

문식성 전략 50 - 단계별 언어 기능 교수 전략 -

(예) 4학년 학생이 그린 *Sarah* 아줌마에 대한 오픈마인드 초상화

왜 이 교수 전략을 사용하는가?

학생들은 그들이 읽은 이야기의 중심인물에 초점을 두고 오픈마인드 초상화를 그린다 (Tompkins, 2006). 이 전략은 학생들이 초상화를 그리기 때문에 등장인물을 확인하는 데 매우 좋은 방법이다. 학생들은 이야기의 저자가 쓴 인물의 모습을 자세하게 회상하고, "생각" 페이지를 완성하며, 이야기의 사건들을 검토하고 등장인물의 활동과 동기를 고려하여 주제를 분석한다.

28 오픈마인드 초상화(Open-Mind Portraits)

어떻게 이 교수 전략을 사용하는가?

학생들은 개인적으로 책을 읽는 동안이나 책을 읽자마자 오픈마인드 초상화를 그린다. 그 후에 친구들과 그들이 그린 초상화에 대하여 공유한다. 교사는 다음 단계에 따라 오픈마인드 초상화 전략을 활용한다.

1. 등장인물의 초상화를 그린다.

학생들은 책 속에서 읽은 등장인물의 얼굴과 목까지 그린 뒤에 색칠한다.

2. "초상화"와 "생각" 페이지로 나눈다.

학생들은 초상화를 오려낸 뒤 다른 몇 장의 종이 위에 작은 못이나 스테이플러로 고정한다. 여기서 중요한 점은 학생들이 공간을 활용하고 "생각" 페이지를 쓰게 하기 위하여 초상화의 가장 위쪽에 못이나 스테이플러로 꼭 고정해야 한다.

3. "생각" 페이지를 디자인한다.

학생들은 초상화를 들어 올린 후 "생각" 페이지에 인물의 생각을 그리고 쓴다. 학생들은 이야기에서 핵심이 되는 인물들의 생각을 나타낸다.

4. 완성된 오픈마인드 초상화를 공유한다.

학생들은 그들이 그린 초상화를 친구들과 공유하고, "생각" 페이지에 포함하였던 말이나 그림에 대하여 자유롭게 이야기한다.

언제 이 교수 전략을 사용하는가?

학생들은 문학 중심 단원과 문학 동아리에서 이야기를 읽을 때 그 등장인물에 대해 좀 더 깊이 생각하기 위하여 오픈마인드 초상화를 그린다. 학생들은 때때로 초상화를 그리기 전에 인물의 표정을 자세하게 묘사하기 위하여 이야기들을 다시 읽기도 하고, 오픈마인드 초상화의 "생각" 페이지를 그리기 전에 등장인물에 대한 관점에서 생각하기 위하여 모의 저널에 몇 번씩 쓰기 시작할지 모른다. 학생들은 그들이 읽은 이야기의 등장인물에 대한 오픈마인드 초상화를 그릴뿐만 아니라, 학생들은 사회과 단원 학습의 한 부분으로써 전기문을 읽은 후 잘 알려진 개성을 가진 역사적인 모습에 대한 오픈마인드 초상화를 그릴 수 있다.

참고 문헌

MacLachlan, P. (2004). *Sarah, plain and tall*. New York: HarperTrophy.

McLaughlin, M., & Allen, M. B. (2001). *Guided comprehension: A teaching model for grades 3-8*. Newark, DE: International Reading Association.

Tompkins, G. E. (2006). *Literacy for the 21st century* (4th ed.). Upper Saddle River, NJ: Merrill/Prentice Hall.

29 구성 프로필(Plot Profiles)

교수 초점		학년 수준
☐ 말하기/듣기	■ 독해	☐ 유치원-2학년
☐ 음운 인식/발음(음성)	☐ 작문	■ 3-5학년
☐ 유창성	☐ 철자 쓰기	■ 6-8학년
☐ 어휘력	☐ 내용교과	☐ 영어 학습자

학생들은 소설이나 챕터북의 구성을 정리하기 위하여 구성 프로필을 만든다. 학생들은 각 장을 읽은 후 긴장의 고조에 따라 그래프를 그린다(Johnson & Louis, 1987). 다음 (예)는 '조금만, 조금만 더(Stone Fox, Gardiner, 1980)'-한 소년이 할아버지의 농장을 구하기 위해 개썰매에서 승리하는 이야기-의 구성 프로필을 나타낸 것이다. 이 구성 프로필을 그리기 위해 4학년 학생들은 소집단으로 나누어 먼저 각 장에 대하여 이야기를 나눈 위에, 학급 전체에서 그래프를 어떻게 그릴지 토의하였다. 결말에서 학생들은 도표를 분석하고 3장과 7장에서 긴장이 감소하는 것을 합리적으로 밝혔는데, 이는 이러한 긴장 감소 없이는 이야기의 스트레스가 너무 많게 진행되기 때문이다.

교사는 때때로 학생들에게 이야기의 구성 발달에 대하여 가르치는 방법으로 구성 프로필을 소개한다. 이를 통하여 학생들은 구성이란 갈등 상황에서 인물과 관련된 사건의 연속이라는 것을 알게 되고, 이야기의 구성은 등장인물들이 가지고 있는 하나 또는 그 이상의 목적과 그들이 이 목적을 이루기 위한 노력에 의하여 결정된다는 것을 학습하게 된다. 학생들은 각 장을 넘겨가면서 구성 프로필을 확인하고, 등장인물들과 관련된 구성 발달의 양상과 갈등 상황에 대하여 이야기를 나눈다. 또한 학생들은 갈등이 등장인물들 간의 밀고 당기는 긴장감이고 이것이 독자들을 이야기를 계속 읽게 만드는 흥미라는 것을 학습하게 된다. 학생들은 이야기를 읽으면서 인물과 자연과의 갈등, 인물과 사회와의 갈등, 인물 간의 갈등, 인물 내의 갈등 등 여러 가지 다른 형태의 갈등의 예시를 알게 된다.

문식성 전략 50 - 단계별 언어 기능 교수 전략 -

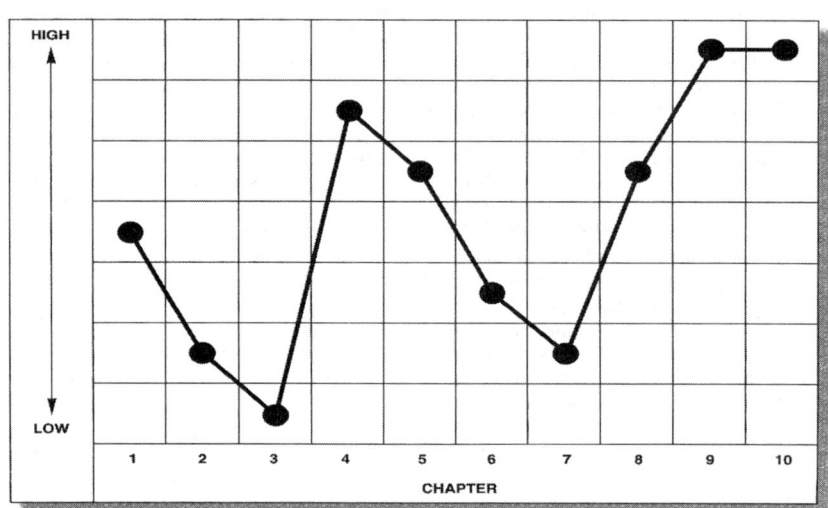

(예) '조금만, 조금만 더'의 구성 프로필

왜 이 교수 전략을 사용하는가?

구성 프로필은 학생들이 복잡한 이야기를 잘 이해하도록 도와준다. 교사는 학생들에게 이야기 속의 갈등이나 긴장에 대하여 생각하도록 함으로써 그들이 이야기의 기본 구성에 주목할 수 있도록 돕는다. 학생들은 각 장을 읽을 때 이미 마음속으로 이야기의 갈등이나 긴장을 이해하게 된다. 그리고 학생들이 이야기에 대하여 이야기할 때, 학생들이 질문하고 비평을 할 때, 친구들과 잘못된 개념을 명확히 하고 비평할 때에 모든 학생들은 이야기 전개를 이해하게 된다. 책의 결말 부분에서 구성 프로필은 학생들에게 이야기의 심화된 이해에 대한 시각적 표상을 제공하여 준다.

어떻게 이 교수 전략을 사용하는가?

학생들은 소설을 읽고 토의한 것을 구성 프로필로 만들기 위하여 보통 학급이 함께 활동한다. 교사는 학생들이 이야기의 갈등에 대하여 생각하도록 하기 위하여 다음의 단계에 따른다.

1. 구성 프로필 도표를 준비한다.

교사는 교실에 전시할 수 있도록 각 장마다 5~7개의 긴장 배열을 할 수 있는 큰 구성 프로필 도표를 준비한다. 또한 각 학생마다 개인적으로 구성 프로필을 만들 수 있는 작은 복사본을 준비한다.

2. 도표를 설명한다.

교사와 학생들은 책의 첫 번째 장을 읽고 토론을 한다. 이때 이루어지는 토론은 구성 발달과 긴장에 초점이 맞추어져 있어야 한다. 교사는 일단 학생들이 소집단으로 분석할 장에 대하여 먼저 토론한 뒤 학급 전체 토론으로 마친다. 그 후에 교사는 구성 프로필 도표를 소개한 뒤 학생들에게 저자가 이야기를 전개해 나가는 방식에 따라 어떻게 그래프를 그려야 하는지 설명한다. 이를 위해 학급 구성원이 함께 첫 장의 고조 정도를 결정한 뒤 도표에 표시하는 것이 좋다. 학급을 위하여 한 학생이 학급 전체 도표에 기록하고 나머지는 각자의 도표에 기록한다.

3. 구성을 계속하여 기록한다.

학생들은 각 장에 대하여 계속하여 읽고, 토론하며, 도표에 기록한다.

4. 도표에 대하여 숙고한다.

학생들이 이야기를 다 읽고 도표에 기록한 후, 학급 구성원은 저자가 어떠한 방식으로 이야기를 발달시켰는지에 대하여 대집단 대화(17번 전략 참고)를 한다. 여기서 교사의 역할은 학생들에게 갈등의 역할과 사건들의 영향에 대하여 생각해 보도록 하는 것이다. 학생들은 이에 대하여 독서일지(36번 전략 참고)를 남기거나, 완성된 구성 프로필에 따르는 에세이를 써 본다.

언제 이 교수 전략을 사용하는가?

구성 프로필은 그림책보다는 챕터북을 위하여 고안된 것임을 감안해야 한다. 이는 그림책은 더 짧고 챕터북처럼 쉽게 나누어지지 않기 때문이다. 주인공이 큰 과제를 극복해 내거나 많은 갈등을 하게 되는 챕터북으로 '손도끼(*Hatchet,* Paulsen, 2006)', '구덩이 (*Holes,* Sachar, 2003', '프린세스 아카데미(*Princess Academy,* Hale, 2005)', '사일로 (*Shiloh,* Naylor, 2000)' 등이 있다.

참고 문헌

Gardiner, J. R. (1999). *Stone Fox*. New York: Scholastic.
Hale, S. (2005). *Princess Academy*. New York: Bloomsbury.
Johnson, T. D., & Louis, D. R. (1987). *Literacy through literature*. Portsmouth, NH: Heinemann.
Lukens, R.J. (2007). *A critical handbook of children's literature* (8th ed.). Boston: Allyn & Bacon.
Naylor, P. R. (2000). *Shiloh*. New York: Aladdin Books.
Paulsen, G. (2006). *Hatchet*. New York: Aladdin Books.
Saxhar, L. (2003). *Holes*. New York: Yearling.

30 독서 전 계획(Prereading Plan)

교수 초점		학년 수준
☐ 말하기/듣기	■ 독해	☐ 유치원–2학년
☐ 음운 인식/발음(음성)	☐ 작문	☐ 3–5학년
☐ 유창성	☐ 철자 쓰기	■ 6–8학년
■ 어휘력	■ 내용교과	■ 영어 학습자

교사는 정보를 제공하는 책이나 내용교과 교과서를 읽기 전에 학생들의 사전 지식을 파악하고, 필요한 배경 지식을 형성해 주기 위하여 학생들이 독서 전 계획(PRep)을 사용하도록 한다(Langer, 1981; Vacca & Vacca, 2005). 교사는 할당된 읽을 것들을 가지고 무엇에 대해 토론해야 하는지를 알려주는 중심 개념을 소개하고, 학생들에게 관련된 단어와 아이디어에 대해 브레인스토밍할 것을 요구한다. 교사와 학생들은 개념에 대해 이야기하고, 그 후에 학생들은 그 개념을 탐색하기 위하여 얼른쓰기(33번 전략 참고)를 한다. 이러한 독서 전 준비는 학생들이 그 읽을거리에 대해 더 잘 이해하게 할 수 있다.

왜 이 교수 전략을 사용하는가?

독서 전 계획은 학생들의 배경 지식과 전문적인 어휘력을 형성하도록 하고, 교사가 학생들이 주제에 대하여 가지고 있는 지식을 추정하는 독서 전 전략이다. 또한 학생들이 주제에 대하여 흥미를 갖게 하고, 때때로 이 활동에 대한 참여를 증가시킨다.

영어 학습자를 위한 안내

이 활동은 학생들이 정보 중심 도서나 내용교과 교과서의 각 장을 읽기 위한 준비를

문식성 전략 50 - 단계별 언어 기능 교수 전략 -

하게 하므로 학생들이 주제나 전문적인 단어에 대해서 제한적인 배경 지식을 가지고 있을 때 특히 중요하다.

어떻게 이 교수 전략을 사용하는가?

교사는 이 활동을 학급 전체 또는 소집단 학생들 중에서 추가로 도움이 필요한 학생을 위한 교수 전략으로 사용한다. 이 전략의 단계는 다음과 같다.

1. 중심 개념에 대하여 토의한다.

교사는 토의를 시작하기 위하여 단어, 대상, 또는 사진을 사용하여 중심 개념을 소개한다.

2. 브레인스토밍한다.

교사는 학생들에게 주제에 관련된 단어를 가지고 브레인스토밍할 것을 요구한다. 그리고 학생들의 아이디어를 도표에 기록한다. 또한 교사는 학생들이 브레인스토밍 된 아이디어들을 관련지을 수 있도록 돕는다.

3. 어휘를 소개한다.

교사는 학생들이 읽어야 할 지문에 나오는 추가적인 어휘를 제시하고, 오 개념을 명확히 하도록 한다.

4. 주제에 대하여 얼른쓰기를 한다.

교사는 학생들이 브레인스토밍 목록에서 사용한 주제에 대하여 그림을 그리거나 얼른쓰기를 하도록 한다.

5. 얼른쓰기를 공유한다.

학생들은 친구들과 그들의 얼른쓰기를 공유하고, 교사는 학생들이 그들의 사고를 명확

30 독서 전 계획(Prereading Plan)

하고 정교화하게 하도록 돕기 위하여 질문하도록 요구한다.

6. 지문을 읽는다.

학생들이 지문을 읽고, 그들이 읽기 전에 배운 것과 읽고 있는 것을 관련시켜 본다.

언제 이 교수 전략을 사용하는가?

교사는 주제 중심 단원을 읽는 동안에 이 교수 전략을 사용한다. 예를 들어, 권리장전에 대한 사회 교과서의 장을 읽기 전에, 시민들이 가진 자유와 책임에 대한 개념을 소개하기 위해서 8학년 선생님들은 독서 전 계획(PReP)을 사용하였다. 학생들은 권리장전에 대해 토의하는 동안에 다음과 같은 목록에 대하여 브레인스토밍 하였다.

헌법에 보장
James Madison*
1791
수정 헌법 10개조
시민
언론의 자유
종교의 자유
표현의 자유
영장 없는 수색 금지
무기 소지의 권리
이 모든 자유들은 모두의 이익을 위해 제한될 수 있다
"생명, 자유, 그리고 행복 추구권"
행동에 대한 책임
지혜로운 투표
변호사를 고용할 권리

---

* 미국의 제4대 대통령(재임 1809~1817). 헌법 제정 회의에서 헌법 초안을 작성하여 '미국 헌법의 아버지'라고 한다(**역자 주**).

문식성 전략 50 - 단계별 언어 기능 교수 전략 -

배심원에 대한 봉사
잔혹하거나 특이한 형벌 반대
사형
시민 권력
공공기관에 대한 봉사 - 시의회, 교육청, 의회, 대통령

그리고 나서, 학생들은 사회 교과서의 장을 읽기 전에 그들이 생각한 아이디어에 대하여 개인적인 관련성을 만드는 얼른쓰기를 하였다. 다음은 한 학생의 얼른쓰기 예이다.

나는 언제나 미국이 자유로운 나라였다는 것을 알고 있었지만, '독립 선언' 덕분이라고 생각했었다. 이제 나는 '권리장전'이 우리들의 자유 목록이라는 것을 알고 있다. 권리장전에는 열 가지 자유가 있다. 나는 원하는 어떤 교회든 갈 자유가 있으며, 총을 소지할 수 있고, 마음대로 말할 수 있으며, 신문을 읽을 수 있다. 나는 자유를 위하여 배심원 봉사를 할 생각은 하지 못했고, 엄마도 마찬가지였다. 엄마는 1년 전에 배심원이 된 적이 있었는데, 엄마는 배심원 하기를 원하지 않으셨다. 그 일은 일주일 내내 걸렸고, 엄마의 상사는 엄마가 일을 놓치는 것을 좋아하지 않았다. 그 재판은 상점에서 강도짓을 한 누군가에 대한 것이었고, 그 사람은 누군가를 쏘았지만, 죽지 않았다. 나는 배심원으로서의 의무는 중요한 것이라고 엄마한테 말할 예정이다. 내가 어른이 된다면, 나는 살인 재판에서 배심원으로 참석하길 바란다. 나는 내 자유가 지켜지기를 원하고, 또한 이것이 시민의 책임임을 알고 있다.

교사가 학생의 이러한 얼른쓰기를 읽었을 때, 그 교사는 학급에서 토의할 것에 대한 몇 가지 개념을 확인해 주어야 한다. 그리고 교사는 학생이 헌법 수정안의 숫자와 헌법이 제정한 자유의 숫자를 혼동한다는 사실을 알게 되었다. 교사는 몇 가지 오해들을 개별적으로 학생들과 함께 명확히 하였고, 학급 전체 토의 시간에는 다른 내용들을 언급하였다.

참고 문헌

Langer, J. A. (1981). From theory to practice: A prereading plan. *Journal of Reading, 25,* 152-157.
Vacca, R. T. & Vacca, J. L. (2005). *Content area reading: Literacy and learning across the curriculum* (8th ed.). Boston: Allyn & Bacon.

31 질문-대답 관계 (Question-Answer Relationships)

교수 초점		학년 수준
☐ 말하기/듣기	■ 독해	☐ 유치원–2학년
☐ 음운 인식/발음(음성)	☐ 작문	☐ 3–5학년
☐ 유창성	☐ 철자 쓰기	■ 6–8학년
☐ 어휘력	■ 내용교과	☐ 영어 학습자

Taffy Raphael의 질문-대답 관계(QAR) 과정은 학생들이 의식적으로 이해력 질문에서 해당 페이지에 있는 "바로 거기에"와 행간의 의미 또는 텍스트에 제시된 정보 이외에서 답을 찾아내도록 알고 있는지 가르쳐준다(Raphael, Highfield & Au, 2006; Raphael & Wonnacott, 1985). 학생들은 질문에서 제시되는 요구 조건을 알게 됨으로써 그 질문에 대하여 더 좋은 답을 할 수 있게 된다.

QAR은 네 가지 유형의 질문과 그 유형들에 답하기 위하여 요구되는 여러 종류의 생각들을 차별화한다. 어떤 질문들은 오직 문면적인 생각인 반면, 다른 질문들은 높은 사고 수준을 필요로 한다. 다음은 Raphael의 네 가지 질문 유형이다.

- **바로 거기에 질문**(Right There Questions): 독자들은 텍스트 안, "바로 거기"에서 답을 찾는다. 보통 질문이 있는 문장에 답이 있다. 문면적 수준의 질문이다.
- **생각하고 찾는 질문**(Think and Search Questions): 답은 텍스트 안에 있지만, 독자들은 본문의 다른 곳에서 정답을 찾아야 하고, 생각을 해야 한다. 추론 수준의 질문이다.
- **작가와 나 질문**(Author and Me Questions): 독자들은 작가와 독자 자신의 생각을 결합하고 질문을 찾는 데 이용한다. 추론과 적용을 결합한 수준의 질문이다.
- **내 마음에 따라 질문**(On My Own Questions): 독자들은 질문에 답하기 위해서 자기 자신만의 생각을 이용한다. 가끔 질문에 답하기 위해서 본문을 읽는 것만으론 부족할 때가 있다. 적용과 평가 수준의 질문이다.

앞의 두 가지 질문은 질문에 대한 답을 책 안에서 찾을 수 있기 때문에, "책 속의" 질문이라고 알려져 있다. 그리고 나머지 두 질문은 학생들에게 다른 정보를 요구하고, 책에서 나오지 않은 생각을 필요로 하기 때문에 "머릿속의" 질문이라고 알려져 있다 (Raphael, 1986). 다음 (예)는 8학년 학생이 묘사한 네 가지 유형의 질문 도표이다.

(예) 8학년 학생의 QAR 도표

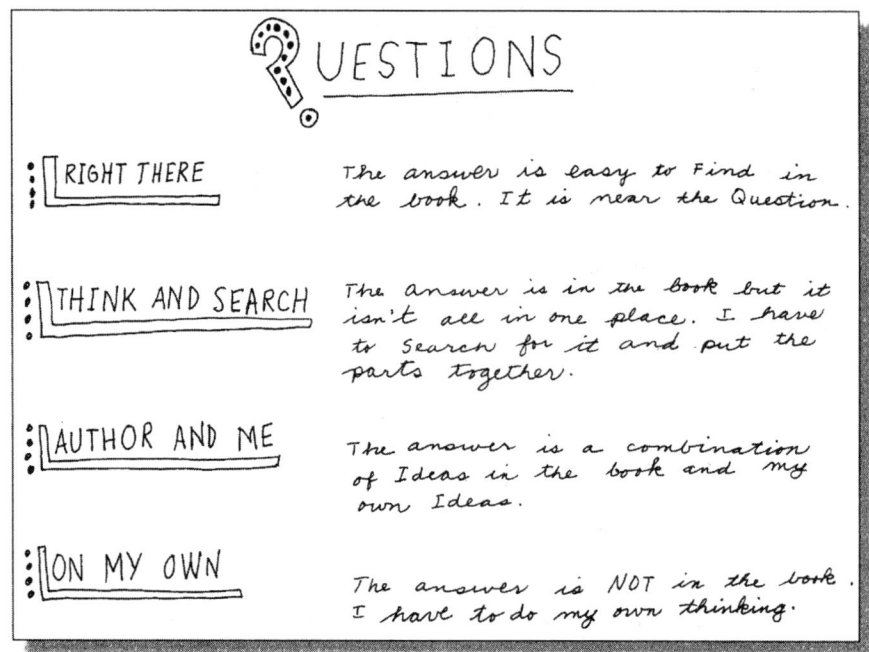

왜 이 교수 전략을 사용하는가?

이 전략의 목적은 학생들이 자연스럽게 이해하는 전략을 더 잘 알 수 있게 하는 것이다. 이 전략을 연습한 후에, 학생들은 서사적인 텍스트나 설명적 텍스트를 읽을 때 학생들이 독립적으로 질문에 대한 답을 할 수 있도록 격려된다. 게다가 QAR은 고부담 성취도 평가에서 질문을 이해하고 답을 할 수 있도록 하는 준비이기도 하다.

31 질문-대답 관계(Question-Answer Relationships)

어떻게 이 교수 전략을 사용하는가?

학생들은 책을 읽기 전에 여러 가지 질문 유형을 확인하기 위하여 학급 전체, 소집단, 또는 개별적으로 활동한다. 그리고 나서 개별적으로 질문을 읽고 답을 한다. 교사는 QAR 전략을 다음과 같은 단계에 따라 사용한다.

1. 텍스트를 읽기 전에 질문을 읽는다.

학생들이 텍스트를 읽기 전에 질문을 읽어, 그들이 읽는 내용에서 무엇을 생각해 보아야 하는지 알게 한다.

2. 질문에 어떻게 대답할 것인지 예측한다.

학생들은 네 가지 유형의 각 질문이 나타내는 것과 그 질문 각각에 대한 대답에 필요한 사고의 수준에 대해 고려해야 한다.

3. 텍스트를 읽는다.

학생들은 뒤에 답해야 할 문제에 대해 생각하면서 텍스트를 읽는다.

4. 질문에 답한다.

학생들은 질문을 다시 읽고, 어디서 답을 찾아야 할지 결정하고, 답을 찾아내며, 그 답을 쓴다.

5. 답을 공유한다.

학생들은 그들의 답을 크게 읽고, 질문에 대하여 어떻게 그런 답이 나왔는지 설명한다. 학생들은 질문의 유형과 답을 "책 속에서" 찾은 것인지, "머릿속에서" 생각한 것인지 다시 한 번 언급해야 한다.

문식성 전략 50 – 단계별 언어 기능 교수 전략 –

언제 이 교수 전략을 사용하는가?

학생들은 이야기, 정보 중심 책 또는 교과서의 내용영역 장을 읽고 나서 질문에 대한 답을 찾고자 할 때는 언제라도 QAR 전략을 사용한다. 또한 학생들은 "책 속의" 질문과 "머릿속의" 질문에 대하여 답을 쓸 수 있다. 예를 들어, 8학년 교사가 학생들에게 문학 동아리에서 소설을 읽을 때와 문학 중심 단원에서 작성한 독서일지(36번 전략 참고)에서 네 가지 수준 질문의 예시를 쓰도록 하였다. 학생들이 '기억 전달자(*The Giver,* Lowry, 2006)'를 읽고 나서 학생들이 네 가지 수준의 질문을 썼고, 대집단 대화를 나누는 동안에 서로에게 질문하였다.

- 바로 거기에 질문
  Jonas가 볼 수 있었던 첫 번째 색깔은 무엇인가?
  수취인은 무엇을 하는가?
  Rosemary는 누구인가?

- 생각하고 찾는 질문
  "release"는 무슨 의미인가?
  Jonas가 다른 사람들과 어떻게 다른가?
  왜 Rosemary가 공개하기를 요청했는가?

- 작가와 나 질문
  Jonas의 엄마와 아버지는 어떤 문제가 있었는가?
  책의 결말에서 Jonas와 Gabe에게 무슨 일이 일어났는가?
  그 기억 전달자는 존경받는 사람이었는가?

- 내 마음에 따라 질문
  이러한 공동체에서 살고 싶은가?
  네가 Jonas라면 무엇을 하고 싶은가?
  미국에서는 이러한 일이 발생할 수 있는가?

또한 학생들은 정보 중심 책과 내용영역 교과서의 장을 읽을 때 질문을 쓸 수 있다.

참고 문헌

Lowry, L. (2006). *The giver*. New York: Delacorte.
Raphael, T. E. (1986). Teaching question-answer-relationships, revisited. *The Reading Teacher, 39*, 516-523.
Raphael, T. E. Highfield, K., & Au, K. H. (2006). *QAR now: A powerful and practical framework that develops comprehension and higher-level thinking in all students*. New York: Scholastic.
Raphael, T., & Wonnacott, C. (1985). Heightening fourth grade students' sensitivity to sources of information for answering comprehension questions. *Reading Research Quarterly, 20*, 282-296.

32 저자에게 질문하기 (Questioning the Author)

교수 초점		학년 수준
■ 말하기/듣기	■ 독해	□ 유치원-2학년
□ 음운 인식/발음(음성)	□ 작문	■ 3-5학년
□ 유창성	□ 철자 쓰기	■ 6-8학년
□ 어휘력	■ 내용교과	□ 영어 학습자

Isabel Berk & Margaret McKeown(2006)은 학생들에게 그들이 읽은 텍스트의 복잡한 아이디어에 대하여 고심하는 것을 친구들과 질문하고 이야기를 나누도록 가르치기 위하여 저자에게 질문하기(QtA) 전략을 개발하였다. 학생들은 능동적으로 텍스트를 더 작은 조각으로 잘게 만들어 의미를 창조하는 데 참여하게 되고, 존재하고 있는 저자에게 그 아이디어를 확인하게 된다. 학생들은 오류가 있고 때로는 분명하게 쓰지 못한 저자가 실수하게 되는 산출물로서의 텍스트 관점을 배운다. 학생들이 한 번 오류를 범하기 쉬운 원리로 이해하면, 텍스트를 어렵게 읽게 된다. 만약 학생들이 읽은 것을 이해하지 못하게 되면 그들은 매우 자주 추정하게 된다. 왜냐하면 학생들은 똑똑하지 않거나 충분하게 읽지 않았기 때문이다. 불행하게도 그들은 그들의 잘못을 추정하게 된다.

교사는 학생들이 읽은 것의 의미가 통하게 하기 위하여 친구들과 함께 텍스트에 대하여 토의하고 질문하도록 가르친다. 이러한 질문을 Berk & McKeown은 "물음"이라고 지칭하였다. 물음은 학생들의 이해력 발달을 촉진시키는 데 사용되었다. 반면에 전통적인 질문 점검은 학생들의 사실을 회상시키는 데 사용되었다. 때때로 학급 전체 토의의 초점은 단일 문장에 대한 것이다. 그리고 다른 때에는 텍스트의 단락 또는 더 긴 글에 초점을 둔다. 교사와 학생들은 다음과 같은 물음을 갖는다.

- 이 글에서 저자가 우리에게 말하려고 노력한 것은 무엇인가?
- 이 글에서 저자의 이야기는 무엇인가?

- 이것은 저자가 우리에게 말하기 전에 얼마나 적합한가?
- 저자가 우리에게 이와 같이 말해 주는 까닭은 무엇인가?

학생들이 이와 같은 열린 질문에 답을 할 때, 학생들은 아이디어를 공유하고 의미를 구성하기 위하여 교사와 친구들과 함께 공부한다.

교사는 토의를 조정할 때 여섯 가지의 토의 수칙을 사용한다(Berk & McKeown, 2006).

표시(Marking): 교사는 학생들이 표현한 특별한 아이디어에 주목할 수 있도록 표시를 한다.
되돌리기(Turning-back): 교사는 학생들에게 텍스트를 탐색하고 텍스트에서 주의를 다시 갖기 위한 책무로 되돌린다.
조율하기(Revoicing): 교사는 학생들이 표현하기 힘들어하는 아이디어를 해석하고, 뜻을 분명히 하기 위하여 바꾸어 말해준다.
재생하기(Recapping): 교사는 중요 아이디어를 텍스트의 앞부분으로 옮기기 위하여 요약한다.
시범 보이기(Modeling): 교사는 학생들이 실수할 지도 모르는 요점에 대하여 말하고 생각을 공유한다.
주석 달기(Annotating): 교사는 토의를 하는 동안 정보를 제공한다.

이러한 토의에서 교사와 학생은 의미를 구성하기 위하여 함께 공부한다. 교사는 좀 더 깊이 사고하도록 학생들을 유도하고 토의를 관리하지만, 학생들보다 더 적게 말해야 한다.

왜 이 교수 전략을 사용하는가?

교사는 텍스트에 대한 학생들의 사고력을 신장시키기 위하여 QtA 전략을 사용한다. 이 전략은 고등 사고 능력을 개발하는 데에 유용하다(Berk, McKeown, Hamilton, & Kucan, 1997; Liang & Dole, 2006). 이 전략의 목적은 학생들이 이 전략을 내면화하고, 그들이 읽기를 할 때마다 사용하도록 하는 것이다. 또한 토의는 학생들이 텍스트에 참여함으로써 동기화된다.

32 저자에게 질문하기(Questioning the Author)

어떻게 이 교수 전략을 사용하는가?

교사는 QtA 전략을 학급 전체와 함께 사용한다. 이 전략의 단계는 다음과 같다.

1. 텍스트를 분석한다.

교사는 텍스트에서 학생들에게 초점을 두어야 하는 것과 학생들의 이해력을 촉진하기 위하여 텍스트의 부분을 어떻게 할지 결정하는 커다란 아이디어를 확인한다.

2. 물음을 개발한다.

교사는 각 부분에서 커다란 아이디어에 대하여 묻고자 하는 물음 목록을 브레인스토밍한다. 예를 들면, "저자가 우리에게 말하려고 노력한 것은 무엇인가?", "저자는 왜 ____이 라고 했을까요?" 이러한 물음은 아이디어를 캐묻고, 토의를 촉진시키며, 이해를 신장시키기 위하여 학생들을 격려하는 데 사용된다. 교사는 학생들이 읽는 책을 하나씩 가지고 있는데, 각자의 복사물에 붙여둔 포스트잇에 무엇인가를 자주 메모한다.

3. 학생들이 읽게 한다.

학생들은 텍스트의 첫 번째 부분을 읽고, 그들이 읽은 것에 대한 의견을 미리 결정하는 것을 금한다.

4. 질문한다.

교사는 토의를 시작하는 물음을 제시한다. 학생은 해석을 공유하고, 텍스트의 발췌문을 다시 읽고, 아이디어에 대하여 질문하고, 혼란스러운 것을 명료화하고, 이해를 더 깊게 하기 위하여 함께 토론하면서 반응한다. 교사는 토의를 표시, 조율하기, 시범 보이기 등과 다른 토의 수칙을 사용하여 조정한다. 그리고 교사는 학생들의 논평에 기초를 둔 추가적인 질문을 한다. 예를 들면, "너는 _____라고 말하는 것에 동의하는가?", "네가 이미 알고 있던 것과 이 정보를 어떻게 연결할 수 있는가?" 등이다.

5. 다시 읽고 질문한다.

교사는 학생들이 텍스트의 각 부분을 읽고 토의하는 것처럼 3단계와 4단계를 반복한다.

6. 텍스트에 대하여 토의한다.

교사는 학생들이 읽기 경험에서 토의의 종결을 야기하는 물음을 위한 반응에 기초를 두어 토의를 이끈다. 학생들은 정확성과 관점에 쟁점을 갖고 있다. 학생들을 개인적, 세계, 텍스트 연관성으로 만들기 위하여 초대하고, 이 텍스트와 같은 주제를 가진 다른 책이나, 이 텍스트와 같은 저자가 쓴 다른 책을 비교한다.

언제 이 교수 전략을 사용하는가?

교사는 학기 초에 학생들이 읽은 책에 대하여 이해하기 위하여 그들의 능력에 좀 더 자신감을 주기 위하여 저자와 저자가 텍스트에서 실수하는 것에 대하여 질문하는 QtA의 중심 원리를 설명한다. 또한 교사는 학생들이 어려운 서사문이나 설명적인 텍스트를 읽을 때마다 그들이 QtA 전략을 사용할 준비를 하도록 어떻게 질문을 해야 하고, 텍스트에 대하여 어떻게 이야기를 해야 하는지 가르친다. 교사는 이 전략을 학생들이 이해하기 어려운 특별한 단락을 만나는 문학 중심 단원 또는 문학 동아리를 하는 동안에 사용한다. 그리고 학생들이 내용교과 교과서와 다른 정보 전달 책에서 내용을 읽게 되는 주제 관련 단원에서 이 전략을 사용한다.

참고 문헌

Beck, I. L., & McKeown, M. G. (2006). *Improving comprehension with questioning the author: A fresh and expanded view of a powerful approach.* New York: Scholastic.

Beck, I. L., Mckeown, M. g., Hamilton, R., & Kucan, L. (1997). *Questioning the author: An approach for enhancing student engagement with text.* Newark, DE: International Reading Association.

Liang, L. A., & Dole, J. a. (2006). Help with teaching reading comprehension: Comprehension instructional frameworks. *The Reading Teacher*, 59, 742-753.

33 얼른쓰기(Quickwrites)

교수 초점		학년 수준
☐ 말하기/듣기	■ 독해	☐ 유치원-2학년
☐ 음운 인식/발음(음성)	■ 작문	■ 3-5학년
☐ 유창성	☐ 철자 쓰기	■ 6-8학년
☐ 어휘력	■ 내용교과	■ 영어 학습자

얼른쓰기는 학생들이 주제를 탐색하거나 질문에 대한 답을 하기 위하여 즉흥적으로 쓰는 것이다(Brozo & Simpson, 2007; Readence, Bean, & Baldwin, 2005). 학생들은 생각의 흐름에 따라 5분에서 10분 동안 고쳐 쓰기 위하여 멈추지 않거나 틀린 단어를 수정하지 않고 쓴다. 얼른쓰기의 초점은 아이디어를 생성하고, 쓰기 유창성을 발전시키는 데에 있다. 학생들은 아이디어를 생각하고, 주제에 대한 그들의 평소 아이디어를 반영하며, 종이 위에 그것을 두서없이 적어나가기도 하며 떠오르는 아이디어를 연결하기도 한다. 5학년 학생이 교사에게 '행운을 부르는 아이, 럭키(The Higher Power of Lucky, Patron, 2006)'란 책(자신에게 닥친 문제를 극복하려고 하고 안정을 찾아가는 럭키란 이름의 10세 소녀 이야기)을 크게 읽어주는 것을 듣고서 얼른쓰기를 한 내용이 다음과 같다.

지시문: 주인공의 이름이 왜 Lucky라고 지어졌다고 생각 합니까?
잘 모르겠다. 내 생각에 Lucky는 결코 행운이 있지 않다. 그녀의 엄마는 죽었고, 아빠는 그녀를 원하지 않았다. 그녀는 꽤 불행하게 보인다. 그냥 나는 Lucky가 이 책의 결말에서는 좀 더 행운이 있을 것이라고 생각할 수 있다. 그녀가 마땅히 행운을 누릴 만하기 때문에 나는 그녀에게 진짜로 좋은 일이 생기길 바란다.

지시문: Brigitte는 Lucky를 포기할 것이라고 생각합니까?
Lucky는 진짜로 Brigitte가 파리에서 집으로 돌아갈 것인지 걱정했다. 나는 Brigitte가

문식성 전략 50 - 단계별 언어 기능 교수 전략 -

떠날 것이라고 생각하지 않는다. 이것은 실제로 해야 할 일을 의미하고, Brigitte는 엄마이고 엄마는 그런 일을 하지 않는다. 또한 나는 포기한 것에 대하여 근심거리를 가지는 것은 소녀에게 나쁘다고 생각한다. 그것은 참 슬픈 일이다. 나는 Lucky가 이 책의 결말에서 실제 가족이 될 수 있을 것이라고 예견한다.

지시문: Lucky가 최악을 상황을 맞았을 때 무슨 일이 일어났습니까?
그녀가 집에서 도망쳤을 때 발생했다. 나쁜 모래 폭풍이 있었고, 그녀의 잘못으로 Miles가 상당히 멀리 사라졌다. 그녀는 Brigitte의 빨간 예쁜 드레스를 입고 있었으나 엉망이 되었다. 나는 그녀에게 큰 문제가 발생했다고 생각했다. 그녀는 심지어 Miles와 그녀의 개와 멀리 떨어져 죽었는지도 알 수 없었다. 하지만 그러한 일을 일어나지 않았다. 도시에 있는 모든 사람들이 동굴에서 그녀를 찾기 위하여 차를 운전했다. 그리고 그들은 서로 화를 내지 않은 그녀와 Miles를 보았기 때문에 행복했다. 매우 좋은 일들이 일어났다. 최고로 좋은 일은 Brigitte가 그녀를 입양할 예정이라 것과 항상 그녀의 엄마로 있을 것이라는 것을 알게 되었다. 나는 이 책을 좋아한다.

학생들은 수업에서 교사가 각 장 읽기를 마친 후 이 이야기에 대하여 대집단 대화(17번 전략 참고)를 시작하기 전에 얼른쓰기를 한다. 얼른쓰기는 학생들이 이야기를 깊이 생각하고 토의를 준비하는 데에 도움을 주었다.

왜 이 교수 전략을 사용하는가?

얼른쓰기는 본래 '자유 글쓰기'라고 불렸고, Peter Elbow(1973)에 의해 '학생들로 하여금 생각을 발굴하고 발전시키는 데 집중하도록 돕는 방법'으로 유명해졌다. Elbow의 주장 요점은 구조보다는 내용에 있었다. 심지어 3학년이 되어도 학생들은 많은 선생님들에게 바른 맞춤법과 정성을 다한 손 글씨를 문장의 내용보다 더 중시해야 한다고 강요당하였다. 그러나 Elbow는 기계적인 초점을 두는 쓰기는 "죽은" 것이라고 하였다. 왜냐하면 그것이 학생들의 자연스러운 생각을 이끌어내는 데 방해가 되기 때문이다.

33 얼른쓰기(Quickwrites)

📝 영어 학습자를 위한 안내

쓰기는 개인적이기 때문에 얼른쓰기는 영어 학습자를 위한 효과적인 교수 전략이다. 그리고 얼른쓰기의 강조점은 기계적인 정확성보다 아이디어를 더 탐색하도록 하는 데 있다. 때때로 영어로 쓰는 것을 어려워하는 영어 학습자는 "빨리 묘사하기"를 하고, 아이디어를 탐색하기 위하여 삽화 또는 삽화와 단어의 결합을 사용한다.

어떻게 이 교수 전략을 사용하는가?

교사 주도의 얼른쓰기는 학급 전체 활동이다. 학생들은 각각 얼른쓰기를 한 후에, 소집단과 학급 전체에서 그 내용을 공유한다. 이 교수 전략은 다음과 같은 단계에 따른다.

1. 주제를 선택한다.

학생들은 얼른쓰기를 할 주제 또는 질문을 선택한다(또는 교사가 정해준다). 그리고 학생들은 종이 윗부분에 그 주제를 쓴다.

2. 주제에 대하여 쓴다.

학생들은 5분에서 10분 동안 주제를 탐색하고 브레인스토밍한 아이디어에 대한 문장이나 단락을 쓴다. 학생들은 흥미 있는 아이디어, 주제와 그들을 둘러싼 삶의 사이의 연결, 그들이 읽거나 학습한 것을 숙고하는 것에 초점을 둔다. 다시 읽기 위하여 또는 학생들이 쓴 오류를 고치기 위하여 쓰기를 멈추는 일은 극히 드물다.

3. 얼른쓰기 내용을 읽는다.

학생들은 그들의 얼른쓰기를 읽기 위하여 소집단을 구성한다. 각 집단마다 학급 전체에서 공유할 한 명을 선정한다. 그 학생이 얼른쓰기 내용을 학급에서 공유할 수 있도록 준비하고, 실수한 낱말을 고치거나 완성되지 못한 사고를 온전하게 한다.

4. 선택한 얼른쓰기를 공유한다.

학생들은 각 집단마다 선택한 얼른쓰기 내용을 학급 전체를 대상으로 돌아가면서 크게 발표하여 공유한다.

5. 두 번째 쓰기를 한다.

때때로 학생들은 같은 주제 또는 쓰기와 공유하기를 통하여 발생한 새로운 주제에 대하여 두 번째 쓰기를 한다. 이 두 번째 얼른쓰기는 보통 첫 번째 얼른쓰기보다 좀 더 초점화된다. 또는 학생들은 그들의 얼른쓰기 내용을 친구들과 공유한 것을 들은 후나 주제에 대하여 좀 더 학습한 후에 첫 번째 얼른쓰기를 확장할 수 있다.

언제 이 교수 전략을 사용하는가?

교사는 문학 중심 단원과 주제 중심 단원에서 사고를 신장시키기 위하여 얼른쓰기를 사용한다. 얼른쓰기는 수업을 시작하는 준비 과정이나 수업의 정리 단계에서 반성적인 사고를 신장시키기 위하여 사용된다. 때때로 학생들은 얼른쓰기를 하기 위하여 주제 또는 질문에 대하여 확인한다. 다음 (예)는 고대 이집트 난원을 학습하는 동안에 고대와 현대 이집트를 비교하는 토의를 한 후에 쓴 얼른쓰기이다. 학생들은 고대 이집트와 현대 이집트를 비교할 때, 교사는 도표 종이에 벤 다이어그램(46번 전략 참고)을 만들었다. 그러고 나서 학생들은 각자 자신들의 벤 다이어그램을 만들었다. 그리고 그곳에 얼른쓰기를 하였다. 얼른쓰기에서 학생은 오늘날 볼 수 있는 고대 이집트에 대하여 "떠오르는 것"을 쓰기 시작하였다. 두 이집트의 비슷한 점을 몇 가지 방식으로 목록화한 다음에, 몇 가지 차이점을 초점화하였다. 얼른쓰기의 목적은 학생들이 학습한 것을 강화하는 것이지, 비교-대조의 글을 쓰도록 하는 것이 아니다.

또한 얼른쓰기는 효과적인 예비쓰기 전략이다(Routman, 2004). 쓰기를 하기 전에 학생들은 종종 그들이 주제에 대하여 아는 것을 탐색하기 위하여 얼른쓰기를 한다. 학생들은 초고 쓰기 단계로 들어가기 전에 좀 더 학습에 필요한 아이디어와 어휘를 브레인스토밍하고, 언어를 다루며, 아이디어를 확인한다.

33 얼른쓰기(Quickwrites)

(예) 고대 이집트와 현대 이집트를 비교한 6학년 학생의 얼른쓰기

> **Ancient Egypt** / **Modern Egypt**
>
> - afterlife
> - slaves
> - Pharaohs and Queens
> - gods + goddess
> - eat bread drink bere
> - hieroglyphics
> - grow wheat
>
> (중간 교집합)
> - hot climate
> - desert
> - Nile river
> - farming
> - poor + rich
> - crowded villages
> - bazaars
> - people can't read
>
> - president
> - republic
> - Islam religion
> - Suez Canal
> - Arabic
> - grow cotton
> - Cairo
>
> Ancient Egypt began 5,000 years ago. That's a long time but you would see many reminds if you went there today. The pyramids are still in the dessert and the Nile river controls people's lives. The climate is the same to. Many people live in crowded villages and shop in bazaars. There are still many many poor people who cannot read and write. But there are big changes, too. Now there is a president instead of a pharoah and the people are Muslems. No one is a slave anymore but they are still poor.

참고 문헌

Brozo, W. G., & Simpson, M. L. (2007). *Content literacy for today's adolescents: Honoring diversity and building competence* (5th ed.). Upper Saddle River, NJ: Merrill/Prentice Hall.

Elbow, P. (1998). *Writing without teachers* (25th anniversary ed.). New York: Oxford University Press.

Patron, S. (2006). *The higher power of lucky*. New York: Atheneum.

Readence, J. E., Bean, T. W., & Baldwin, R. S. (2005). *Content area literacy: An integrated approach* (8th ed.). Dubuque, IA: Kendall/Hunt.

Routman, R. (2004). *Writing essentials: Raising expectations and results while simplifying teaching*. Portsmouth, NH: Heinemann.

34 퀼트(Quilts)

교수 초점		학년 수준
☐ 말하기/듣기	■ 독해	☐ 유치원–2학년
☐ 음운 인식/발음(음성)	☐ 작문	☐ 3–5학년
☐ 유창성	☐ 철자 쓰기	☐ 6–8학년
☐ 어휘력	■ 내용교과	■ 영어 학습자

    학생들은 이해력을 신장시키고, 그들이 읽거나 공부한 주제에 대하여 기념하기 위하여 퀼트를 만든다(Tompkins, 2009). 학생들은 정사각형의 공작용 종이를 자르고, 하나의 섹션에 그림을 그리고, 다른 섹션에는 꾸미기를 하며, 그것들을 퀼트처럼 보이도록 배열한다. 학생들은 때때로 인용한 것을 그대로 복사하고, 사실을 기록하거나 시를 쓰거나 하나의 섹션이나 정사각형의 바깥쪽 주변 다른 부분에 쓰기를 한다. 이런 시각적인 활동에서 학생들은 종종 주제 또는 주요 아이디어를 강조하는 퀼트를 만들기 위하여 디자인과 색을 선택한다.

    다음 (예)는 '프린세스 아카데미(*Princess Academy*, Hale, 2005; 뉴 베리상을 받은 책으로 가난한 산골 소녀 Miri의 이야기)'를 읽은 후에, 6학년 학생이 만든 정사각형 퀼트이다. 원 뒤에 있는 삼각형은 Miri가 살고 있는 산 공동체인 Eskel산을 나타내고, 원은 Miri가 자아 수용을 위한 여행을 나타내며, 하트 모양의 심장은 그녀의 이름과 같은 Miri꽃을 나타낸다. 세 개-그녀의 아버지를 위한, 그녀의 동생을 위한, 그녀의 남자 친구인 Peder를 위한-꽃송이에 주목하라.

(예) 프린세스 아카데미에 대한 정사각형 퀼트

퀼트는 미국과 전 세계의 문화적인 현상이다. 1800년대 초반에 흑인 노예들은 퀼트를 자유를 향한 지도로 사용하였다. 개척자들은 서부를 여행할 때 마차의 지붕을 덮어서 기념 퀼트를 운반하였고, 이민자들은 그것들을 Ellis 섬에서 샀다. 좀 더 최근에, 동남아시아의 몽족(Miao족)은 그들이 고국으로부터 탈출에 대하여 말해주는 퀼트와 비슷한 이야기 직물을 사용하였다. 라틴아메리카인인 *arpilleras*는 퀼트와 비슷한 이야기가 있는 직물 그림을 벽의 장식품으로 사용한다. 다른 사람들은 이야기와 정보를 공유할 수 있게 예술 퀼트를 만들었다. 퀼트와 삽화로써 퀼트의 사용에 대하여 이야기하는 많은 그림책이 있다. 요즈음 학생들이 공유하고 활용할 수 있는 퀼트 관련 책 목록을 정리한 것은 다음에 제시되어 있다. 학생들은 이러한 이야기로부터 퀼트 만들기의 아이디어를 얻게 된다. 학생들이 퀼트 형태에 대하여 좀 더 학습하기 위한 정보를 주는 책으로는 Mary Cobb의 *The Quilt-Block History of Pioneer Days With Projects Kids Can Make*(1995)와 같은 것이 있다. 그리고 다음 (참고)에 있는 책들을 활용할 수 있다.

34 퀼트(Quilts)

(참고) 퀼트 관련 책

Stories
Brumbeau, J. (2001). *The quiltmaker's gift.* New York: Scholastic. (fable)
Cha, K. (1998). *Dia's story cloth.* New York: Lee & Low. (Hmong story cloth)
Coerr, E. (1989). *The Josefina story quilt.* New York: HarperCollins. (pioneer)
Dorros, A. (1995). *Tonight is carnival.* New York: Puffin Books. (Latin American arpillera)
Flournoy, J. (1995). *The patchwork quilt.* New York: Puffin Books. (memory)
Guback, G. (1994). *Luka's quilt.* New York: Greenwillow. (Hawaiian)
Hopkinson, D. (2003). *Sweet Clara and the freedom quilt.* New York: Knopt. (slavery-to-freedom)
Hopkinson, D. (2005). *Under the quilt of night.* New York: Aladdin Books. (slavery-to-freedom)
Polacco, P. (2001). *The keeping quilt.* New York: Aladdin Books. (Russian immigrant)
Ransom, C. F. (2002). *The promise quilt.* New York: Walker. (Civil War)
Ringgold, F. (2004). *Cassie's word quilt.* New York: Dragonfly. (memory)
Root, P. (2003). *The name quilt.* New York: Farrar, Straus & Giroux. (memory)
Stroud, B. (2007). *The patchwork pathwork path: A quilt map to freedom.* Cambridge, MA: Candlewick Press. (slavery-to freedom)
Van Leeuwen, J. (2007). *Papa and the pioneer quilt.* New York: Dial Books. (pioneer)

Informational and How-to Books
Cobb, M. (1995). *The quilt-block history of pioneer days.* Brookfield, CT: Millbrock Press.
Gibbons, G. (2004). *The quilting bee.* New York: HarperCollins.
Line, J. L. (2001). *Quilts from The Quiltmaker's Gift.* New York: Scholastic.
Paul, A. W. (1996). *Eight hands round: A patchwork alphabet.* New York: HarperTrophy
Willing, K. B. (1994). *Quiliting now and then.* Ashland, OR: Now and Then Pubilcations.
Yorinks, A. (2005). *Quilt of states: Piecing together America.* Washington, DC: National Geographic Society.

왜 이 교수 전략을 사용하는가?

언어 교과는 듣기, 말하기, 읽기, 쓰기라는 전통적인 네 가지 양식 이상을 수반할 뿐만 아니라 두 가지의 시각적인 양식-보기와 시각적으로 표현하기-또한 포함한다. 학생들은 퀼트를 만드는 것과 같은 시각적 양식을 사용하는 기회를 갖게 되고, 이해를 더 깊게 한다(Mantione & Smead, 2003). 학생들은 색의 효과와 정사각형 퀼트를 만드는 디자인,

문식성 전략 50 – 단계별 언어 기능 교수 전략 –

퀼트를 만들기 위하여 사각형들을 결합하는 것에 대하여 학습한다.

📝 영어 학습자를 위한 안내

영어 학습자는 퀼트가 영어 학습자의 영어 독서 또는 쓰기 능력보다는 예술적 능력을 강조하기 때문에 이 활동에 충분히 참여할 수 있다. 학생들은 자주 그들과 함께 정사각형 퀼트를 만들기 위하여 친구들을 찾아냈다. 그리고 그들은 읽었던 책이나 공부했던 주제를 기념하고 있는 친구들에게 흥미를 갖게 되었다.

어떻게 이 교수 전략을 사용하는가?

1. 퀼트 정사각형을 디자인한다.

교사와 학생들은 그 이야기-주제, 인물, 또는 배경-에 적절한 퀼트 사각형의 디자인을 선택한다. 학생들은 퀼트 디자인을 직접 고르거나 이야기의 중요한 부분에 대한 관심을 사로잡을 수 있는 그들만의 디자인을 만들 수 있다. 또한 그들은 정사각형 퀼트 안의 각각의 모양에 사용할 상징적인 색깔을 선택할 수 있다.

2. 정사각형을 만든다.

학생들은 각자 정사각형을 만들고 그 정사각형 퀼트의 바깥 부분 주위나 지정된 부분에 이야기에서 가장 좋았던 문장이나 이야기에 대한 논평을 추가한다.

3. 퀼트를 조립한다.

교사는 그 정사각형들을 함께 테이프로 묶어주고 두꺼운 방습지로 퀼트의 뒤쪽을 대주거나, 커다란 게시판에 나란히 그 정사각형들을 고정시킨다.

34 퀼트(Quilts)

언제 이 교수 전략을 사용하는가?

교사는 학생들에게 문학 중심 단원이나 주제 중심 단원에서 궁극적인 프로젝트로 퀼트를 만들도록 한다. 퀼트는 일반적으로 종이로 만들지만, 천으로도 만들 수 있다. 연말 프로젝트나 독서 주간을 기념하기 위하여 교사는 밝은 색의 천을 정사각형 모양으로 잘라서, 학생들에게 직물 마커를 사용하여 그들이 가장 마음에 들었던 이야기를 그림으로 그리고, 제목과 저자를 쓰도록 한다. 그리고 교사나 다른 어른들이 그 정사각형들을 함께 바느질하고, 가장자리를 덧붙여 퀼트를 완성한다.

참고 문헌

Cobb, M. (1995). *The quilt-block history of pioneer days with projects kids can make*. Brookfield, CT: Millbrook Press.
Hale, S. (2005) *Princess Academy*. New York: Bloomsbury.
Mantione, R. A. & Smead, S. (2003). *Weaving through words: Using the arts to teach reading comprehension strategies*. Newark, DE: International Reading Association.
Tompkins, G. E. (2009). *Language arts: Patterns of practice* (7th ed.). Upper Saddle River, NJ: Merrill/Prentice Hall.

35 독자 극장(Readers Theatre)

교수 초점		학년 수준
☐ 말하기/듣기	■ 독해	■ 유치원-2학년
☐ 음운 인식/발음(음성)	☐ 작문	■ 3-5학년
■ 유창성	☐ 철자 쓰기	☐ 6-8학년
☐ 어휘력	☐ 내용교과	■ 영어 학습자

　독자 극장은 책을 함께 읽은 독자 집단이 각본을 가지고 하는 연극 공연이다(Black & Stave, 2007). 학생들은 각자의 부분을 맡고, 각본에 있는 등장인물 성격이 차례에 따라 읽고 다시 읽는 예행연습을 한 후에, 친구들 앞에서 연기한다. 이 전략에서 소중한 것은 학생들이 많은 행동을 하지 않고 자신들의 목소리로 이야기를 해석하는 것이다. 학생들은 서거나 앉을 수 있다. 그러나 학생들은 그들의 목소리, 몸짓, 얼굴 표정을 통하여 구성, 성격 묘사, 분위기, 주제라는 전체적인 의사소통을 전달해야 한다. 독자 극장은 연극 제작할 때 내재하는 많은 제약을 받지 않는다. 학생들은 자기 부분을 외우지 않고, 소품과 의상이 정교하지 않아도 되고, 무대 배경을 준비하지 않아도 되며, 오랜 시간동안 지루한 예행연습을 하지 않아도 된다.

　학생들은 일반 출판서와 교과서의 각본을 읽을 수 있거나 학생들 자신이 스스로 각본을 쓸 수 있다. 다음 (참고)는 독자 극장을 위한 서사적이고 정보적인 각본에 대한 10권의 책 목록이다.

문식성 전략 50 - 단계별 언어 기능 교수 전략 -

(참고) 독자 극장 각본 목록

Barchers, S. I. (1997). *50 fabulous fables: Beginning readers theatre*. Portsmouth, NH: Teacher Ideas Preess.
Barchers, S. I., & Pfeffinger, C. R. (2006). *More readers theatre for beginning readers*. Portsmouth, NH: Teacher Ideas Press.
Fredericks, A. D. (2007). *Nonfiction readers theatre for beginning readers*. Portsmouth, NH: Teacher Ideas Press.
Laughlin, M. K., Black, P. T., & Loberg, M. K. (1991). *Social studies readers theatre for children: Scripts and script development*. Portsmouth, NH: Teacher Ideas Press.
Martin, J. M. (2002). *12 fabulously funny fairy tale plays*. New York: Scholastic.
Pugliano-Martin, C. (1999). *25 just-right plays for emergent readers*. New York: Scholastic.
Shepard, A. (2005). *Stories on stage: Children's plays for reader's theater with 15 play scripts from 15 authors*. Olympia, WA: Shepard.
Wolf, J. M. (2002). *Cinderella outgrows the glass slipper and other zany fairy tale play*. New York: Scholastic.
Wolfman, J. (2004). *How and why stories for readers theatre*. Portsmouth, NH: Teacher Ideas Press.
Worthy, J. (2004). *Readers theatre for building fluency: Strategies and scripts for making the most of this highly effective, motivating, and resesrch-based approach to oral reading*. New York: Scholastic.

왜 이 교수 전략을 사용하는가?

독자 극장을 추천하는 이유는 많다. 학생들은 좋은 문학 작품을 즐기는 기회를 갖는다. 그리고 이 전략을 통하여 텍스트에 몰입하게 되고, 등장인물의 성격을 해석하며, 생활에서 텍스트를 상기하게 된다(Keehn, Martinez, & Roser, 2005; Larkin, 2001; Worthy & Prater, 2002). 더욱이 학생들은 읽고 다시 읽으면서 읽기 유창성을 기르게 된다(Fountas & Pinnell, 2001; Martinez, Soder, & Strecker, 1998/1999).

영어 학습자를 위한 안내

독자 극장은 영어 학습자나 아직 유창하게 읽지 못하는 학생에게 특별히 효과적인 전략이다. 그들은 소집단의 편안한 분위기에서 소중한 음독 연습을 하게 된다. 그들은 높은 빈도의 단어를 연습하고, 읽기 속도를 증가시키고, 문장에서 구절과 관용구를 배우며,

35 독자 극장(Readers Theatre)

감정 표현을 더 많이 하면서 읽게 된다.

어떻게 이 교수 전략을 사용하는가?

교사는 각본의 숫자에 따라 소집단 또는 학급 전체와 함께 활동한다. 그 단계는 다음과 같다.

1. 각본을 선정한다.

학생과 교사는 각본을 선정한 후에 이 각본을 읽고 토의한다. 다음에 학생들은 각 부분을 읽기 위하여 지원한다.

2. 학생들이 작품을 예행 연습한다.

학생들을 그들이 읽은 등장인물의 성격을 연기하기 위하여 목소리, 몸짓, 얼굴 표정을 어떻게 해야 하는지 결정한다. 학생들은 각본을 여러 번 읽고, 정확한 발음과 목소리 내기, 적절한 억양과 어조를 위하여 부단히 노력한다. 학급 내 발표같이 비형식적이라면 예행연습을 더 적게 해도 되지만, 공식적인 연기를 위해서는 예행연습을 더 많이 해야 한다. 그래도 해석은 항상 가능한 한 완전하게 개발되어야 한다.

3. 무대에 올린다.

독자 극장은 무대나 교실 앞쪽에서 보여줄 수 있다. 학생들은 열을 맞추어 서거나 앉아서 각본의 차례에 맞추어 읽는다. 학생들은 "무대 위에서" 각본에 따라서 한 곳에 머물러 있거나 등장인물의 출현에 의하여 입장과 퇴장을 한다. 만약 독자가 앉아 있다면, 각본 차례에 읽으면서 일어설지 모른다. 만약 독자가 서 있다면, 읽으면서 앞으로 나아갈지 모른다. 이 단계에서 강조하는 것은 각본의 질보다는 독자들의 목소리와 표현으로 된 해석의 질이다. 의상과 소품은 불필요하다. 그러나 읽으면서 해석의 질에 방해가 되지 않는 한 약간의 소품을 준비하게 되면 흥미와 즐거움을 신장시킬 수 있다.

문식성 전략 50 - 단계별 언어 기능 교수 전략 -

언제 이 교수 전략을 사용하는가?

학생들은 드라마 단원과 관련된 주제에 대하여 읽고 난 이야기로부터 그들의 독자 극장 각본을 쓸 수 있다(Flynn, 2007). 학생들이 이야기에서 각본을 쓸 때, 수많은 대화가 있는 이야기를 선택하는 것이 중요하다. 그리고 대화가 없는 부분은 내레이터 부분으로 만들 수 있다. 내레이터 부분의 숫자에 따라 한 명에서 네 명의 학생들이 내레이터 업무를 공유할 수 있다. 교사는 종종 각본을 쓰면서 손질하거나 강조하는 학생들을 위하여 책에서 복사를 한다. 학생들은 때때로 각본을 완성하면서 교사가 손질한 복사물을 간단하게 사용한다. 또 다른 때에는 교사는 각본 형식에 맞추고 불필요한 부분을 삭제하여 완성된 각본을 다시 타이핑한다. 다음 (예)는 "요정과 구두장이(The Elves and the Shoemaker)"에 대한 2학년 수업 각본의 첫 페이지이다.

(예) '요정과 구두장이'에 대한 2학년 수업 각본의 첫 페이지

Characters			
Narrator 1	Shoemaker	Lady 1	Elf 1
Narrator 2	Wife	Lady 2	Elf 2
Narrator 3	Man		Elf 3
Narratpr 1:	Once upon a time there was a good shoemaker and his wife, but they were very poor. The shoemaker had only one piece of leather to make into shoes.		
Shoemaker:	Tonight I will cut my last piece of leather to make a pair of shoes. I will make a pair of shiny black shoes for a man. Then I will sew the believe what he saw.		
Narrator 2:	The next morning the shoemaker went to his work table but he couldn't believe what he saw.		
Shoemaker:	I can't believe my eyes. What a fine pair of shiny new shoes!		
Wife:	What did you say?		
Shoemaker:	Come and see what I see.		
Wife:	Who made these shiny new shoes?		
Shoemaker:	I do not know. It is like magic!		
Narrator 3:	At that very moment, a man came into the shoemaker's 뵈게.		
Man:	Those shoes look just right for me. May I try them on?		
Narrator 1:	The man put on the shoes and they were just right for him.		
Man:	How much do these shiny new shoes cost?		
Shoemaker:	They cost one gold coin.		
Man:	Because I like them so much, I will give you two gold coins for the shoes.		
Shoemaker:	We are so fortunate! Now we can buy leather to make two more pairs of shoes.		

참고 문헌

Black, A., & Stave, A. M. (2007). *A comprehensive guide to readers theatre: Enhancing fluency and comprehension in middle school and beyond.* Newark, DE: International Reading Association.

Flynn, R. M. (2007). *Dramatizing the content with curriculum-based readers theatre, grades 6-12.* Newark, DE: International Reading Association.

Fountas, I. C. & Pinnell, G. S. (2001). *Guiding readers and writers, grades 3-6.* Portsmouth, NH: Heinemann.

Keehn, S., Martinez, M. G., & Roser, N. L. (2005). Exploring character through readers theatre. In N. L. Roser & M. G. Martinez(Eds.), *What a character! Character study as a guide to literary meaning making in grades K-8* (pp. 96-110). Newark, DE: International Reading Association.

Lakin, B. R. (2001). "Can we act it out?" *The Reading Teacher, 54,* 478-481

Martinez, M., Soder, N. L., & Strecker, S. (1998/1999). "I never thought I could be a star":A readers theatre ticket to fluency. *The Reading Teacher, 52,* 326-334.

Worthy, J., & Prater, K. (2002). "I thought about it all night": Readers theatre for reading fluency and motivation. *The Reading Teacher, 56,* 294-297.

36 독서일지(Reading Logs)

교수 초점		학년 수준
☐ 말하기/듣기	■ 독해	■ 유치원-2학년
☐ 음운 인식/발음(음성)	■ 작문	■ 3-5학년
☐ 창성	☐ 철자 쓰기	■ 6-8학년
☐ 어휘력	☐ 내용교과	☐ 영어 학습자

독서일지는 선생님이 큰 소리로 읽어준 것을 듣거나, 읽은 책들에 대한 자신의 반응이나 의견을 쓰기 위해 사용하는 저널이다. 독서일지 쓰기를 통해서 학생들은 잘못 이해한 것을 명료화하고, 아이디어를 탐색하며, 그들이 읽은 책들에 대한 이해를 심화시킨다(Barone, 1990; Hancock, 2008). 그들은 또한 단어 벽(49번 전략 참고)의 단어 목록과 이야기 구성 요소에 대한 도표, 작가와 장르에 대한 정보를 추가한다(Tompkins, 2008). 챕터북에서는 학생들은 한 장이나 두 장을 읽은 후 독서일지를 쓰고, 학생들은 종종 그림책이나 짧은 이야기를 읽고 한 장의 독서일지를 쓴다. 종종 학생들은 Eric Carle나 Chris Van Allsburg의 책들과 같이 같은 작가가 쓴 책 모음 또는 같은 민담이나 동화의 이본들에 대하여 독서일지 시리즈를 쓴다.

어떤 때에는 학생들이 독서일지에 쓰고 싶은 것을 선택할 것이다. 다른 때에는 학생들이 교사가 준비한 질문이나 지시문에 반응한다. 학생들이 선택한 것과 교사 주도의 독서일지는 모두 유용하다. 학생들이 스스로 주제를 선택할 때, 그들이 스스로 아이디어와 질문을 캐내고, 그 아이디어와 질문에서 중요한 것을 공유한다. 교사가 지시문을 준비할 때, 학생들의 실수를 제외하고 교사는 주제와 질문으로 학생들의 사고를 안내하게 된다. 교사가 학생들을 잘 알고 학생들이 읽은 책과 친밀할 때, 교사는 학생이 선택한 독서일지와 교사 주도의 독서일지를 최상으로 조합하여 선정한다.

왜 이 교수 전략을 사용하는가?

독서일지의 주된 목적은 학생들이 읽은 책에 대하여 생각하고, 이야기의 이해를 심화시키는 것이다. 학생들은 학습을 위한 도구로써 쓰기를 사용한다. 그리고 학생들이 독서일지를 만들면서 추가적으로 쓰기 유창성을 개발하게 되는 이득을 본다.

어떻게 이 교수 전략을 사용하는가?

학생들은 독립적으로 독서일지를 쓴다. 때때로 교실에서 모든 학생들은 같은 시간 쓰기도 하고, 다른 시간에 쓰기도 한다. 학생들은 그들 스스로 쓰는 시간을 선택한다. 교사는 다음과 같은 단계에 따라 이 교수 전략을 실행한다.

1. 독서일지를 준비한다.
학생들은 종이를 묶어서 작은 책자로 독서일지를 만든다. 학생들은 독서일지 표지에 책의 제목을 쓴다.

2. 독서일지를 쓴다.
학생들은 책이나 장에 관한 반응과 반영된 생각을 적는다. 때때로 학생들은 스스로 주제를 선택하고, 다른 때에는 교사가 학생들에게 주제를 부여하고, 질문을 제기한다. 학생들은 독서일지에서 종종 사건을 요약하고, 책을 그들의 생활과 그들 주변 세계 또는 그들이 읽은 다른 문학 작품과 관련짓는다. 학생들은 또한 흥미롭거나 낯선 단어들의 목록을 만들 수 있고, 인용할 만한 인용을 받아 적을 수 있고, 등장인물, 구성, 또는 이야기의 다른 요소들에 대하여 적는다.

3. 학생들의 독서일지를 점검한다.
교사는 학생들이 과제를 완성했는지 검사한다. 또한 학생의 해석과 반영된 생각에 대해 논평을 써서 돌려준다. 학생들이 독서일지에 쓴 것이 형식적이지 않기 때문에, 교사는 학생들이 모든 단어마다 철자를 정확히 썼는지 기대하지 않는다. 그러나 교사는 학생들이 등장인물들의 이름을 바르게 쓰거나 단어 벽(49번 전략 참고)에 있는 높은 빈도의 단어와 그 전에 배웠던 다른 단어들을 정확하게 표기했는지 기대한다.

언제 이 교수 전략을 사용하는가?

모든 학년 수준의 학생들은 문학 중심 단원이나 문학 동아리에서 읽고, 크게 읽어주는 이야기를 이해하는 것을 돕기 위하여 독서일지를 쓰고 그릴 수 있다(Daniels, 2001). 다음 (예)는 3학년 학생의 독서일지이다. 이 일지에서 학생은 John Steptoe의 '날새앙쥐 이야기'(*The Story of Jumping Mouse*, 1989)'에서 너그러운 쥐가 어떻게 독수리로 변했는지에 관한 미국의 전설에 대해 반응하였다.

(예) '날새앙쥐 이야기'에 대한 3학년 학생의 독서일지

6학년 학급은 뉴 베리상을 수상한 아주 완벽하지만은 않은 사회에 관한 이야기인 '기억 전달자(*The Giver*, Lowry, 2006)'라는 책을 읽고서 각 장에 대해 토론하였고, 각 장에 대한 가능한 몇 가지 제목들을 브레인스토밍하였다. 그리고 나서 그들은 독서일지를 쓰고

문식성 전략 50 - 단계별 언어 기능 교수 전략 -

그들이 가장 적절하다고 느끼는 숫자와 제목을 각 장에 붙였다. 다음 세 개의 독서일지는 6학년이 어떻게 "release"의 아이디어를 알기 위해 노력했는지 보여준다. 18장을 읽고 토론한 뒤, 학생은 "release"가 "죽임"을 뜻하는 것을 이해하지 못한다. 그러나 그는 19장을 읽은 후, 그 단어의 끔찍한 뜻을 파악한다.

18장: "Release"

나는 release가 매우 무례하다고 생각한다. 인간은 자기가 원하는 곳에서 살 권리가 있다. 오로지 그들이 다르다는 이유로 그들은 어딘가로 가야 한다. 나는 release가 다른 곳에 가서 살아야 할 때라고 생각한다. 만약 당신이 석방되었다면 당신은 그 나라로 돌아갈 수 없게 된다.

19장: "Release-The Truth"

Release가 사람들을 죽이기 위한 뜻이라고 하여도 그렇게 나쁜 일을 해서는 안 된다. 그들은 아무 잘못이 없는 사람들을 완벽하게 죽였다. 총을 쏜 것은 훨씬 더 나쁘다. 누구든지 살 권리가 있다. 그들은 스스로 죽을 수 있어야 한다. 만약 내가 Jonas였다면 아마 미쳤을 것이다. 석방하였다는 의미로 사람들을 죽인 사람들은 그들이 무엇을 하고 있는지 모른다.

20장: "Mortified"

나는 Jonas가 집으로 돌아갈 수 있고, 그의 아버지를 볼 수 있을 거라고 생각하지 않는다. 그는 무엇을 할 수 있는가? 현재 그가 알고 있는 release는 아마도 석방이 될 때까지 휴식을 취하기 위하여 기억 전달자와 함께 머무를 것이라는 것이다.

참고 문헌

Barone, D. (1990). The written responses of young children: Beyond comprehension to story understanding. *The New Advocate, 3*, 49-56.

Daniels, H. (2001). *Literature circles: Voice and choice in book clubs and reading groups.* York. ME: Stenhouse.

Hancock, M. R. (2008). *A celebration of literature and response: Children, books, and teachers in K-8 classrooms* (3rd ed.). Upper Saddle River, NJ: Merrill/Prentice Hall.

Lowry, L. (2006). *The giver.* New York: Delacorte.

Steptoe, J. (1989). *The story of Jumping Mouse.* New York: HarperTrophy.

Tompkins, G. E. (2008). *Teaching writing: Balancing process and product* (5th ed.). Upper Saddle River, NJ: Merrill/Prentice Hall.

37 상보적 질문 (Reciprocal Questioning)

교수 초점		학년 수준
■ 말하기/듣기	■ 독해	□ 유치원-2학년
□ 음운 인식/발음(음성)	□ 작문	■ 3-5학년
□ 유창성	□ 철자 쓰기	■ 6-8학년
□ 어휘력	■ 내용교과	□ 영어 학습자

교사는 학생들이 정보적인 텍스트를 읽고 이해하는 것에 더 능동적으로 참여하도록 하기 위하여 상보적 질문을 사용한다(Ciardello, 1998; Helfeldt & Henk, 1990). ReQuest라고 불리는 상보적 질문의 한 가지 형태는 Anthony Manzo(1969)에 의해 개발되었다. 이 교수 전략에서 교사는 내용교과 교과서의 장들과 정보적인 책들과 기사들을 문장이나 단락으로 나누고, 각각에게 그들이 읽은 텍스트에 대해 질문한다. 학생들은 사실적인 질문을 넘어서 그들이 읽은 것에 대해 더 깊이, 비판적으로 생각하게 된다. 학생과 교사가 상보적 질문을 하는 동안 묻는 질문의 종류들은 다음과 같다.

- 특정한 단어의 뜻에 대한 질문
- 텍스트에서 바로 답할 수 있는 질문
- 세상의 상식을 사용하여 답할 수 있는 질문
- 텍스트를 학생들의 삶과 관련시킬 수 있는 질문
- 텍스트에 제공된 정보를 넘어서는 "나는 왜 그런지 궁금하다" 질문
- 학생들이 텍스트에 포함되지 않은 정보를 찾도록 요구하는 질문

이 전략은 학생들이 독립적으로 과제를 수행했을 때보다 그들이 질문을 만들어내고, 질문에 답하기 위해 준비하면서 목적을 가지고 읽을 때 좀 더 잘 읽을 수 있기 때문에 효과적이다.

문식성 전략 50 - 단계별 언어 기능 교수 전략 -

왜 이 교수 전략을 사용하는가?

교사는 특별한 경우에 책과 내용교과 교과서를 상보적 질문으로 활용한다. 이 교수 전략은 학생들이 읽은 것에 대하여 배경 지식을 갖추고, 좀 더 깊고 비판적으로 사고하기 위하여 사실적 질문을 넘어서도록 격려하기 때문에 학생들이 읽을 때 추가적인 지원이 필요하다. 이 전략의 한 가지 장점은 학생들이 압도되는 것처럼 보이지 않도록 하기 위하여 텍스트를 짧은 섹션들로 나눈다.

어떻게 이 교수 전략을 사용하는가?

교사는 이 전략을 위하여 학급 전체 또는 학생들을 소집단으로 나누어서 가르친다. 교사는 다음과 같은 단계에 따라 이 교수 전략을 실행한다.

1. 상보적 질문 활동을 준비한다.
교사들은 텍스트를 읽고 몇 개의 덩어리로 부분을 나눈다. 교사는 제시된 자료의 복잡성과 학생의 읽기 수준에 따라 부분의 길이-한 문장에서 한 개 또는 두 단락까지-를 선택한다.

2. 과제를 소개한다.
교사는 읽기 과제를 소개하고 학생들이 텍스트의 작은 부분을 조용히 읽도록 한다.

3. 질문한다.
학생들은 그들이 읽은 텍스트에 대하여 몇 가지 질문을 한다. 교사는 책을 덮고 질문에 가능한 완전하게 답을 한다.

37 상보적 질문(Reciprocal Questioning)

4. 역할을 바꾼다.

이번에는 학생들이 책을 덮은 후 교사가 그들이 읽은 텍스트에 대한 질문을 한다. 교사는 사실적인 것에서 해석적인 질문까지 질문들의 범위가 되는 시범을 보여준다. 또는 학생들과 교사는 텍스트의 각 부분을 읽은 후 묻고 답하는 것을 교대로 바꿀 수 있다.

5. 2~4단계를 반복하고 지문에 관해 좀 더 토론한다.

적절한 시점에서 교사는 학생들에게 그들이 읽기를 기대하는 정보를 예상하게 하고 나머지 텍스트를 읽고 학습하도록 요청한다. 그 후 학생들은 독립적으로 나머지 과제 읽기를 계속한다.

언제 이 교수 전략을 사용하는가?

교사는 학생들의 어려운 논픽션 읽기를 지원하기 위하여 상보적인 질문을 사용한다. 예를 들어, 5학년 교사는 시조가 된 이름인 Elijah McCoy에 대한 정보적인 책을 읽기 위하여 '맥코이(*The Real McCoy: The Life of an African-American Inventor*, Towle, 1993)'를 상보적인 질문으로 사용했다. 왜냐하면 이 그림책에는 단지 한 단락 또는 각 페이지마다 텍스트 2개만 있기 때문에 상보적 질문을 활용하기에 좋다. 교사는 *Levi's*와 같이 사람의 이름에 나온 단어나 구를 이야기하면서 시작한다. 학생과 교사의 질문 목록은 다음의 (예)에 제시되어 있다. 학생들의 질문은 *S*로 표시되어 있고, 교사의 질문은 *T*로 표시되어 있다. 9쪽까지 함께 읽은 후, 교사는 학생들에게 책의 나머지 부분은 무엇에 관한 내용일지 예측하게 하고, 학생들은 독립적으로 책의 나머지 부분을 읽는다. 읽기가 다 끝나고, 학생들은 이 흑인 발명가의 삶에 대한 인생 연대기를 작성한다.

문식성 전략 50 - 단계별 언어 기능 교수 전략 -

(예) '맥코이'에 대한 질문

쪽	질문	
1쪽	'the real McCoy'의 의미는 무엇인가?	S
	이것에 대해 말한 적이 있는가?	S
	Elijah McCoy는 누구인가?	S
	그는 무엇을 발명하였나?	S
2쪽	Elijah McCoy는 미국에서 태어났는가?	T
	Elijah의 부모님은 Harriet Tubman*을 알고 있었다고 생각하는가?	T
	Elijah McCoy는 자유인인가? 노예인가?	T
3쪽	Elijah McCoy는 읽기와 쓰기를 배웠는가?	S
	Elijah McCoy가 좋아하는 것은 무엇인가?	S
	그는 똑똑한 소년이었다고 생각하는가?	T
4쪽	Elijah McCoy가 스코틀랜드에 간 까닭은 무엇인가?	T
	그는 대학에서 무엇을 공부했는가?	T
5쪽	Elijah는 언제 미국에 돌아왔는가?	S
	그는 왜 직업을 얻기 어려웠는가?	S
	그가 찾은 단 하나의 직업은 무엇인가?	S
6쪽	기차에서 철도화부가 하는 일은 무엇인가?	T
	철도화부는 좋은 직업이었나?	S
7쪽	Elijah의 다른 직업은 무엇이었나?	S
	석유 관련 종사자가 하는 일은 무엇인가?	S
8쪽	Elijah가 발명한 것은 무엇인가?	T
	윤활의 의미는 무엇인가?	T
9쪽	회의적의 의미는 무엇인가?	S
	'the Real McCoy'의 의미는 무엇이라고 말하는가?	T

참고 문헌

Ciardello, A. V. (1998). Did you ask a good question today? *Journal of Adolescent and Adult Literacy, 42*, 210-220.

Helfeldt, J. P., & Henk, W. A. (1990). Reciprocal questioning: An instructional technique for at-risk readers. *Journal of Reading, 33*, 509-514.

Manzo, A. V. (1969). *The ReQuest procedure. Journal of Reading, 11,* 123-126.

Towle, W. (1993). *The real McCoy: The life of an African-American inventor.* New York: Scholastic.

---

* 미국의 노예 제도 폐지론자. 메릴랜드 주 한 농장의 노예로 태어남(1820-1913). 미북부 지하철 노동조합에서 노예들의 자유를 위해 싸운 노동 운동가(**역자주**).

38 루브릭(Rubrics)

교수 초점		학년 수준
☐ 말하기/듣기	☐ 독해	☐ 유치원–2학년
☐ 음운 인식/발음(음성)	■ 작문	■ 3–5학년
☐ 유창성	☐ 철자 쓰기	■ 6–8학년
☐ 어휘력	☐ 내용교과	☐ 영어 학습자

    루브릭은 학생들의 쓰기 과제에 대한 성취도를 평가하기 위하여 교사가 사용하는 채점 안내이다(Farr & Tone, 1994). 이 채점 안내는 대개 높음에서 낮은 범위의 4, 5, 6수준이 있고, 각 수준을 서술하는 평가 준거가 있다. 학생들은 기대하는 것이 무엇인지와 평가를 어떻게 받게 될 지를 이해하기 위하여 쓰기를 시작할 때 루브릭 복사본을 받는다. 루브릭의 복잡한 내용에 의존하여 교사는 학생들의 쓰기를 읽는 중이나 읽자마자 평가 준거에 표시한 후에 글에 대한 종합 점수를 결정한다.

    어떤 루브릭의 평가 준거는 효과적인 쓰기의 일반적인 질-아이디어, 조직, 단어 선택, 문법 등-로 서술되어 있지만 다른 루브릭의 평가 준거는 장르의 구성 요소와 특성에 초점을 있다. 교사는 종종 이야기, 보고서, 편지, 자서전을 평가하기 위하여 특정 장르 루브릭을 사용한다. 사용되어진 어떤 평가 준거도 각 수준을 다룬 똑같은 준거이다. 평가 준거가 문장 유창성을 다룬다면, 각 수준에 대한 진술문의 예, "짧고 문체가 고르지 못한 문장이다"는 최하 수준, "길이와 스타일을 다양한 문장이다"는 최상 수준을 진술한 기술어이다. 각각의 수준은 학생들의 준거 적용에서 한 단계 향상을 표현한다. 5등급 루브릭의 (예)가 다음 페이지에 제시되어 있다.

    루브릭은 수준을 나타내는 숫자들로 구성할 수 있다. 그러나 루브릭이 좀 더 많은 수준을 갖게 될 때는 학생들의 성장을 쉽게 보여줄 수 있어야 한다. 6수준보다는 4수준의 루브릭에서 학생들의 수준을 어느 한 수준에서 다음 수준으로 옮기기 위해서는 학생들에

문식성 전략 50 - 단계별 언어 기능 교수 전략 -

게 더 많은 향상이 필요하다. 10수준 루브릭에서 학생들의 향상은 더욱 더 민감해지게 된다. 그러나 많은 수준을 가진 루브릭은 구성하기 어렵고 사용하기에 더 많은 시간을 소비하게 된다. 연구자들은 일반적으로 교사가 학생들에게 한 점수를 부여할 때 중간 점수에 기울어지기 때문에 각각의 수준이 중간보다 높거나 낮아서 중간 점수가 없는 4수준 또는 6수준의 루브릭 사용을 추천하였다.

루브릭은 종종 능숙도 수준과 등급 할당을 결정하기 위하여 사용된다. 중앙점 이상의 수준은 보통 "능숙한", "괜찮은" 또는 "통과", 4점 루브릭의 3점과 5점 또는 6점 루브릭의 4점으로 지정된다. 6점 루브릭의 수준은 다음과 같은 방법으로 기술할 수 있다.

1 = 최소 수준(minimal level)
2 = 초기 또는 한정된 수준(beginning or limited level)
3 = 발전 수준(developing level)
4 = 능숙한 수준(proficient level)
5 = 훌륭한 수준(commendable level)
6 = 탁월한 수준(exceptional level)

또한 교사는 수준과 문자 등급을 동일시한다.

(예) 5등급 루브릭

5 탁월한 성취
• 창의적이고 독창적 • 분명한 조직 • 정확한 단어 선택과 비유적인 언어 • 세련된 문장 • 문법적인 오류가 없음
4 우수한 성취
• 약간 창의성, 그러나 탁월한 성취 수준보다는 좀 더 예측할 수 있음 • 뚜렷한 조직 • 좋은 단어 선택, 그러나 비유적이지 않은 언어 • 다양한 문장 • 문법적인 오류가 거의 없음
3 적당한 성취
• 예측할 수 있음 • 약간 조직적

• 적당한 단어 선택 • 문장이 거의 다양하지 않고, 행을 바꾸지 않고 계속하는 문장이 조금 있음 • 약간의 문법적 오류
2 한정된 성취
• 간단하고 피상적 • 부족한 조직 • 애매모호한 언어 • 미완성되고 행을 바꾸지 않고 계속하는 문장 • 많은 문법적인 오류
1 최소 성취
• 소통되는 아이디어가 없음 • 비조직적 • 적당하지 않은 단어 선택 • 문장이 해체됨 • 너무 많은 문법적 오류

왜 이 교수 전략을 사용하는가?

이러한 채점 안내는 학생들이 평가를 받아야 하는 과제를 분명히 이해하여 구성을 탁월하게 하고, 교사들의 기대를 명확히 하는 질적인 쓰기를 계획하기 때문에 학생들이 더 좋은 필자가 되도록 도와준다. 또한 학생들은 쓰기를 신장시키기 위하여 루브릭을 사용할 수 있다. 학생들은 그들의 엉성한 초고를 검토하고 루브릭이라는 평가 준거를 바탕으로 좀 더 효과적인 글로 어떻게 수정할 지를 결정할 수 있다. Vicki Spandel(2005)은 루브릭이 시간을 절약하게 해 준다고 논의하였다. 루브릭의 평가 준거는 학생들에게 주는 장황한 논평을 쓰기 위한 요구를 감소시키기 때문에 루브릭을 사용하여 학생들의 쓰기를 읽고 반응하기 위하여 소비하는 시간을 과감하게 줄여준다.

어떻게 이 교수 전략을 사용하는가?

교사는 수업에서 루브릭을 소개한다. 그리고 나서 학생들이 그들의 작문을 쓰고 검토하면서 주목하도록 한다. 나중에 교사는 학생들의 쓰기를 평가하기 위하여 루브릭을 사용한다. 단계는 다음과 같다.

1. 루브릭을 선택한다.
교사는 쓰기 프로젝트에 적절한 과제를 반영하여 만드는 루브릭을 선택한다.

2. 루브릭을 소개한다.
교사는 학생들에게 루브릭 복사본을 나누어 주고 각 수준에 사용된 평가 준거에 대하여 이야기하고, 능숙도 수준에서의 요구 사항에 초점을 두어 소개한다.

3. 학생들이 쓰기를 하면서 자기평가를 한다.
학생들은 루브릭을 쓰기 퇴고 단계의 부분으로써 자기평가하는 데에 사용한다. 학생들은 루브릭의 구절에 강조하거나 자신들 글의 질을 가장 잘 서술한 문항에 체크한다. 그 다음에 학생들은 가장 많이 표시된 단어 또는 체크 부호를 가진 수준을 결정한다. 수준은 종합적인 점수이고, 그 수준에 동그라미를 한다.

4. 학생들의 쓰기를 평가한다.
교사는 루브릭에서 강조한 구절 또는 작문의 질을 가장 잘 서술한 문항에 체크한 것에 의하여 학생들의 쓰기를 평가한다. 교사는 가장 많이 표시된 단어 또는 체크 부호를 가진 수준 결정에 의하여 종합적인 점수를 부여하고, 그 점수에 동그라미를 한다.

5. 학생들과 협의한다.
교사는 학생들과 평가에 대하여 장점과 단점을 확인하고 이야기한다. 그 다음에 학생들은 다음 쓰기 과제를 위한 목표를 설정한다.

38 루브릭(Rubrics)

언제 이 교수 전략을 사용하는가?

교사는 학생들이 쓰기 워크숍을 하는 동안이나 한 편의 초고를 세련되게 다듬는 쓰기 과정에서 언제든지 루브릭을 사용하게 한다. 상업적으로 준비된 수많은 루브릭을 현재 활용할 수 있다. 주 교육부는 웹 사이트에 규정된 쓰기 평가를 위한 루브릭을 게시하고 있다. 그리고 학교구에서는 각 등급 수준에 맞는 쓰기 루브릭을 개발하기 위하여 교사 팀이나 자문가를 선임하고 있다. Spandel(2005)은 6가지의 쓰기 특성을 평가하는 루브릭을 제시하였다. 다른 루브릭들은 교사를 위한 전문서와 인터넷에서 읽기 교과서 프로그램과 함께 제공해 준다.

비록 상업적으로 준비된 루브릭이 편리하다고 할지라도, 그것들은 몇몇 학생 집단 또는 특별한 쓰기 과제에는 적절하지 않을지 모른다. 이러한 루브릭은 6개의 수준이 있으면 좋은데 단지 4개의 수준만 있거나, (같은 등급은 차이가 없이 써야 하는데) 차이가 나는 등급 수준으로 쓰였거나, 특별한 장르는 언급하지 않았거나, 아이들에게 친숙한 언어가 아니라 교사를 위한 언어로 쓰였을지 모른다. 이러한 한계 때문에 교사는 종종 그들 자신의 루브릭을 개발하거나, 상업적인 루브릭을 그들 자신의 필요에 맞게 조정하기로 결정한다.

참고 문헌

Farr, R., & Tone, B. (1994). *Portfolio and performance assessment: Helping students evaluate their progress as readers and writers*. Fort Worth, TX: Harcourt Brace.

Spandel, V. (2005). *Creating writers: Through 6-trait writing assessment and instruction* (4th ed.). Boston: Allyn & Bacon.

39 공유된 읽기(Shared Reading)

교수 초점		학년 수준
□ 말하기/듣기	■ 독해	■ 유치원-2학년
□ 음운 인식/발음(음성)	□ 작문	□ 3-5학년
■ 유창성	□ 철자 쓰기	□ 6-8학년
□ 어휘력	□ 내용교과	■ 영어 학습자

교사는 독립적으로 읽을 수 없는 학생들과 함께 이야기, 정보적인 책, 시와 같은 실제적인 문학 작품을 읽기 위하여 공유된 읽기 전략을 사용한다(Holdway, 1979). 교사는 책을 큰 소리로 읽고, 유창하게 읽는 시범을 보인다. 그리고 나서 교사는 3일에서 5일 동안 그 책을 읽고 또 읽은 후, 이 책을 읽기 지도에 활용한다. 첫 번째 읽기를 하는 동안의 초점은 학생들의 즐거움이다. 다음으로 두 명이 읽는 동안에, 교사는 학생들이 활자, 이해, 흥미 있는 언어의 개념에 관심을 갖게 하고 주의할 점에 주목하게 한다. 결국, 교사는 해독을 하고, 마지막 읽기를 하는 동안에 학생들이 특별한 단어에 관심을 갖는 데 초점을 둔다.

아이들은 공유된 읽기에 능동적으로 참여한다. 교사는 아이들이 반복되는 단어와 구에 대하여 예측하고 맞장구치는 것을 격려한다. 아이들이 단어와 구를 인식하기 시작할 때, 간단한 부분 읽기는 개인 또는 소집단이 교대로 한다. 아이들은 책에서 알아낸 구두 표시, 삽화, 내용 표, 예시, 교사가 지적한 것과 같은 흥미 있는 특징들을 검토한다. 또한 아이들은 읽기 중 그리고 읽은 후 책에 대하여 이야기한다. 공유된 읽기는 부모님께서 자기 전에 읽어 주어 이야기를 듣는 학생들의 경험을 기반으로 한다(Fisher & Medvic, 2000).

문식성 전략 50 - 단계별 언어 기능 교수 전략 -

왜 이 교수 전략을 사용하는가?

공유된 읽기를 추천하는 이유는 많다. 교사는 이 교수 전략을 스스로 읽지 못하는 아이들이 문학 작품을 실제적으로 읽게 하기 위하여 사용한다. 교사는 유창한 읽기 모델을 제공하고, 인쇄물의 개념을 알려주고 단어 인식 기능을 가르치는 기회로 활용한다 (Fountas & Pinnell, 1996). 아이들은 그들의 읽기 유창성과 높은 빈도의 단어 지식을 개발한다. 그리고 이 교수 전략은 학생들이 텍스트의 해독을 위한 시도 없이도 전략을 사용하는 데 초점을 둘 수 있기 때문에 이해 전략을 가르치는 좋은 방법이다. 공유된 읽기는 종종 아이들이 교사가 읽어주던 것을 들었던 책과 그들 스스로 읽었던 다른 책을 다시 읽도록 동기화한다. 이에 더하여 Allen(2000)은 공유된 읽기는 학급의 분위기도 변화시킬 수 있다고 주장한다.

영어 학습자를 위한 안내

교사는 영어 학습자들과 함께 그들이 스스로 읽을 수 있는 학년 수준에 적절한 책을 공유한다. 영어 학습자는 유창한 영어 화자의 읽기를 따라 읽는 동안에 단어를 보면서 들을 기회를 많이 갖는다. 영어 학습자가 할 수 있다면 언제라도 참여하여 친숙한 단어를 읽도록 격려하지만, 꼭 해야 한다는 압박감은 없다.

어떻게 이 교수 전략을 사용하는가?

교사는 공유된 읽기를 학급 전체와 소집단에서 사용한다. 그 단계는 다음과 같다.

1. 텍스트를 소개한다.

교사는 책과 관련된 주제에 관한 배경 지식을 활성화하거나 형성하고, 제목이나 작가의 이름을 읽으며, 책의 표지 삽화를 확인하거나 책을 통한 그림 작업을 하면서 책과 다른 텍스트에 대해서 이야기한다.

39 공유된 읽기(Shared Reading)

2. 텍스트를 크게 읽는다.

교사는 포인터를 사용하여 그들이 읽는 부분을 따라오도록 학생들에게 크게 이야기를 읽어준다. 만약 특별하게 그 이야기가 반복적이라면 학생들이 읽기에 능동적으로 참여할 수 있도록 유도한다.

3. 대집단 대화를 한다.

교사는 학생들이 이야기에 대해 말하고 질문하며 그들의 반응을 공유할 수 있도록 요청한다.

4. 이야기를 다시 읽는다.

학생들은 차례대로 페이지를 넘기고 포인터를 사용하여 읽기를 따라간다. 교사는 친근하고 새롭지 않은 단어들을 읽도록 요청한다. 또한 그들은 읽는 동안 글자 발음의 실마리와 독서 전략을 가르치고 사용할 기회를 갖는다. 교사는 학생들의 읽기 능력에 따라 지원을 다르게 제공한다.

5. 과정을 계속한다.

교사는 며칠 동안 학생들과 이야기 다시 읽기를 계속한다. 다시 학생들이 페이지를 넘기고 읽는 동안 그 텍스트를 따라가도록 차례대로 포인터를 사용하게 한다. 교사는 교사를 따라 텍스트를 읽을 수 있는 학생을 격려한다.

6. 학생들이 독립적으로 읽게 한다.

학생들이 텍스트와 친근해지고 난 후 교사는 학생들이 독립적으로 읽고 다양한 활동을 사용하도록 책이나 다른 텍스트의 개인적인 복사본들을 나누어 준다.

문식성 전략 50 - 단계별 언어 기능 교수 전략 -

언제 이 교수 전략을 사용하는가?

공유된 읽기는 큰 소리로 읽기와 아이들 스스로 읽기 사이의 단계이다(Parkes, 2000). 교사는 문학 중심 단원, 문학 동아리, 주제 중심 단원에서 학생들이 스스로 읽을 수 없는 것을 읽도록 하기 위하여 이 교수 전략을 사용한다. 어린 아이들이 공유된 읽기를 할 때, 교사는 학생들이 텍스트를 볼 수 있고 따라 읽도록 하기 위하여 확대된 텍스트, 커다란 책, 도표에 쓴 시, 언어 경험 접근법(23번 전략 참고)을 사용한다. 고학년 학생들에게는 교사가 스스로 읽지 못하는 학생들이 책을 읽도록 하기 위하여 공유된 읽기 기법을 사용한다(Allen, 2002). 학생들은 각자 소설, 내용교과 교과서 또는 다른 책과 같은 텍스트 복사물을 가지고 있고, 교사와 학생이 함께 읽는다. 교사나 또 다른 유창한 독자는 다른 학생들이 텍스트를 따라 읽는 동안에 크게 읽는다.

참고 문헌

Allen, J. (2002). *On the same page: Shared reading beyond the primary grades*. York, ME: Stenhouse.
Fisher, B., & Medvic, E. F. (2000). *Perspectives on shared reading: Planning and practice*. Portsmouth, NH: Heinemann.
Fountas, I. C., & Pinnell, G. S. (1996). *Guided reading: Good first teaching for all children*. Portsmouth, NH: Heinemann.
Holdaway, D. (1979). *Foundations of literacy*. Auckland, NZ: Ashton Scholastic.
Parkes, B. (2000). *Read it again! Revisiting shared reading*. York, ME: Stenhouse.

40 스케치하고 확장하기 (Sketch-to-Stretch)

교수 초점		학년 수준
☐ 말하기/듣기	■ 독해	☐ 유치원-2학년
☐ 음운 인식/발음(음성)	☐ 작문	■ 3-5학년
☐ 유창성	☐ 철자 쓰기	■ 6-8학년
☐ 어휘력	☐ 내용교과	☐ 영어 학습자

    스케치하고 확장하기는 학생들이 읽은 이야기에서 문자적인 이해를 넘어서 등장인물, 주제, 또 다른 이야기 구성 요소와 작가의 기교를 좀 더 깊게 생각하도록 하는 시각적인 활동이다(Harste, Short, & Burke, 1988; Short & Harste, 1996). 학생들은 그들이 좋아하는 등장인물이나 일화의 그림들이 아닌, 그들에게 그 이야기가 어떤 의미가 있는지 표현하는 그림이나 도표를 그리기 위해 소집단 활동을 한다. 학생들은 스케치에서 자신의 해석과 느낌들을 표현하는 선, 모양, 색, 상징, 그리고 단어들을 사용한다. 학생들은 친구들의 지원이 있는 사회적 환경에서 작업하기 때문에 그들은 각자의 아이디어를 공유하고, 이해를 신장하며, 새로운 시각을 생성해 낸다(Whitm, 1994/1996).

    학생들은 이야기 사건 또는 등장인물을 상징적으로 생각할 수 있는 그림 그리기 이상으로 표현하는 이 활동을 실험하기 위하여 많은 기회가 필요하다. 미니레슨(23번 전략 참고)을 통하여 이 교수 전략을 소개하는 것과 학생들이 스스로 스케치하고 확장하기 전에 학급에서 몇 개의 스케치를 함께 해 보는 것은 도움이 된다. 이런 연습을 통하여 학생들은 단 한 가지의 정확한 해석이 없음을 배운다. 그리고 교사는 학생들의 예술적인 재능보다는 해석에 초점을 두도록 학생들을 도와준다(Ernst, 1993). 다음에 있는 (예)는 캘리포니아 골드러시 때를 배경으로 한 이야기인 '휘플의 반항(*The Ballad of Lucy Whipple*, Cushman, 1996)'를 읽은 후 4학년 학생의 스케치이다. 이 스케치는 책의 주제 두 가지-행복은 스스로 만드는 것이라는 것과 네가 가는 곳이 집이다-를 강조한다.

(예) '휘플의 반항'에 대한 4학년 학생의 스케치하고 확장하기

왜 이 교수 전략을 사용하는가?

스케치하고 확장하기는 학생들이 읽은 이야기를 깊게 이해하는 데 도움이 되는 효과적인 도구이다. 특별히 학생들은 주제와 스케치를 할 때 등장인물과 주제를 나타내는 기호에 초점을 둔다(Dooley & Maloch, 2005). 이 활동을 통하여 학생들이 이야기에는 단 한 가지의 해석만이 있는 것은 매우 드물다는 것을 배우고, 이야기의 등장인물과 사건에 대하여 심사숙고하면서 한 가지 또는 그 이상의 주제를 발견할 수 있다는 추가적인 이점이 있다.

어떻게 이 교수 전략을 사용하는가?

학생들은 개인적으로 스케치를 한다. 그리고 나서 소집단 또는 학급 전체에서 그 스케치를 공유한다. 교사는 다음 단계에 따라서 이 교수 전략을 실행한다.

40 스케치하고 확장하기(Sketch-to-Stretch)

1. 이야기를 읽고 반응한다.

학생들은 이야기나 긴 책의 몇 개의 장을 읽고, 대집단 대화(17번 전략 참고)나 독서일지(36번 전략 참고)를 통하여 이야기에 반응한다.

2. 주제에 대해 토의한다.

학생들과 교사는 주제에 대해 이야기하며 그 이야기와 의미를 상징화하기 위한 방법에 대하여 이야기한다. 교사는 학생들에게 경험의 의미를 표현할 방법이 많이 있다는 것과 학생들이 이야기가 의미하는 바를 표현하기 위해 선, 색, 모양, 상징, 단어들을 시각적으로 활용할 수 있다는 것을 일깨워준다. 학생들과 교사는 가능한 의미들과 이러한 의미들을 시각적으로 표현할 수 있을 방법에 대해 이야기한다.

3. 스케치한다.

학생들은 그들에게 이야기가 무슨 의미인지를 반영하는 스케치를 하기 위해 소집단에서 작업한다. 교사는 학생들이 좋아하는 부분이 아니라 이야기의 의미에 대한 생각에 초점을 두어야 한다는 것과 이야기의 해석에는 한 가지의 정확한 답은 없다는 것을 강조한다.

4. 스케치를 공유한다.

학생들은 스케치를 공유하고 그들이 사용한 상징들에 대하여 이야기하기 위해 소집단에서 만난다. 교사는 친구들이 각자 학생들의 스케치에 대하여 공부하고, 그 학생이 무엇을 전하려고 했는지에 대해 생각한 것을 말하도록 격려한다.

5. 몇 가지 스케치를 학급 전체에서 공유한다.

각 집단마다 스케치를 하나씩 선택하여 학급 전체와 공유한다.

6. 스케치를 수정하고 최종 복사본을 만든다.

몇몇의 학생들은 친구들로부터 받은 피드백과 아이디어에 기초하여 스케치를 수정하거나 추가하기를 원할 것이다. 또한 만약 스케치가 프로젝트로 사용된다면 학생들은 최종 복사본을 만든다.

언제 이 교수 전략을 사용하는가?

학생들은 이야기를 읽고 토의할 때마다 이해력을 깊게 하기 위하여 스케치하고 확장하기를 사용한다. 예를 들어, 문학 동아리에서 학생들은 주제와 상징에 대하여 스케치하고 집단으로 만나서 공유한다(Whitin, 2002). 이러한 공유를 통하여 학생들은 친구들의 생각에 대한 시각을 얻게 되고, 스스로의 이해를 명료화하게 된다. 문학 중심 단원에서 학생들이 스케치를 하고 공유할 때에도 마찬가지이다.

참고 문헌

Cushman, K. (1996). *The ballad of Lucy Whipple*. New York: Clarion Books.

Dooley, C. M., & Maloch, B. (2005). Exploring characters through visual representations. In N. L. Roser & M. G. Martinez (Eds.), *What a character! Character study as a guide to literary meaning making in grades K-8* (pp. 111-123). Newark, DE: International Reading Association.

Ernst, K. (1993). *Picturing learning*. Portsmouth, NH: Heinemann.

Harste, J. C., Short, K. G., & Burke, C. (1988). *Creating classrooms for authors: The reading-writing connection*. Portsmouth, NH: Heinemann.

Short, K. G., & Harste, J. (1996). *Creating classrooms for authors and inquirers*. Portsmouth, NH: Heinemann.

Whitin, P. E. (1994). Opening potential: Visual response to literature. *Language Arts, 71*, 101-107.

Whitin, P. E. (1996). *Sketching stories, stretching minds*, Portsmouth, NH: Heinemann.

Whitin, P. E. (2002). Leading into literature circles through the sketch-to-stetch strategy. *The Reading Teacher, 55*, 444-450

41 SQ3R 학습 전략 (SQ3R Study Strategy)

교수 초점		학년 수준
☐ 말하기/듣기	■ 독해	☐ 유치원-2학년
☐ 음운 인식/발음(음성)	☐ 작문	☐ 3-5학년
☐ 유창성	☐ 철자 쓰기	■ 6-8학년
☐ 어휘력	■ 내용교과	☐ 영어 학습자

학생들은 내용교과 읽기 과제에서 정보를 읽고 기억하기 위하여 SQ3R 학습 전략에서 다섯 단계-개관하기, 질문하기, 읽기, 음미하기, 검토하기-를 사용한다(Anderson & Armbruster, 1984). 이 전략의 목적은 학생들이 읽기에서 최대의 이로움을 얻기 위하여 정신적인 틀을 만드는 것이다. 이 전략은 F. P. Robinson(1946)이 머리글자를 딴 약자로 만든 신조어로 50년 이상 되었지만, 가장 광범위하게 사용되는 학습 전략이다. 이 교수 전략을 올바르게 적용하면 매우 효과적이다. 그러므로 교사가 학생들에게 어떻게 이 단계들을 적용할지 가르치는 것, 그리고 학생들이 이 전략을 올바르게 사용하는 연습 기회를 주는 것이 매우 중요하다.

왜 이 교수 전략을 사용하는가?

SQ3R은 가장 잘 알려진 학습 전략이고, 내용교과 교과서의 장에서 정보를 기억하기 위하여 가장 흔하게 많이 사용되는 도구이다(Daniels & Zemelman, 2004). 이 전략은 학생들이 텍스트를 단지 읽는 것 이상을 할 수 있기 때문에 효과적이다. 학생들은 읽기 과제에서 표현된 중요한 아이디어를 기억하기 위하여 몇 개의 단계를 천천히 거쳐 활동한다.

문식성 전략 50 - 단계별 언어 기능 교수 전략 -

어떻게 이 교수 전략을 사용하는가?

학생들은 이 전략을 독립적으로 실행하고, 이 전략을 내용교과 교과서의 독서에 직접적으로 사용한다. 교사는 다음과 같은 단계에 따라 학생들을 지도한다.

1. 개관한다.

학생들은 표제, 훑어보기, 또는 빠르게 읽기, 도입, 그리고 요약에 유의하며 읽기 자료를 개관하거나 미리 본다. 학생들은 사전 지식을 활성화하고 그들이 읽게 될 것을 조직하도록 제시된 중심 아이디어에 유의한다.

2. 질문한다.

학생들은 부분 부분을 읽기 전에 글의 각 머리글을 질문으로 바꾸어 본다. 질문에 대한 답을 찾기 위한 읽기는 학생들에게 읽기에 대한 목적을 심어준다.

3. 읽는다.

학생들은 미리 만들어 놓았던 질문에 대한 답을 찾기 위하여 텍스트의 절을 읽는다. 학생들은 각 절을 따로 따로 읽는다.

4. 음미한다.

각 절을 읽은 직후, 학생들은 기억에 의존하여 그들이 미리 만들어 놓았던 질문에 대한 정답을, 그리고 그들이 읽었던 다른 중요한 정보들에 대하여 음미한다. 학생들은 질문에 대하여 구두, 또는 쓰기로 답할 수 있다.

5. 검토한다.

학생들은 모든 읽기 과제를 끝마친 후에, 그들이 읽은 것에 대하여 몇 분의 검토 시간을 갖는다. 그들은 각 머리글에서 자신들이 만들었던 질문에 대하여 스스로에게 물어보고, 또 그들이 읽기를 통해 배운 정답을 회상해 내려고 노력한다. 만약 학생들이 4단계에서 공책 정리를 했다거나, 질문에 대하여 답을 썼다면, 써놓은 내용을 참조하지 않고 검토하려고 시도해야 한다. 만약 학생들이 4단계에서 질문에 대하여 구두로 답하였다면, 이제 답을 글로 쓴다.

언제 이 교수 전략을 사용하는가?

학생들은 내용교과 교과서를 읽을 때 주제와 관련된 단원에서 그들이 읽은 것을 기억하기를 원할 때 SQ3R 학습 전략을 사용한다. 7, 8학년 학생들과 교사는 SQ3R 학습 전략을 사용하여 그들이 배운 것을 보여주는 다음 (예)와 같은 도표를 개발하였다.

(예) 고학년의 SQ3R 학습 전략 도표

	SQ3R STUDY STRATEGY	
S	Survey	What YOU Do: Look through the assignment.
Q	Question	Turn the headings into questions.
3 R	Read	Read to find answers.
	Recite	Say the answers out loud.
	Review	Write notes to answer the questions.

참고 문헌

Anderson, T. H., & Armbruster, B. B. (1984). Studying. In P. D. Pearson, R. Barr, M. L. Kamil, & P. Mosenthal (Eds.), *Handbook of reading research* (pp. 657-679). New York: Longman.

Daniels, H., & Zemelman, S. (2004). *Subjects matter: Every teacher's guide to content-area reading*. Portsmouth, NH: Heinemann.

Robinson, F. P. (1946). *Effective study*. New York: Harper & Row.

42 이야기 삽화판(Story Boards)

교수 초점		학년 수준
☐ 말하기/듣기	■ 독해	■ 유치원-2학년
☐ 음운 인식/발음(음성)	☐ 작문	☐ 3-5학년
☐ 유창성	☐ 철자 쓰기	☐ 6-8학년
☐ 어휘력	☐ 내용교과	■ 영어 학습자

이야기 삽화판은 그림책에 있는 삽화 카드이다(Tompkins, 2006). 교사는 그림책의 두 개의 복사본으로 자르고, 두꺼운 종이의 낱장마다 그 페이지들을 붙임으로써 이야기 삽화판을 만든다. 이야기 삽화판을 사용할 때 가장 중요한 것은 이야기 삽화판들을 칠판 받침대에 줄지어 놓거나 빨랫줄에 카드들을 걸어놓음으로써 이야기 사건들을 연속적으로 배열해 놓는 것이다. 일단 그림책의 페이지를 배열하면 학생들은 이야기와 그것의 구조를 새로운 방식으로 시각화하고, 그림들을 차근차근 살펴본다. 예를 들어, 학생들은 '내가 어떻게 여름방학을 보냈냐면(*How I Spent My Summer Vacation,* Teague, 1997)' 또는 '내가 어떻게 해적이 되었냐면(*How I Became a Pirate,* Long, 2003)'으로부터 이야기를 다시 말하고 시작, 중간, 끝을 골라내기 위하여 이야기 삽화판을 배열한다. 학생들은 '안녕, 알(Hey, Al, Yorinks, 1986'과 '아부엘라(Abuela, Dorris, 1997)'의 가운데 부분에서 꿈의 순서들을 골라낸다. 또한 학생들은 이야기 삽화판을 '털장갑(*The Mitten,* Brett, 1989; Tresselt, 1989)', '노인의 털장갑(*The Old Man's Mitten,* Pollock, 1994)', '나무꾼의 털장갑(*The Woodcutter's Mitten,* Koopmans, 1995)'과 같은 민담의 여러 판형들과 다른 이야기들을 비교하기 위하여 사용한다.

문식성 전략 50 – 단계별 언어 기능 교수 전략 –

왜 이 교수 전략을 사용하는가?

교사는 학생들이 이야기를 다루고 순서를 맞추며 삽화를 좀 더 신중하게 검사하면서 이 교수 전략을 사용한다. 또한 활용할 수 있는 그림책 복사물이 단지 몇 개밖에 없을 때에 이야기 삽화판은 이해력을 가르치는 많은 기회를 제공한다.

영어 학습자를 위한 안내

이야기 삽화판은 영어 학습자들에게 유용한 도구이다. 그들은 읽기 활동 전에 내용을 미리 살펴보며 이야기의 요점을 얻기 위하여 이야기 삽화판을 사용한다. 그들은 읽기 활동이 끝난 후에 이야기 속 사건을 검토하기 위하여 이야기 삽화판의 순서를 맞추어 본다. 그리고 그들은 읽기 활동 후에 종종 언어가 아닌 미술로써 그들의 이해를 공유할 수 있기 때문에 이야기 삽화판을 그린다.

어떻게 이 교수 전략을 사용하는가?

교사는 일반적으로 소집단 또는 대집단에서 이야기 삽화판을 사용하지만, 개별 학생들은 이야기 삽화판을 센터 활동의 한 부분으로서 재조정할 수 있다. 단계는 다음과 같다.

1. 두 개의 책 복사본을 모은다.

교사는 이야기 삽화판을 위하여 두 개의 책 복사본을 사용한다. 종이 표지 복사본은 저렴하기 때문에 사용하기에 더 좋다. 몇몇 그림책에서는 모든 삽화들이 오른쪽, 또는 왼쪽에만 있다. 따라서 오직 하나의 복사만이 필요하게 된다.

2. 책을 따로 자른다.

교사는 표지를 제거하고 가장자리를 잘라서 페이지들을 분리한다. 때때로 교사는 다음 페이지에 있는 삽화가 있는 어떤 텍스트를 잘라낸다. 다른 때에 교사는 학생들이 삽화뿐

42 이야기 삽화판(Story Boards)

만 아니라 텍스트를 검토할 수 있게 되기를 원하므로 전체 페이지를 사용한다.

3. 카드의 낱장에 페이지들을 붙인다.

교사는 각 페이지, 또는 두 개 페이지의 장을 하나의 카드에 붙인다. 그리고 책의 모든 페이지들이 포함되도록, 각 삽화가 포함된 책의 각 페이지들이 확실하게 교대로 오도록 만든다.

4. 여러 장의 카드를 합한다.

교사는 학생들이 사용해도 견딜 수 있도록 여러 장의 카드를 합한다.

5. 연속적인 활동에서 카드를 사용한다.

교사는 순서 배열, 이야기 구조, 다시 읽기, 단어 학습 활동 등을 포함한 다양한 활동들을 위하여 이야기 삽화판 카드를 사용한다.

언제 이 교수 전략을 사용하는가?

학생들은 문학 중심 단원을 학습하는 동안에 다양한 활동에서 이야기 삽화판을 사용한다. 예를 들어, 순서 배열 활동에서 교사는 학생들에게 카드를 무작위로 건네주고, 학생들은 이야기의 사건들을 순서대로 배열하기 위하여 교실 둘레에 줄을 선다. 또한 이야기 삽화판은 학생들이 단어 벽에서 단어를 확인하고, 문학적인 언어를 알아낼 수 있는 그림책 복사본이 몇 개만 있을 때 사용되어질 수 있는 텍스트를 포함한다. 학생들은 단어와 문장을 포스트잇에 쓸 수 있고 그것을 이야기 삽화판에 붙일 수 있다.

챕터북에서 학생들은 각 장마다 하나씩 학생들 자신들만의 스토리보드를 만들 수 있다. 학생들을 소집단으로 나누고, 각 집단은 다른 장을 맡아 작업한다. 학생들은 각 장을 잘 보여주는 세밀한 그림으로 포스터를 만들고, 때로는 각 장을 절 길이로 요약해서 쓴다. 다음 그림은 교사가 '샬롯의 거미줄(Charlotte's Web, White, 2006)'을 크게 읽어주는 동안에 3학년 학생들이 듣고 만든 두 개의 이야기 삽화판이다.

(예) '샬롯의 거미줄'에 대한 이야기 삽화판 그림

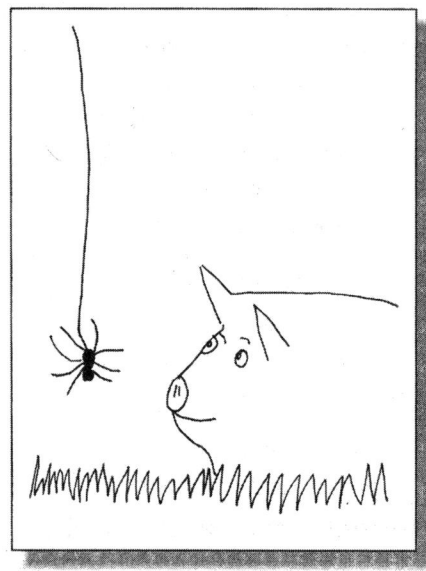 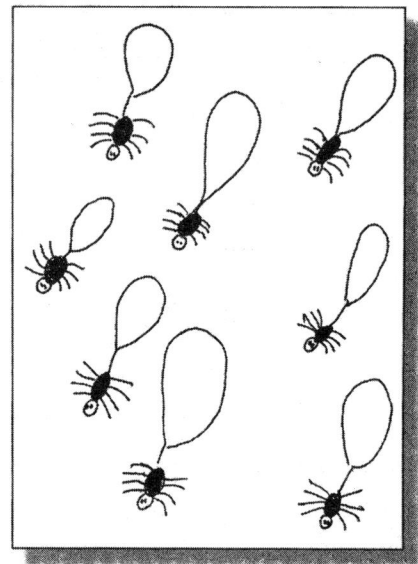

참고 문헌

Brett, J. (1989). *The mitten*. New York: Putnam.

Dorros, A. (1997). *Abuela*. New York: Puffin Books.

Koopmans, L. (1995). *The woodcutter's mitten*. New York: Crocodile Books.

Long, M. (2003). *How I became a pirate*. San Diego: Harcourt.

Pollock, Y. (1994). *The old man's mitten*. Greenvale, NY: Mondo.

Teague, M. (1997). *How I spent my summer vacation*. New York: Dragonfly.

Tompkins, G. E. (2006). *Lireracy for the 21st century* (4th ed.). Upper Saddle River, NJ: Merrill/Prentice Hall.

Tresselt, A. (1989). *The mitten*. New York: HarperTrophy.

White, E. B. (2006). *Charlotte's web*. New York: HarperCollins.

Yorinks, A. (1986). *Hey, Al*. New York: Farrar, Suraus & Giroux.

43 이야기 다시 말하기 (Story Retelling)

교수 초점		학년 수준
■ 말하기/듣기	■ 독해	■ 유치원-2학년
☐ 음운 인식/발음(음성)	☐ 작문	☐ 3-5학년
☐ 유창성	☐ 철자 쓰기	☐ 6-8학년
☐ 어휘력	☐ 내용교과	☐ 영어 학습자

교사는 이야기에 대한 학생들의 이해를 점검하기 위하여 '이야기 다시 말하기'를 사용한다(Morrow, 1985). 학생들은 1대 1로 교실의 조용한 곳에 앉는다. 그리고 그들이 전에 읽었거나 읽어 주는 것을 들었던 이야기를 다시 말하도록 요청한다. 아이가 다시 말하는 동안에 교사는 다시 말하기에 포함된 구성 요소를 표시하기 위하여 채점 용지를 사용한다. 이러한 채점 용지의 예는 다음과 같다. 2학년 교사는 아이가 '용감하고 진실한 루비 루(*Ruby Lu, Brave and True,* Look, 2006)'에 대하여 다시 말하기 한 것을 평가하기 위하여 다음의 (예)와 같은 채점 용지를 사용하였다.

이 이야기는 거의 8살이 된 호감이 가는 중국계 미국인 소녀의 요절복통하는 모험에 대한 챕터북으로 읽기 쉽다. 만약 아이가 주저하거나 이야기 다시 말하기를 끝마치지 못하면, 교사는 "그 다음에 무슨 일이 생겼지?" 등과 같은 지시문을 사용한다. 이야기를 다시 말할 때, 아이들은 개인적으로 요약한 것을 제공하는 기억의 정보를 조직한다(Hoyt, 1999). 교사는 아이들의 대다수가 알고 있더라도 이야기를 다시 말하는 방법을 이미 알고 있다고 추정할 수 없다. 다시 말하기 과정에 대한 설명과 시범을 통하여 학생들은 예상되는 것이 무엇인지 학습한다. 또한 아이들은 능숙해지기 전에 이야기 다시 말하기를 연습할 필요가 있다. 아이들은 친구들과 함께 그리고 집에서 부모님께 이야기를 다시 말할 수 있다.

문식성 전략 50 - 단계별 언어 기능 교수 전략 -

(예) 이야기 다시 말하기를 위한 채점 용지

4		____ Names and describes all characters. ____ Includes specific details about the setting. ____ Explains the problem. ____ Describes attempts to solve the problem. ____ Explains the solution. ____ Identifies the theme.
③		✓ Names all characters and describes(P) some of them. ____ Identifies more than one detail about the setting (location, weather, time). ✓ Recalls events in order. ✓ Identifies the problem. ✓ Includes the beginning, middle(P), and end.
2		____ Names all characters. ✓ Mentions the setting. ____ Recalls most events in order. ____ Includes the beginning and end.
1		____ Names some characters. ____ Recalls events haphazardly. ____ Includes only beginning or end.

Name: Cassie　　　Date: May 10
Book: Ruby Lu, Brave and True
P = prompted

　1학년 교사가 큰 소리로 '안녕, 알(Hey, Al, Yorinks, 1986)'을 읽는다. 이 이야기는 근면한 수위 Al와 그의 충성스러운 개인 Eddie에 대한 이야기로, Al는 좀 더 나은 생활을 갈망하고 있다. 이 그림책의 시작 부분에서, Al는 매우 열심히 일을 하고 난 후, 새가 그에게 편한 생활이 있다고 제안하였기 때문에 낙심한다. 이야기의 중간 부분에서 Al가 새의 제안을 받아들이자, 새는 Al과 Eddie를 데리고 섬으로 날아간다. 그들은 천국과 같은 섬에서 새로 변하기 시작할 때까지 경이로운 시간을 보낸다. 그들은 그곳을 탈출하여 도시에 있는 집을 향해 날았다. Al이 무사히 집에 도착했으나 Eddie는 거의 물에 빠져 죽을 뻔 했다. 마침내 Al과 Eddie는 재회하였고, 행복은 그들 스스로 만들어야 한다는 것을 깨달았다. 교사가 이야기 읽기를 끝마친 후에 아이들은 좋아하는 장면을 그림으로 그리고, 대집단 대화(17번 전략 참고)를 한다. 그 후에 1학년 학생들은 개인적으로 이야기

43 이야기 다시 말하기(Story Retelling)

를 다시 말한다. 그러나 교사는 정보를 더 추가하기 위하여 유도하지 않는다. 다음은 어린이 세 명의 다시 말하기 내용이다.

다시 말하기 # 1: *이 이야기는 Al과 Eddie에 대한 것이다. 새는 그들을 하와이로 데려갔고 그들을 그곳에서 즐겁게 보냈다. 그들은 수영과 놀이를 많이 했다. 그런데 그들은 새라는 존재와 같지 않기 때문에 다시 집으로 돌아왔다.*

다시 말하기 # 2: *Al과 Eddie는 섬에 있다. 그들은 섬을 좋아했고 그들은 새로 변했다. 그들은 날개와 깃털, 일이 있었고 이것들이 그들을 즐겁게 보이도록 만들었다. 그것이 그들을 두렵게 만들었고, 그들은 날아서 옛 집으로 돌아왔다. 나는 Eddie가 바다에 빠져 익사하였다고 생각한다. 그래서 Al은 새로운 개를 샀고, 그 개와 함께 많은 즐거움을 누렸다.*

다시 말하기 # 3: *Al라는 남자와 그의 강아지 Eddie는 좀 더 흥미로운 일을 원했고, 그래서 그들은 섬에 갔다. 처음에는 경이로웠다. 그러나 그 후에 그들은 새로 변하기 시작하였고, 그들은 그것을 싫어하였다. 그들은 다시 집으로 돌아가기를 원했다. 그들은 집으로 날아가기 시작했고, 그들은 원래의 모습으로 다시 변했다. Al이 집에 도착했을 때, Eddie는 작았기 때문에 거의 물에 빠져 죽을 뻔 했다. 대체로 그들은 중요한 것을 배웠다. 당신은 당신이 존재하는 그대로 행복해야 한다.*

이 세 가지 다시 말하기는 아이들의 이해 수준이 각각 차이가 있음을 보여준다. 첫 번째 아이의 간단한 다시 말하기는 문자적이다. 이야기의 도입, 중간, 끝의 사건을 포함하고 있으나 해석이 부족하다. 많은 세부 사항이 빠져 있다. 사실상, 이 아이는 Al는 사람(또는 수위) 또는 Eddie는 개라는 것도 언급하지 않았다. 비록 두 번째 다시 말하기는 첫 번째보다 더 길다고 하여도, 이는 단지 부분적인 이해만을 보여준다. 시작 부분이 부족하기 때문에 이는 불완전하다. 이 아이는 다시 말하기의 대부분을 이야기의 중간 부분에 초점을 두고 있고 이야기의 끝 부분은 Eddie가 익사하지 않았기 때문이라고 잘못 이해하고 있다. 이와 대조적으로 세 번째 아이의 다시 말하기는 꽤 세련되어 있다. 이 아이는 이야기의 시작, 중간, 끝 부분을 다시 말하고, 등장인물이 섬에 가게 되는 동기를 설명하고 있다. 가장 중요한 점은 이 아이가 이야기를 주제-자신의 행복은 스스로 만드는 것-를 설명함으로써 이 이야기의 목적을 확립하고 있다. 교사가 아이들의 이야기 다시 말하기를 듣기 시작할 때, 그들은 이야기 다시 말하기를 하지 못한 아이들보다 본래 이야기와 다르게 다시 말하기를 한 아이들에 주목한다. 잘 이해한 사람의 다시 말하기는 의미가 통한다. 그들은 이야기의 조직을 반영하고, 중요한 이야기의 사건 모두를 언급한다. 대조적으로 잘 이해하지 못한 사람은 종종 이야기의 중간에 있는 사건을 무턱대고 회상하거나 중요한 사건을 빠뜨린다.

왜 이 교수 전략을 사용하는가?

다시 말하기는 평가 방법일 뿐만 아니라 교수 도구이다. Mckenna & Stahl(2003)은 다시 말하기의 세 가지 장점-음성 언어 능력 신장, 이해력 전략 사용 신장, 이야기 구조 지식 심화-을 밝혔다. 아이들이 다시 말하기 활동에 규칙적으로 참여할 때, 이야기에서 중요한 아이디어에 초점을 두게 되는 아이들의 이해력은 향상된다. 그리고 아이들이 스스로 말하게 된 것에 이야기의 문장 양식, 어휘, 구절을 포함함으로써 음성 언어 능력이 신장된다.

어떻게 이 교수 전략을 사용하는가?

교사는 보통 학급 전체와 함께 이야기를 공유한다. 개인적인 아이들이 이야기를 다시 말하는 단계는 다음과 같다.

1. 이야기를 소개한다.

교사는 제목을 읽고, 책의 표지를 검토하며, 이야기와 관련된 주제에 대하여 말함으로써 이야기를 소개한다. 또한 교사는 아이들이 나중에 이야기를 다시 말하기 위해 요구할 것에 대하여 설명한다.

43 이야기 다시 말하기(Story Retelling)

2. 이야기를 읽는다.

아이들은 이야기를 읽거나 크게 읽어주는 것을 듣는다. 아이들이 이야기를 스스로 읽는 동안에 아이들의 읽기 수준에 따라 읽도록 하는 것이 필수적이다.

3. 이야기에 대하여 토의한다.

아이들은 이야기에 대하여 말하고, 아이디어를 공유하며, 혼란스러운 것을 명료화한다(이 단계는 선택적이다. 그러나 대개 이야기에 대하여 토의하는 것은 아이들의 다시 말하기 능력을 향상시킨다).

4. 그래픽 조직자를 만든다.

아이들은 그들이 다시 말하는 것을 안내하기 위한 그래픽 조직자 또는 그림 시리즈를 만든다(이 단계는 선택적이다. 그러나 이 단계는 특별히 이야기 다시 말하기를 어려워하는 아이들에게 도움이 된다).

5. 학생들이 이야기를 다시 말하도록 한다.

교사는 아이들이 개인적으로 이야기를 자신들의 말로 다시 말하도록 한다. 만약 필요하다면 좀 더 정보를 이끌어내기 위하여 다음과 같은 지시하는 질문을 한다.

누구에 대한 이야기인가?
다음에 어떤 일이 벌어졌는가?
이야기가 일어난 곳은 어디인가?
등장인물은 다음에 무슨 일을 했는가?
어디서 사건이 벌어졌는가?

6. 채점 안내표에 표시한다.

교사는 아이가 이야기 다시 말하기 한 것을 채점 안내표를 사용하여 채점한다.

문식성 전략 50 – 단계별 언어 기능 교수 전략 –

언제 이 교수 전략을 사용하는가?

교사는 종종 문학 중심 단원과 안내된 읽기(18번 전략 참고)를 하는 동안에 아이들이 읽은 이야기와 크게 읽어 주는 것을 들은 이야기의 이해력을 점검하기 위하여 이 교수 전략을 사용한다. 또한 아이들은 정보적인 책에 대하여 다시 말하기를 할 수 있다. 이러한 다시 말하기에서 아이들은 중요한 아이디어를 요약하고 등장인물과 이야기의 사건보다는 이들 사이의 관계에 초점을 둔다(Flynt & Cooter, 2005). 다시 말하기에서는 다음과 같은 질문을 다루어야 한다.

중요한 아이디어는 무엇인가?
중요한 아이디어는 어떻게 구조화되었는가?
저자의 목적은 무엇인가?
학생들이 예전에 몰랐던 것을 배운 것은 무엇인가?

아이들이 배운 중요한 아이디어를 기억하기 위하여 개인, 세상, 그리고 텍스트가 연관성을 갖도록 만드는 것이 필수적이다. 그들에게는 연관성을 갖도록 주제에 대한 충분한 배경 지식이 필요하다. 만약 그들이 연관성을 가질 수 없다면 그들이 중요한 아이디어를 이해하거나 기억할 것 같지 않다.

참고 문헌

Flynt, E. S., & Cooter, R. B., Jr. (2005). Improving middle-grades reading in urban schools: The Memphis Comprehension Framework. *The Reading Teacher, 58,* 774 -780.
Hoyt, L. (1999). *Revisit, reflect, retell: Strategies for improving reading comprehension.* Portsmouth, NH: Heinemann.
Look, L. (2006). *Ruby Lu, brave and true.* New York: Aladdin Books.
McKenna, M. C., & Stahl, S. A. (2003). *Assesment for reading instruction.* New York: Guilford Press.
Morrow, L. M. (1985). Retelling stories: A strategy for improving children's comprehension, concept of story structure, and oral language complexity. *Elementary School Journal, 85,* 647-661.
Yorinks, A. (1986). *Hey, Al.* New York: Farrar, Straus & Giroux.

44 지속적 묵독 (SSR, Sustaned Silent Reading)

교수 초점		학년 수준
☐ 말하기/듣기	■ 독해	■ 유치원–2학년
☐ 음운 인식/발음(음성)	☐ 작문	■ 3–5학년
■ 유창성	☐ 철자 쓰기	■ 6–8학년
■ 어휘력	☐ 내용교과	■ 영어 학습자

지속적 묵독(SSR)은 하나의 수업 중이나 전체 학교 활동 시간 안에서 학생이 스스로 고른 책을 읽도록 정해진 독립적인 독서 시간을 말한다(Gardiner, 2005). 몇몇 학교에서는 모든 사람-학생, 교사, 학교장, 교직원, 관리인-이 독서를 위하여 보통 15분에서 30분간 모든 행동을 멈춘다. 지속적 묵독(SSR)은 학교에서 널리 쓰이는 독서 활동으로 "모든 것을 내려놓고 읽기(drop everything and read; DEAR)", "지속적이고 조용한 독서 시간(sustained quiet reading time; SQUIRT)", "독서를 즐기기 위한 우리의 시간(our time to enjoy reading; OTTER)"을 포함한 다양한 이름으로 알려져 있다.

교사는 지속적 묵독을 학생들이 매일 독서하는 시간을 증가시키기 위하여, 또는 방해 받지 않고 조용히 독서하는 능력을 신장시키기 위하여 사용한다(Hunt, 1967; McCracken & McCracken, 1978). 지속적 묵독은 다음과 같은 지침을 기반으로 한다.

- 학생들은 그들이 읽을 책을 스스로 고른다.
- 학생들은 조용히 책을 읽는다.
- 교사는 지속적 묵독 시간에 책을 읽음으로써 학생들에게 시범을 보인다.
- 학생들은 독서 시간 전체 동안 읽을 한 권의 책 또는 다른 읽을거리를 고른다.
- 교사는 15분에서 30분 정도로 설정된 연속적인 시간으로 타이머를 설정한다.
- 학급 또는 학교 전체의 학생이 참여한다.
- 학생들은 독후감을 쓰지 않으며 다른 어떤 독후 활동에도 참여하지 않는다.

- 교사는 기록하지 않거나 학생들의 수행에 대하여 평가하지 않는다(Pilgreen, 2000).

지속적 묵독 프로그램의 성공을 위해서는 학생들이 학급 문고나 학교 도서관에 있는 많은 책에 쉽게 접근할 수 있어야 하고, 그들의 수준에 맞는 책을 고르기 위하여 골디락스 전략(16번 전략 참고)을 사용하는 방법을 알아야 한다. 만약 학생의 읽기 수준에서 학생의 흥미를 끄는 책이 없으면 그들은 연장된 시간동안 독립적으로 책을 읽을 수 없을 것이다.

왜 이 교수 전략을 사용하는가?

많은 연구 결과를 통하여 지속적 묵독은 학생들의 읽기 능력(유창성, 어휘력, 이해력)을 발달시키는 데에 유익하다고 밝혀졌다(Krashen, 1993; Marshall, 2002; Pilgreen, 2000). 또한 지속적 묵독은 독서에 대한 긍정적인 태도를 신장시키고 학생들이 매일 독서하는 습관을 발달시킬 수 있게 한다. 학생들은 그들이 읽을 책을 스스로 선택하기 때문에 그들 자신의 독서 취향과 독자로서의 선호를 개발시키는 기회를 가질 수 있다.

어떻게 이 교수 전략을 사용하는가?

지속적 묵독은 학급 전체 활동이다. 교사는 이 교수 전략을 다음 단계에 따라 실행한다.

1. 지속적 묵독을 위한 시간을 설정한다.

교사는 매일 중단되지 않는 연속되고 독립적인 독서 시간을 정한다. 독서 시간은 1학년 학급의 경우 10분 정도, 고학년에서는 20분에서 30분, 또는 그 이상 지속되도록 한다. 교사는 종종 10분 동안 독서 시간을 정하고 지속적 묵독을 시작한다. 학생들의 인내력이 형성되면 지속적 묵독 기간을 확대하고 좀 더 많은 시간을 요구한다.

2. 학생들이 읽을 책을 가지고 있는지 확인한다.

독서가 가능한 사람에게 지속적 묵독 시간은 독립적인 독서 시간이다. 학생들은 지속적 묵독 시간동안 읽을 책을 그들의 책상에 넣어두고 읽었던 부분을 표시하기 위해 책갈피를 사용한다. 초기 독자는 새 책을 읽을지 모른다. 3수준 또는 4수준 독자는 지속적 묵독 시간동안 읽었던 책을 반복해서 읽을 수도 있다.

3. 미리 결정한 시간을 타이머로 설정한다.

교사는 타이머를 교실에 설치하고 모두가 책을 읽을 준비가 되면 지속적 묵독 시간을 알려주는 타이머를 작동시킨다. 이때 학생들이 지속적 묵독 시간에 방해를 받지 않도록 확실히 하기 위하여 어떤 교사는 교실 문에 "방해하지 마시오."라는 표시를 한다.

4. 학생과 함께 읽는다.

학생들이 독서를 하는 동안 교사는 독자로서 할 수 있는 일과 즐거운 활동으로써 독서에 대한 시범을 보이기 위하여 책, 잡지, 또는 신문을 즐겁게 읽는다.

지속적 묵독이 뒤따르는 활동 없이 단독적으로 이루어지는 특별하게 개발된 활동일지라도 많은 교사는 독서에 대한 학생들의 흥미를 지속시키기 위하여 신중하게 선택된 간단한 몇 가지 독후 활동을 한다(Pilgreen, 2000). 학생들은 종종 그들의 독서에 대하여 짝과 토론하거나 지원자들이 전체 학급을 대상으로 그들의 '책 이야기(6번 전략 참고)'를 하기도 한다. 학생들은 귀 기울여 들으며 다음에 읽고 싶어질 것 같은 책에 관한 정보를 얻기도 한다. 때때로 학생들은 그들이 읽은 책에 흥미를 가진 학생에게 책을 전달하는 의식을 개발하기도 한다.

언제 이 교수 전략을 사용하는가?

학교의 모든 교사가 지속적 묵독 시간을 설정하기 위해 함께 노력할 때, 교사는 특별한 독서 활동을 위한 일일 시간과 이 프로그램의 기본 규칙을 정한다. 많은 학교들이 지속적 묵독을 아침에 편성하거나 낮 시간 중 편리한 시간에 편성하고 있다. 가장 중요한 것은 지속적 묵독이 매일 같은 시간에 학교에 있는 모든 아이들과 어른들이 자신이 하던 일을 멈추고 독서에 참여하는 형태로 이루어져야 한다는 것이다. 만약 교사가 그 시간을 아이들의 시험지를 채점하거나 개별 학생과 학습하는 형태로 이용한다면 이 프로그램은 효과적이지 못하다. 교장과 다른 학교 관리자들도 마찬가지로 매일 다른 학급을 방문하여 함께 독서 활동에 참여하는 습관을 갖도록 해야 한다.

참고 문헌

Gardiner, S. (2005). *Building students' literacy through SSR*. Alexandria. VA: Association for Supervision and Curriculum Development.

Hunt, L. (1967). Evaluation through teacher-pupil conferences. In T. C. Barrett (Ed.), *The evaluation of children's reading achievement* (pp. 111-126). Newark, DE: International Reading Association.

Krashen, S. (1993). *The power of reading*. Englewood, CO: Libraries Unlimited.

Marshall, J. C. (2002). *Are they really reading? Expanding SSR in the middle grades*. Portland, ME: Stenhouse.

McCracken, R., & McCracken, M. (1978). Modeling is the key to sustained silent reading. *The Reading Teacher, 31,* 406-448

Pilgreen, J. L. (2000). *The SSR handbook: How to organize and manage a sustained silent reading program.* Portsmouth, NH: Boynton/Cook/Heinemann.

45 티 파티(Tea Party)

교수 초점		학년 수준
■ 말하기/듣기	■ 독해	□ 유치원-2학년
□ 음운 인식/발음(음성)	□ 작문	■ 3-5학년
■ 유창성	□ 철자 쓰기	■ 6-8학년
■ 어휘력	■ 내용교과	■ 영어 학습자

학생들은 이야기, 정보적인 책, 또는 내용교과 교과서에서 발췌한 내용을 읽거나 다시 읽기 위하여 티 파티에 참가한다. 티 파티는 학생들이 교실을 돌아다니면서 친구들과 각자의 짧은 발췌문을 읽거나 발췌한 부분에 대하여 이야기를 나누며 교제를 나누는 능동적이고 참여적인 활동이다(Beers, 2003). 교사는 발췌문을 선택하고, 복사본을 만들고, 그것을 다시 두꺼운 종이에 붙여 여러 겹을 만든다. 교사는 발췌문을 나누어 주고, 약간의 연습 시간을 갖는다. 그리고 학생들은 티 파티 활동에 참여한다.

교사는 종종 내용교과 교과서에서 새로운 장을 소개하기 위하여 읽기 전 활동으로 티 파티를 사용한다. 교사는 대개 중요한 아이디어와 관련된 어휘를 소개하고, 학생들이 새로운 텍스트에 친숙해지며, 배경 지식을 형성하여 활성화시키기 위하여 발췌문을 선택한다. 교사가 어떤 때에는 학생들이 좋아하는 발췌문을 다시 읽기 위하여, 학생들이 이미 책을 다 읽은 것을 축하하기 위하여 학생들을 티 파티에 초청한다. 읽기 후 활동으로 티 파티를 사용할 때에 학생들은 중요한 아이디어를 검토하고, 이야기의 사건을 요약하거나 이야기 구조의 요소에 초점을 맞춘다. 또한 학생들은 단어 벽(49번 전략 참고)에 있는 단어를 그 의미와 삽화가 특별하게 포함된 어휘 카드를 만들 수 있다(Cirimele, 2008). 카드를 만든 후에 학생들은 티 파티에 참여하여, 교실을 돌아다니면서 그들의 단어를 공유하고 그들의 친구들에게 단어들을 설명한다.

문식성 전략 50 - 단계별 언어 기능 교수 전략 -

왜 이 교수 전략을 사용하는가?

티 파티는 읽기 전과 읽은 후 활동에 모두 효과적이다. 학생들은 친구들에게 발췌 부분을 읽고 다시 읽어주면서 읽기 유창성을 강화한다. 학생들은 발췌문을 사용하여, 그들이 발췌문을 읽고 친구들이 다른 발췌문 읽는 것을 들으며 어휘, 단어에 대하여 배우고, 친구들과 발췌문에 대하여 이야기를 나누면서 토의한 중요한 아이디어의 이해력을 심화시키는 것을 좀 더 배운다.

📝 영어 학습자를 위한 안내

이 교수 전략은 학생들이 지원적이고 사회적 학급 환경 속에서 읽기 전과 읽은 후에 텍스트를 검토하는 배경 지식을 형성하기 위한 기회를 갖기 때문에 영어 학습자에게 특별하게 가치가 있다(Calderon, 2008; Rea & Mercuri, 2006). 교사가 영어 학습자들이 유창하게 읽을 수 있도록 그들의 읽기 수준이나 그 수준에 적절하게 쓰인 발췌문을 선택하는 것은 중요하다. 또한 교사는 발췌문을 소개하기 위한 시간을 마련하고 티 파티 활동 전에 발췌문을 읽는 연습을 하도록 해야 한다.

어떻게 이 교수 전략을 사용하는가?

티 파티는 학급 전체의 교수 전략이고, 교사는 이 전략을 실행하기 위하여 다음과 같은 단계를 따른다.

1. 카드를 만든다.

교사는 학생들이 읽었던 이야기, 정보적인 책, 또는 내용교과 교과서 등에서 발췌한 부분으로 카드를 만든다. 교사는 카드를 여러 겹 붙인다. 또는 교사는 더 어린 학생들과는 함께 문장 조각을 사용한다.

2. 읽기를 연습한다.

학생들은 스스로 유창하게 읽을 수 있을 때까지 발췌문 읽기를 여러 번 연습한다.

3. 발췌문을 공유한다.

학생들은 교실을 돌아다니다가 친구에게 발췌문을 읽기 위하여 멈춘다. 학생들이 짝을 이루면 차례대로 그들의 발췌문을 읽는다. 첫 번째 학생이 읽은 후에 두 학생이 그 발췌문에 대하여 토의한다. 그러고 나서 다른 학생이 발췌문을 읽은 후에 두 학생은 두 번째 학생의 발췌문에 대하여 논평한다. 그 후에 학생들은 다시 움직여서 서로의 카드를 읽기 위한 다른 친구를 찾는다.

4. 학급에서 발췌문을 공유한다.

학생들은 10분에서 15분이 지난 후에 그들의 책상으로 돌아온다. 교사는 몇몇의 학생에게 그들의 발췌문을 학급 전체에 읽게 하거나 티 파티 활동을 통하여 배운 것이 무엇인지 이야기하도록 요청한다.

언제 이 교수 전략을 사용하는가?

티 파티는 문학 중심 단원이나 주제 중심 단원에서 학습이 마무리된 것을 축하하기에 좋은 방법이다. 그리고 이 활동은 단원 내내 배운 중요한 아이디어를 강화한다. 교사는 단원에서 배울 중심 아이디어와 핵심 어휘를 표현해 주는 정보적인 책이나 내용교과 교과서의 발췌문 선택에 의한 주제 중심 단원을 소개하는 데에 티 파티를 사용한다. 다음 (예)는 7학년 교사가 생태계 관련 단원을 소개하기 위하여 사용했던 수업 세트인 여섯 장의 티 파티 카드이다. 교사는 학생들이 읽을 만한 정보적인 책이나 교과서 장에서 몇몇 문장과 단락을 수집하고, 다른 것은 교사 스스로 작성한다. 티 파티 카드는 학생들이 각 카드에서 하나 또는 두 개의 핵심어에 주의하여 초점이 되는데 도움이 되도록 강조되어 있다. 학생들은 카드에 적힌 발췌문을 읽고 토론하며 핵심어를 가지고 단어 벽(49번 전략 참고)을 만들기 시작하였다. 이 두 가지 활동이 생태계에 대한 학생들의 배경 지식을 활성화시켰고 새로운 개념을 형성하도록 하였다.

문식성 전략 50 - 단계별 언어 기능 교수 전략 -

(예) 생태계에 대한 정보를 담은 티 파티 카드

Recycling means using materials over and or making them into new things instead of throwing them throwing them away.	Acid rain happens when poisonous gases from factories and cars get into rain clouds. Then the gases mix with rain and fall back to earth. It is harmful to our environment and to the people and animals on earth.
Plastic bottles, Plastic forks, and plastic bags last forever! A big problem with plastic is that it doesn't biodegrade. Instead of filling landfills with plastic, it should be recycled.	Many cites have air filled with pollution called smog. This pollution is so bad that the sky looks brown. not blue.
The ozone layer around the earth protects us from the harmful rays of the sun. This layer is being damaged by gases called chlorofluorocarbons or CFCs. These gases are used is air conditioners, fire extinguishers, and styrofoam.	Americans cut 850million trees last year to make paper products. Sound like a lot of trees? Consider this: One tree can be made into approximately 100 grocery bags, and a large grocery store uses about that many bags in an hour!

참고 문헌

Beers, K. (2003). *When kids can't read, what teachers can do*. Portsmouth, NH: Heinemann.

Calderson, M. E. (2008). *Teaching reading to English language learners, grades 6-12: A framework for improving achievement in the content areas*. Thousand Oaks, CA: Corwin Press.

Cirimele, C. (2008). Vocabulary tea party. In G. E. Tompkins & C. Blanchfield (Eds.), *Teaching vocabulary: 50 creative strategies, grades 6-12* (2nd ed.; pp. 53-54). Upper Saddle River, NJ: Merrill/Prentice Hall.

Rea, D. M., & Mercuri, S. P. (2006). *Research-based strategies for English language learners: How to teach goals and meet standards, K-8*. Portsmouth, NH: Heinemann.

46 벤 다이어그램(Venn Diagrams)

교수 초점		학년 수준
☐ 말하기/듣기	■ 독해	☐ 유치원-2학년
☐ 음운 인식/발음(음성)	☐ 작문	■ 3-5학년
☐ 유창성	☐ 철자 쓰기	■ 6-8학년
☐ 어휘력	■ 내용교과	■ 영어 학습자

　학생들은 주제를 비교 또는 대조하기 위하여 벤 다이어그램을 사용한다(Tovani, 2000). 두 개 또는 그 이상의 겹치는 원을 가지고 사물들 간의 관계를 보여주기 위하여 영국인 논리학자인 John Venn(1843-1923)이 다이어그램을 고안하였다(Edwards, 2004). 학생들은 원의 겹치지 않는 부분에 차이점에 대하여 쓰고 그릴 수 있고, 원의 겹치는 부분에 유사점에 대하여 쓰고 그릴 수 있다. 가장 중요한 것은 학생들이 주제에 대하여 비교 또는 대조하는 동안에 사고하는 것이다. 다음에 나오는 (예)는 Lorinda Cauley(1984)와 Jan Brett(2003)가 쓴 '서울쥐와 시골쥐(*The Town mouse and the Country Mouse*)'를 비교하여 가운데 부분에 유사점, 다른 두 부분에 차이점으로 목록화한 2학년 학생의 벤 다이어그램이다. 벤 다이어그램을 만드는 것은 모든 활동을 마치는 활동일 수 있거나 쓰기 전 활동일 수도 있다. 그 후에 학생들은 에세이나 보고서를 쓸 때 벤 다이어그램에 있는 정보를 사용한다.

　때때로 교사는 도표 종이에 커다란 벤 다이어그램을 그리고 학급의 학생들이 함께 유사점과 차이점을 추가하도록 할 수 있다. 그렇지 않으면, 학생들은 개별적 또는 소집단으로 활동하여 공작용 종이에 벤 다이어그램을 만들 수 있다. 교사는 벤 다이어그램을 만들기 위하여 세심하게 원을 그리고 겹치게 하는 과정이 포함된 시간을 절약하기 위해 종종 피자 냄비를 사용하는데, 이는 포스터 판에 벤 다이어그램을 그리고 나서 그것을 종이에 합쳐 붙이는 형태로 사용될 수 있다. 학생들은 투명한 프로젝터 필름을 사용하기 위해 고안된 수성 펜을 합쳐 붙여진 벤 다이어그램을 쓸 수 있으며, 이것은 지울 수 있기 때문에 계속하여 사용할 수 있다.

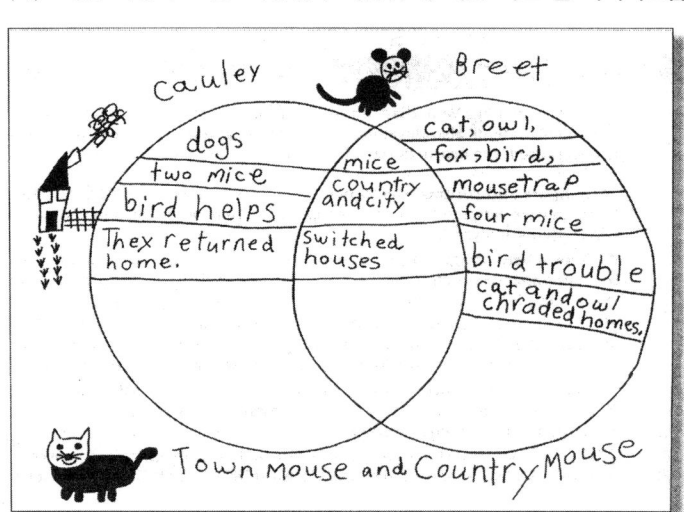

(예) 2학년 학생의 그린 '서울쥐와 시골쥐'에 대한 비교 벤 다이어그램

왜 이 교수 전략을 사용하는가?

벤 다이어그램은 학생들을 그들이 읽고 배운 것에 대해 좀 더 분석적으로 사고할 수 있도록 도와주는 시각적 표현이기 때문에 유용하다. 학생들은 벤 다이어그램을 완료하기 위하여 주제들 사이의 유사점과 차이점을 알아내기 위한 비교와 대조 전략을 사용한다.

영어 학습자를 위한 안내

Peregoy & Boyle(2005)는 영어 학습자들을 위한 그래픽 조직자는 학생들이 구조 정보를 만들기 쉽게 하므로, 그래픽 조직자의 하나인 벤 다이어그램의 사용을 추천하였다. 또한 이 전략은 학생들이 학습한 중요한 아이디어에 대한 이해를 용이하게 한다.

46 벤 다이어그램(Venn Diagrams)

어떻게 이 교수 전략을 사용하는가?

교사는 학급 전체와 함께 도표 종이에 커다란 벤 다이어그램을 만든다. 소집단과 개별적 학생들도 작은 벤 다이어그램을 개발한다. 조직적인 형태가 사용된다고 하더라도 교수 전략의 단계는 다음과 같다.

1. 주제를 비교하고 대조한다.

학생들은 두 가지 또는 그 이상의 주제 중에서 유사점과 차이점 목록을 브레인스토밍한다. 교사는 필요한 경우에 학생들이 주제를 분석하도록 돕기 위하여 질문을 제기한다.

2. 벤 다이어그램을 그린다.

교사들 또는 학생들은 도표 종이나 공작용 종지에 벤 다이어그램을 그리고 그 원에 주제의 이름을 쓰인 라벨을 붙일 수 있다. 때때로 교사는 라벨에 그림을 추가할 수 있다.

3. 다이어그램을 완료한다.

원의 바깥 부분에 학생들은 주제의 차이점을 나타내는 단어나 구절을 쓰거나 그린다. 그러고 나서 학생들은 원이 겹치는 부분에는 유사점에 대하여 쓰거나 그린다.

4. 정보를 요약한다.

학생들은 구두 토의를 하거나 그래픽 조직자를 첨부한 한 단락의 글로 써서 벤 다이어그램에 표현한 정보를 요약한다.

5. 벤 다이어그램을 전시한다.

교사는 완성된 벤 다이어그램을 교실에 전시할 수 있고, 학생들은 그 도표의 정보를 다른 활동을 위하여 사용할 지도 모른다.

문식성 전략 50 - 단계별 언어 기능 교수 전략 -

언제 이 교수 전략을 사용하는가?

벤 다이어그램은 문학 중심 단원과 주제 중심 단원에서 주제의 다양성을 비교하고 대조하기 위하여 사용될 수 있다. 문학 중심 단원에서 다음 주제들은 벤 다이어그램으로 분석될 수 있다.

두 명의 등장인물
책과 책의 비디오 버전
책과 그것의 속편
주제가 비슷한 두 권의 책
작가가 같은 두 권의 책
두 명의 작가 또는 삽화가

주제 중심 단원에서 다음 주제들은 비교하고 대조하기 위하여 벤 다이어그램을 사용할 수 있다.

중세 시대의 삶과 오늘날의 삶
태양계의 지구와 다른 행성
오리건 철로와 산타페 철로
고래수염과 이빨고래
낙엽수와 상록수
고대 이집트 문명과 고대 그리스 문명
미국 혁명과 미국 남북 전쟁
식민지 시대의 추수감사절과 오늘날의 추수감사절

벤 다이어그램은 두 가지 주제의 비교와 대조 모두에 사용될 수 있다. 그러나 교사가 파충류와 양서류, 초식 공룡과 육식 공룡, 또는 북극과 남극과 같은 오직 두 가지 주제의 대조만을 원할 때에는 T-도표가 벤 다이어그램보다 더 효과적이다. T-도표를 만들기 위해서는, 대문자 T를 크게 그리고 글자의 가로 부분 위에 두 개의 주제를 적는다. 파충류와 양서류를 대조하는 T-도표 예시는 다음과 같다.

46 벤 다이어그램(Venn Diagrams)

(예) 6학년 학생이 파충류와 양서류를 대조한 T-도표

Amphibians	Reptiles
Metamorphosis H₂O → land	Only one form
Skin is moist	Dry skin
Smooth or warty skin	Have scales
Lay eggs in the water (in jelly)	Lay eggs on the land (in shells)
Gills then lungs	Just lungs
Only males ♂ have voices	Only the Gecko has a voice

참고 문헌

Brett, J. (2003). *Town mouse, country mouse.* New York: Putnam.
Cauley, L. (1984). *The town mouse and the country mouse.* New York: Putnam.
Edwards, A. W. E. (2004). *Cogwheels of the mind: The story of Venn diagrams.* Baltimore: Johns Hopkins University Press.
Peregoy, S. F., & Boyle, O. F. (2005). *Reading, writing and learning is ESL: A resource book for K-12 teachers* (4th ed.). Boston: Allyn & Bacon.
Tovani, C. (2000). *I read it, but I don't get it: Comprehension strategies for adolescent readers.* York, ME: Stenhouse.

47 단어 사다리(Word Ladders)

교수 초점		학년 수준
☐ 말하기/듣기	☐ 독해	■ 유치원-2학년
■ 음운 인식/발음(음성)	☐ 작문	■ 3-5학년
☐ 유창성	■ 철자 쓰기	☐ 6-8학년
■ 어휘력	☐ 내용교과	■ 영어 학습자

    단어 사다리는 학생들이 각 단계마다 단일 낱자를 바꾸게 되는 연속된 단계를 통하여 한 단어를 다른 단어로 바꾸는 게임이다. 가능한 많지 않은 단계를 사용하는 목적은 처음 단어를 마지막 단어로 변화시키기 위해서이다. 이러한 퍼즐의 유형은 이상한 나라의 앨리스의 저자인 Lewis Carroll이 1878년에 발명하였다. 전형적으로, 첫 단어와 마지막 단어는 *fall-down, slow-fast, trick-treat*(중간에 나오는 모든 단어는 실제 단어이어야 한다) 등과 같이 어떠한 방식과 관련이 있다. 유명한 단어 사다리는 *cat-dog*인데, 세 단계에 거쳐서 *cat-cot-dot-dog*를 해결할 수 있다.

    교사는 발음, 철자, 그리고 어휘 기능을 연습하기 위하여 단어 사다리를 만들 수 있다(Rasinski, 2006). 교사는 단어에 대한 음소적 단서와 의미적 단서를 제공할 때, 단어 시리즈를 형성하기 위하여 학생들은 안내한다. 이 전략은 전통적인 단어 사다리 퍼즐과 비슷하다. 각 단어는 바로 전 단어로부터 온다. 그러나 학생들은 바로 전 단어로부터 새로운 단어를 만들기 위하여 하나 또는 그 이상의 낱자를 추가, 제거, 또는 변화시키려고 요구할지 모른다. 학생들은 목록 형식에 수평적으로 단어를 쓴다. 그래서 그들은 그들이 쓴 단어를 볼 수 있다. 다음은 교사가 사용한 *cat-dog* 단어 사다리이다.

교사가 말하는 내용	학생이 쓴 것
cat 단어로 시작합니다.	cat
침대(bed)라는 뜻을 가진 다른 단어로 만들기 위하여 모음을 바꿉니다.	cot
'매우 작은 둥근 점'이란 뜻을 가진 단어로 만들기 위하여 낱자 한 개를 바꿉니다.	dot
맨 처음 단어인 cat와 함께 있는 단어를 만들기 위하여 마지막 자음을 바꿉니다.	dog

교사들 스스로 학생들이 학습하면서 발음 개념과 철자 패턴을 강화하기 위하여 단어 사다리를 만들 수 있다. 이런 경우에는, 전통적인 단어 사다리처럼 처음 단어와 마지막 단어가 반드시 관련이 있을 필요가 없다. 다음은 /oo/의 짧고 긴 소리에 대한 단어를 연습하기 위한 단어 사다리의 예이다.

교사가 말하는 내용	학생이 쓴 것
good 단어를 쓴다. 우리는 오늘 /oo/가 나오는 단어를 연습합니다.	good
stand의 과거형을 쓰기 위하여 처음 소리를 바꿉니다. 그 단어는 stood입니다.	stood
"팔걸이와 등받이가 없는 좌석"이란 뜻을 가진 단어를 쓰기 위하여 끝소리를 바꿉니다.	stool
warm과 뜻이 반대인 단어를 쓰기 위하여 처음 소리를 바꿉니다.	cool
두 낱자를 추가합니다. 앞에 하나, 그 다음 낱자는 c입니다. 우리가 지금 있는 곳입니다.	school
tool 철자를 쓰기 위하여 처음 소리를 바꿉니다.	tool
also의 뜻을 가진 단어를 만들기 위하여 낱자 한 개를 지웁니다.	too
"야생 동물들을 보기 위하여 사람들이 갈 수 있는 곳"이란 뜻을 가진 단어를 쓰기 위해 첫 번째 낱자를 바꿉니다.	zoo
차가 만드는 소리의 철자를 쓰기 위하여 zoo에 낱자 한 개를 추가합니다.	zoom
쓸기 위하여 사용하는 어떤 것이란 철자를 쓰기 위하여 두 개의 처음 소리를 바꿉니다.	broom
"개울"이란 뜻을 가진 단어를 쓰기 위하여 낱자 한 개를 바꿉니다.	brook
"정직하지 못한 사람"이란 뜻을 가진 단어를 만들기 위하여 처음 소리를 바꿉니다.	crook

47 단어 사다리(Word Ladders)

왜 이 교수 전략을 사용하는가?

단어 사다리는 학생들이 학습한 발음과 철자 기능을 연습하기 위하여 재미있는 방법인 동시에, 학생들이 단어의 뜻에 대하여 사고하게 된다. 게임과 비슷한 체제의 이 교수 전략은 학생들과 교사가 주의를 집중하게 만든다.

영어 학습자를 위한 안내

단어 사다리는 영어 학습자를 위한 효과적인 교수 전략이다. 왜냐하면 교사는 학생들과 직접적으로 활동하고, 친숙하지 않은 단어와 개념을 설명하며, 학생들은 위협적이지 않은 게임 같은 상황에서 발음, 철자, 어휘를 배우기 위한 기회를 갖기 때문이다.

어떻게 이 교수 전략을 사용하는가?

교사는 단어 사다리를 학생들의 수준에 따라 소집단과 학급 전체에서 사용한다. 이 교수 전략을 위한 단계는 다음과 같다.

1. 단어 사다리를 만든다.

교사는 철자 목록 또는 발음 학습 단원에서 단어를 선택하여 5~15개로 된 단어 사다리를 만든다. 교사는 각 단어마다 음소와 의미의 단서의 조합을 통합시키는 단서를 쓴다. 또는 교사는 학생들에게 알맞은 상업적으로 이용할 수 있는 단어 사다리를 사용할 수 있다.

2. 지급품을 나누어 준다.

교사는 종종 이 활동을 위하여 학생들이 화이트보드와 마커를 사용하도록 한다. 또한 백지나 미리 단어 사다리를 그린 종이를 사용할 수 있다.

3. 단어 사다리 활동을 한다.

교사는 미리 준비한 단서를 읽고 학생들은 그 단어를 쓴다. 학생들은 차례대로 정확하게 단어와 철자를 썼는지 확인한다. 필요한 경우에 교사는 추가적인 단서를 제공하고 친숙하지 않은 단어, 발음 일반화, 철자 패턴을 설명한다.

4. 단어 사다리를 검토한다.

학생들이 단어 사다리를 완성하자마자, 단어를 다시 읽고 그들이 어렵게 쓴 것에 대하여 이야기한다. 또한 학생들은 이러한 낱자들을 이용하여 쓸 수 있는 다른 단어를 지원하게 된다.

언제 이 교수 전략을 사용하는가?

교사는 단어 사다리를 발음과 철자 수업, 그리고 단어 학습 활동의 한 부분으로서 사용한다. 철자 단어 또는 발음 수업에서의 단어 목록으로써 시작하는 쉬운 방법이다. Rasinski(2005a, 2005b)는 2학년부터 6학년들이 사용하기 쉬운 단어 사다리 게임을 편집한 책을 만들있다. 또한 교사는 학생들이 그들만의 단어 사나리를 만들고 수업에서 공유하는 것을 격려한다. 그밖에 아이들이 해결하기 위하여 인터넷을 이용하는 다양한 단어 사다리가 있다.

참고 문헌

Rasinski, T. (2005a). *Daily word ladders: Grades 2-3*. New York: Scholastic.
Rasinski, T. (2005b). *Daily word ladders: Grades 4-6*. New York: Scholastic.
Rasinski, T. (2006). Developing vocabulary through word building. In C. C. Block & J. N. Mangieri (Eds.), *The vocabulary-enriched classroom: Practices for improving the reading performance of all students in grades 3 and up* (pp. 36-53). New York: Scholastic.

48 단어 분류(Word Sorts)

교수 초점		학년 수준
☐ 말하기/듣기	☐ 독해	■ 유치원-2학년
■ 음운 인식/발음(음성)	☐ 작문	■ 3-5학년
☐ 유창성	■ 철자 쓰기	☐ 6-8학년
■ 어휘력	■ 내용교과	■ 영어 학습자

    학생들은 단어의 의미, 유사점, 음소 단서 또는 철자 패턴에 따라 단어를 조사하고 범주화하기 위하여 단어 분류를 사용한다(Bear, Invernizzi, Templeton, & Johnston, 2008; Ganske, 2006). 단어 분류의 목적은 학생들이 단어의 개념적, 음성학적인 특징과 되풀이되는 형태를 확인하는 데 초점을 맞추도록 돕는 것이다. 예를 들어 학생들은 *stopping, eating, hugging running, raining*과 같은 단어 카드들을 분류하면서, 단모음 단어는 마지막 자음을 한 번 더 적게 되는 어미 활용을 발견한다.

    교사는 학생들의 발달 수준 또는 교수 목표에 따라 단어 분류를 위하여 다음과 같은 범주를 선정한다.

- 운이 맞는 단어, 예를 들어 *ball, fat, car, rake*의 운이 있는 단어
- 자음 소리, 예를 들어 *r* 또는 *l*로 시작하는 단어의 그림
- 음성-상징 연관성, 예를 들어 똑같이 *y*로 끝나지만, 긴 *i*로 발음되는 단어(*cry*)와 긴 *e*로 발음 되는 단어(*baby*)
- 철자 형태, 예를 들어 다양한 철자 형태에서 긴 -*e*로 발음되는 단어(*sea, greet, be, Pete*)
- 음절 수, 예를 들어 *pig, happy, afternoon, television*
- 어근, 접사
- 개념적 연관성, 예를 들어 이야기 속의 다른 등장인물들 또는 주제 중심 단원에서 중요한 아이디어와 관련된 단어

문식성 전략 50 – 단계별 언어 기능 교수 전략 –

단어 분류를 위해 쓰일 많은 단어들은 학생들이 읽는 책이나 주제 중심 단원, 다른 철자법 단어 목록에서 선택되었다. 다음 (예)는 Nancy Shaw의 '뛰뛰빵빵(*Sheep in a Jeep*, 2006)', '배를 탄 양들(*Sheep on a Ship*, 1992)', '가게에 간 양들(*Sheep in a Shop*, 1994)'에 나온 단어들을 사용한 1학년 학급의 단어 분류이다. 학생들은 단어들을 세 가지 운(韻) -*eep, ip, op*에 따라서 분류하였다.

(예) 1학년 학급의 단어 분류

Sheep	Ship	Shop
jeep	trip	hop
beep	slip	mop
deep	whip	stop
weep	drip	drop

왜 이 교수 전략을 사용하는가?

학생들은 단어 분류에 참여하면서 중요한 발음, 철자, 어휘의 개념을 학습한다. 이 교수 전략은 좋은 지도법 특징의 많은 예-활동은 학생들이 학습한 것과 관련이 있다, 교사는 주제에 대하여 지도법을 제공한다, 학생들은 소집단에서 협력한다, 학생들은 활동에 능동적으로 몰입한다-를 들기 때문에 성공적이다.

# 48 단어 분류(Word Sorts)

📝 영어 학습자를 위한 안내

단어 분류는 영어 학습자에게 그들의 언어와 영어가 어떻게 다른지를 이해하는 기능을 다른 영어를 어떻게 이해하는 기능을 형성하게 하고, 그들이 철자를 통하여 의미를 예측하도록 돕는 지식을 개발하기 때문에 효과적인 교수 전략이다(Bear, Invernizzi, & Templeton, 2007). 소집단에서 단어 분류를 할 수 있기 때문에 교사는 학생들의 발달 수준에 적절하게 분류하기 위한 단어를 선택할 수 있다.

어떻게 이 교수 전략을 사용하는가?

학생들은 대개 단어 분류를 위하여 소집단으로 활동한다. 때때로 학급 전체가 같은 단어 분류 활동에 관여하기도 하는데, 이때에 각각 소집단은 교수적인 필요에 따라 서로 다른 분류를 한다. 교사는 다음과 같은 단계에 따라 단어 분류를 한다.

1. 주제를 선정한다.

교사는 단어 분류를 위하여 언어 기능 또는 내용교과 주제를 선정한다. 그리고 그것이 열린 분류일지 아니면 닫힌 분류일지를 결정한다. 열린 분류에서는 학생들이 그들이 분류하는 단어들에 기초해서 스스로 범주를 결정한다. 닫힌 분류에서는 교사가 활동을 설명할 때 범주를 제시한다.

2. 단어 목록을 엮는다.

교사는 6개에서 20개의 단어 목록들을 학년 수준에 따라 엮는다. 교사는 특정한 범주를 예로 들고, 작은 카드에 단어를 쓴다. 또는 작은 그림 카드도 사용할 수 있다.

3. 분류 활동을 실시한다.

만약 닫힌 분류라면 교사는 분류를 위한 범주를 제시하고, 학생들은 이러한 범주로 단어 카드를 분류하게 한다. 만약 열린 분류라면, 학생들은 단어를 확인하고 가능한 범주를 찾아본다. 학생들은 만족하게 되는 분류가 될 때까지 다양한 범주로 카드를 배열하고 재배열한다. 그 다음에 범주 라벨을 덧붙인다.

문식성 전략 50 - 단계별 언어 기능 교수 전략 -

4. 영구적인 기록을 만든다.

학생들은 그들의 분류를 영구적 기록으로 남긴다. 학생들은 단어 카드를 커다란 공작용 종이나 포스터 판에 붙이거나 단어를 종이에 쓴다.

5. 단어 분류를 공유한다.

학생들은 그들의 단어 분류를 친구들과 공유하고, 그들이 (열린 분류로) 사용한 범주에 대하여 설명한다.

언제 이 교수 전략을 사용하는가?

교사는 발음, 철자, 어휘를 가르치기 위하여 단어 분류를 사용한다. 예를 들어, 문학 중심 단원에서 학생들은 이야기의 시작, 중간, 끝에 따라 또는 등장인물에 따라 어휘를 분류한다. 교사는 학생들이 읽은 책의 단어나 기초 독서 프로그램, 발음 중심 프로그램, 철자 교과서의 단어를 사용하여 발음과 철자 중심 지도법의 하나로써 단어 분류를 포함하고 있다. 주제 중심 단원에서 학생들은 중요한 아이디어에 따라 단어와 어휘를 분류한다. 예를 들어 운송 관련 주제 중심 단원에서 4학년, 5학년 영어 학습자들은 땅, 물, 하늘과 관련된 작은 플라스틱 운송 수단 모형과 그림을 분류하였다. 그러고 나서 다음 (예)와 같이 단어 분류를 만들었다.

(예) 영어 학습자의 운송 관련 단어 분류

Land	Water	Air
car	ship	jet
truck	rowboat	helicopter
bicycle	sailboat	hot air balloon
horse	motorboat	airplane
taxi cab	barge	spaceship
elevator	submarine	
train	tanker	
subway		
bus		

참고 문헌

Bear, D. R., Helman, L., Invernizzi, M., & Templeton, S. R. (2007). *Words their way with English learners: Word study for spelling, phonics, and vocavulary instruction.* Upper Saddle River, NJ: Merrill/Prentice Hall.

Bear, D. R., Invernizzi, M., Templeton, S., & Johnston, F. (2008). *Words their way: Word study for phonics, vocavulary, and spelling instruction* (4th ed.). Upper Saddle River, NJ: Merrill/Prentice Hall.

Ganske, K. (2006). *Word sorts and more: Sound, pattern and meaning explorations, K-3.* New York: Guilford Press.

Shaw, N. (1992). *Sheep on a ship.* Boston: Houghton Mifflin.

Shaw, N. (1994). *Sheep on a ship.* Boston: Houghton Mifflin.

Shaw, N. (2006). *Sheep on a ship.* Boston: Houghton Mifflin.

49 단어 벽(Word Walls)

교수 초점		학년 수준
□ 말하기/듣기	□ 독해	■ 유치원-2학년
□ 음운 인식/발음(음성)	□ 작문	■ 3-5학년
■ 유창성	□ 철자 쓰기	■ 6-8학년
■ 어휘력	■ 내용교과	■ 영어 학습자

　단어 벽은 학생들이 단어 학습 활동을 위하여 사용하고 그들이 읽고 쓸 때 참조하는 교실에 붙어있는 단어의 모음이다(Wagstaff, 1999). 학생들은 알파벳 순으로 배열하여 나눈 사각형 공작용 종이 또는 두꺼운 방습지에 도표를 만든다. 학생들과 교사는 그들이 읽은 책이나 주제 중심 단원에서 학생들이 학습한 중요한 아이디어와 관련된 단어 중에서 흥미 있고, 혼동이 되거나 중요한 단어를 단어 벽에 쓴다. 학생들은 대개 단어 벽에서 쓸 단어를 선택하고, 심지어 스스로 쓰기를 할 지 모른다. 그러나 교사는 학생들이 선택한 적이 없는 중요한 단어를 추가한다. 다음 (예)는 '손도끼(*Hatchet*, Paulsen, 2006)'를 위한 6학년 단어 벽이다.

　다른 단어 벽은 주제 중심 단원을 위해 개발될 수 있다. 유치원이나 1학년의 식물에 관한 단어 벽은 이러한 주요 단어들-씨앗, 꽃, 줄기, 나무, 선인장, 뿌리, 햇살, 물 토양, 잎, 성장-을 포함하고 있을 것이다. 교사는 학생들이 좀 더 쉽게 단어를 범주화하도록 다른 교육과정 영역별로 분리된 단어 벽을 준비한다.

문식성 전략 50 - 단계별 언어 기능 교수 전략 -

(예) '손도끼'를 위한 6학년 단어 벽

A	B	C	D
alone	bush plane	Canadian wilderness	divorce
absolutely terrified	Brian Robeson	controls	desperation
arrows	bruised	cockpit	destroyed
aluminum cookset	bow and arrow	crash	disappointment
		careless	devastating
		campsite	
E	**F**	**G**	**H**
engine	fire	gut cherries	hatchet
emergency	fuselage	get food	heart attack
emptiness	fish		hunger
exhaustion	foolbirds		hope
	foodshelf		
	54 days		
IJ	**KL**	**MN**	**OPQ**
instruments	lake	memory	pilot
insane		mosquitoes	panic
incredible wealth		mistakes	painful
		matches	porcupine quills
		mental journal	patience
		moose	
R	**ST**	**UV**	**WXYZ**
rudder pedals	stranded	vistation rights	wilderness
rescue	secret	viciously thirsty	windbreaker
radio	survival pack	valuable asset	wreck
relative comfort	search	vicious whine	woodpile
raspberries	sleeping bag	unbelievable riches	wolf
roaring bonfire	shelter		
raft	starved		

높은 빈도의 단어를 위한 단어 벽의 두 번째 유형은 초기 학년 교실에서 사용된다. 교사는 각 알파벳 낱자마다 하나씩 커다란 공작용 종이를 교실 벽에 걸어놓는다. 그리고 나서 *the, is, are, you, what, to*와 같이 높은 빈도의 단어를 붙인다(Cunningham, 2005; Lynch, 2005). 다음 (예)는 1학년 교실의 "A"로 이루어진 단어를 보여준다. 학생들은 또한 다른 흥미로운 단어와 함께 작은 그림 카드를 추가한다. 이 단어 벽은 전시하고, 추가적인 단어는 1년 동안 붙여 놓는다. 유치원 교실에서 교사는 *K-Mart*와 *McDonald*와 같은

49 단어 벽(Word Walls)

학생들의 이름으로 된 단어 카드를 벽 도표와 공동 환경 인쇄물에 배치하면서 학년을 시작한다. 학년 말에 교사는 *I, love, the, you, Mom, Dad, good*와 같은 단어와 학생들이 읽고 쓸 수 있기를 원하는 다른 단어를 추가한다.

(예) 빈도수가 높은 1학년의 "A" 단어 벽

왜 이 교수 전략을 사용하는가?

단어 벽은 학생들이 읽기, 쓰기와 학습에서 어휘와 단어에 관심을 기울이도록 강조한다. 학생들이 단어를 읽고 철자를 쓰기 위하여 이러한 단어를 반복적으로 보고, 여러 번 되풀이하여 읽으며, 쓰기를 하면서 그 단어들을 사용할 때, 학생들은 의미하는 바를 더 많이 배울 것이다.

영어 학습자를 위한 안내

특별하게 각 단어에 작은 삽화가 첨부되어 있을 때 단어 벽은 영어 학습자들에게 가치가 큰 자원이다. 학생들은 단어를 읽고, 말하고 쓸 때 문장에서 단어를 사용하면서 연습한다. 학생들은 또한 개인 단어 벽을 만들기 위하여 단어를 쓰고 삽화를 그릴 수 있다.

어떻게 이 교수 전략을 사용하는가?

교사는 대개 학급 전체와 함께 다음과 같은 단계에 따라 단어 벽을 만든다.

1. 단어 벽을 준비한다.

교사는 12에서 24칸으로 나눈 다음 각 칸에 알파벳 낱자들을 붙인 공작용 종이 또는 두꺼운 방습지로 된 빈 단어 벽을 교실에 준비한다.

2. 단어 벽에 대해 설명한다.

교사는 단어 벽을 설명하고, 읽기를 시작하기 전에 몇 가지 핵심어를 적는다.

3. 단어 벽에 단어를 더한다.

학생들은 책을 읽거나 주제 중심 단원 활동에 참여하면서 단어 벽에 쓸 "중요한" 단어를 제안한다. 학생들과 교사는 알파벳 순으로 된 구획에 그 단어를 최대의 학생들이 볼 수 있게 충분히 크게 쓴다. 만약에 철자가 틀린 단어가 있다면 학생들이 그 단어들을 다양한 활동에 사용할 것이기 때문에 그것을 올바르게 고쳐야 한다. 교사는 때때로 어려운 단어에는 작은 그림을 더하거나 동의어를 쓰고, 어근에는 상자 표시를 하거나, 그 단어 가까이에 복수형이나 관련된 다른 단어를 써 놓는다.

4. 단어 벽을 사용한다.

교사는 다양한 어휘 활동을 위하여 단어 벽을 사용한다. 학생들은 쓰기를 할 때 단어 벽을 참조한다.

49 단어 벽(Word Walls)

> ## 언제 이 교수 전략을 사용하는가?

교사는 문학 중심 단원과 주제 중심 단원에서 단어 벽을 사용한다. 또한 초기 학년 교사는 단어 벽을 이용하여 빈도수가 높은 단어들을 가르친다. 교사는 학생들이 다양한 단어 학습 활동에 참여하게 한다. 예를 들어, 학생들은 단어 벽에 있는 단어를 사용하여 얼른쓰기(33번 전략 참고)를 하고, 일지를 쓰고 알파벳 북(2번 전략 참고)을 만들 때 단어 벽을 참조한다. 교사는 또한 단어 분류(48번 전략 참고)와 티 파티(45번 전략 참고) 활동을 위하여 단어 벽의 단어를 사용한다. 초기 학년 교사는 발음 중심 지도와 다른 단어 학습 활동을 위하여 높은 빈도의 단어 벽에서 단어를 사용하기도 한다. 단어 학습 활동의 한 가지 예는 인기 있는 단어 사냥 게임이다. 교사는 작은 화이트보드를 나누어 주고, 학생들은 화이트보드에 주어진 단서에 따라 단어 벽에서 단어를 확인하고 쓴다. 예를 들어, 교사는 "~로 시작하는 단어를 찾아라.", "~와 같은 운율을 가진 단어를 찾아라.", "~뒤에 나오는 알파벳 순서에 따른 단어를 찾아라." 또는 "~와 반대되는 뜻을 가진 단어를 생각하라."라고 말하고, 기능에 따라 학생들은 학습한다. 학생들은 단어를 읽고 또 읽고, 발음 중심 지도와 단어 학습 개념에 적용한다. 그리고 이 게임을 하면서 빈도수가 높은 단어의 철자를 연습한다.

참고 문헌

Cunningham, P. M. (2005). *Phonics they use: Words for reading and writing* (4th ed.). New York: HarperCollins.
Lynch, J. (2005). *High frequency word walls*. New York: Scholastic.
Paulsen, G. (2006). *Hatchet*. New York: Aladdin Books.
Wagstaff, J. (1999). *Teaching reading and writing with word walls*. New York: Scholastic.

50 쓰기 모둠(Writing Groups)

교수 초점		학년 수준
☐ 말하기/듣기	☐ 독해	☐ 유치원-2학년
☐ 음운 인식/발음(음성)	■ 작문	■ 3-5학년
☐ 유창성	☐ 철자 쓰기	■ 6-8학년
☐ 어휘력	☐ 내용교과	☐ 영어 학습자

쓰기 과정 중 고쳐 쓰기 단계에서는 학생들이 엉성한 초고 쓰기를 공유하고 그들이 의사소통을 잘하여 피드백을 받기 위하여 쓰기 모둠으로 만난다(Tompkins, 2008). 쓰기 모둠의 구성원은 좋은 비평가이다. 그들은 필자가 잘 쓴 것에 대하여 칭찬하고, 더 잘 쓰도록 제안한다(Lane, 1999). 쓰기 모둠 구성원은 그들이 학습한 주제와 필자 작품의 다른 양상에 대하여 논평을 한다.

도입	단어 선택	음성
대화	문장	운율
결말	성격 전개	연속된 사건
묘사	관점	회상
아이디어	조직	두운

이러한 주제는 칭찬과 제안 모두에 사용된다. 학생들이 칭찬을 할 때에는 "나는 너의 처음이 좋았어. 도입을 나의 관심을 끌었고 계속 듣도록 만들었어."라고 말할지 모른다. 학생들이 제안을 할 때에는 "네가 만약 처음을 더욱 흥미 있게 만들기 위하여 질문으로 시작했었다면 어떨까. 아마도 넌 '경찰차에서 벗어난 적이 있는가? 글쎄, 도대체 내게 무슨 일이 일어났는지!'"라고 말한다.

쓰기 모둠에서 학생들의 엉성한 초고를 공유하는 방법과 건설적인 피드백을 제공하는 방법을 가르치는 것은 쉽지 않다. 교사가 수정을 설명할 때, 학생들이 특별하고 의미 있는 논평을 세련되게 제공하는 방법을 모르기 때문에 적절한 반응을 시범 보인다. 교사들과 학생들은 적절한 칭찬과 제안하는 논평의 목록을 브레인스토밍할 수 있고, 참조하기 위하여 그것을 교실에 게시할 수 있다. 논평은 대개 "너는"이 아니라 "나는"으로 시작한다. 다음 두 문장에서 생겨나는 어조의 차이에 주목하라. "…는 어떨까?"와 "너는 …가 필요해." 다음에 칭찬을 시작하는 몇 가지 방법이 있다.

… 장소에 대한 부분에 좋았어.
나는 … 방법을 배웠어.
나는 네가 … 묘사했던 방법이 맘에 들어.
나는 네가 정보를 조직한 방법이 좋아. 왜냐하면 …

또한 학생들은 친구들이 쓴 글을 수정할 수 있는 방법에 대하여 제안을 한다. 이 제안은 학생들에게 도움이 되는 방법으로 표현하는 것이 중요하다. 다음에 제안을 시작하는 몇 가지 방법이 있다.

나는 …에 대한 부분이 혼동되었어.
… 결론은 어떨까?
…에 대하여 좀 더 추가하면 좋겠어.
이 구절이 … 순서로 되어 있으면 어떨까?
나는 네가 이 문장들을 … 합하는 것을 바랄지도 모른다고 생각해.

학생 필자는 또한 친구들에게 그들이 확인한 특별한 문제에 도움을 받기 위하여 요구한다. 피드백을 받기 위하여 친구를 찾는 것은 수정하는 학습에서 큰 발전이다. 다음에 필자가 요구할 수 있는 몇 가지 질문이 있다.

무엇에 대하여 좀 더 알고 싶으니?
없애버려야 하는 부분은 있니?
추가할 수 있는 세부 사항은 무엇이니?

50 쓰기 모둠(Writing Groups)

내 쓰기에서 가장 좋은 부분은 무엇이라고 생각하니?
내가 바꾸어야 할 단어가 있니?

쓰기 모둠 작업은 학생들이 지원하는 방법을 이해하고, 친구들을 칭찬하고 제안하며 요구를 통하여 돕는 데에 효과적이다.

왜 이 교수 전략을 사용하는가?

쓰기 과정에서 수정하기는 가장 어려운 부분이다. 왜냐하면 학생들이 그들의 쓰기에 대하여 서로 소통하여 좀 더 효과적으로 수정하기 위하여 의견을 지지하고, 객관적으로 평가하기가 어렵기 때문이다. 학생들은 쓰기 모둠에 참여하여 칭찬과 제안을 수용하고 친구들에게 유용한 피드백을 제공하는 방법을 학습한다.

어떻게 이 교수 전략을 사용하는가?

교사는 학생들에게 그들의 글을 수정하는 아이디어를 얻기 위하여 소집단에서 함께 활동할 수 있도록 이 교수 전략의 사용 방법을 가르친다. 4명이 한 소집단을 이루어 활동하는 것이 가장 효과적이다. 이 전략의 단계는 다음과 같다.

1. 초고를 소리 내어 읽는다.

학생들은 서로 돌려가며 모둠 내에서 그들의 엉성한 초고를 소리 내어 읽는다. 모든 학생들이 예의 바르게 들어야 하고, 필자의 읽기가 다 끝난 다음에는 칭찬할 것과 제안할 것에 대하여 생각한다. 친구들이 오직 필자만의 작문을 보기 때문에, 그들은 문법적 오류, 심지어 내용에서 수정하는 중에 강조해야 하는 것에 대하여 빠르게 주목하고 논평한다. 쓴 것을 크게 소리 내어 읽을 때의 듣기는 내용에 초점을 유지해야 한다.

2. 칭찬한다.

엉성한 초고를 소리 내어 읽은 것을 들은 후에는 쓰기 모둠에서 구성원들은 그 초고에서 좋았던 것이 무엇인지 필자에게 말한다. 이러한 긍정적 논평은 자주 들어본 "맘에 드는데." 또는 "좋은데." 정도보다는 반드시 구체적이고, 장점에 초점을 두어야 한다. 이것들은 비록 긍정적인 논평이기는 하지만, 효과적인 피드백을 주지 못한다.

3. 명료한 질문을 한다.

긍정적인 논평을 돌아가면서 한 이후에, 필자가 먼저 자신의 글을 다시 읽으면서 확인하였던 문제점에 대해서 도움을 요구한다. 또는 좀 더 일반적인 부분에 대해서도 구성원들에게 얼마나 잘 소통이 되는지 질문할 지도 모른다.

4. 다른 수정 제안을 한다.

쓰기 모둠에 있는 구성원들은 불분명한 부분에 대해서 질문하고, 엉성한 초고를 수정하는 방법에 대하여 제안을 한다.

5. 앞의 과정을 반복한다.

쓰기 모둠의 구성원들은 모든 학생이 그들의 엉성한 초고를 공유할 수 있도록 앞의 과정을 반복한다. 앞의 네 단계는 각각 학생들의 작문에 계속 반복된다.

6. 수정을 위한 계획을 수립한다.

쓰기 모둠 시간의 마무리에서는 학생들이 각자 모둠 구성원으로 받은 논평과 제안에 기초를 두어 자신의 쓰기를 수정하기 위하여 전념한다. 최종 결정은 항상 필자 스스로 할 수 있도록 만든다. 그러나 이 과정에서 자신의 엉성한 초고는 완벽하지 않다는 것을 이해하고, 수정이 필요하다는 것을 자각해야 한다. 학생들이 수정에 대한 계획을 말로 표현할 때, 수정 단계는 좀 더 완벽해지는 것 같다.

언제 이 교수 전략을 사용하는가?

학생들은 쓰기 모둠을 쓰기 과정에 언제라도 사용한다. 학생들이 엉성한 초고에 썼을 때, 그들은 쓰기를 공유하고 친구들에게 피드백을 받을 준비가 되어 있다. 학생들은 종종 학교를 다니는 동안이나 엉성한 초고에 대하여 피드백 받을 준비를 하면서 학생들이 모둠을 형성할 수 있는 경우에 같은 쓰기 모둠을 만나기도 한다. 학생들이 문학 중심 단원 중에 책을 읽고 속편을 쓰는 경우나 사막에 대한 주제 중심 단원의 부분으로써 사막 식물과 동물에 대한 보고서를 쓰는 경우와 같이 쓰기 프로젝트에서 함께 활동할 때, 많은 학생들은 거의 정확하게 동시에 쓰기 모둠을 만날 준비를 할 것이다. 그래서 그들은 교실에서 기존에 만들어진 모둠에 따라 모둠을 만날 수 있다. 반대로, 쓰기 워크숍을 하는 중에 학생들은 그들 자신의 속도에 맞게 쓰기 프로젝트를 하게 되고, 학생들은 쓰기 모둠에서 각각 다른 시간에 만남을 필요로 한다. 많은 교사는 학생들에게 칠판에 신청하게 한다. 이러한 방법으로 4명의 학생이 준비가 되면 그 4명은 모둠을 만든다. 기존에 만들어진 모둠과 자연스럽게 만들어진 모둠은 모두 효과적이다. 무엇보다도 중요한 것은 학생들이 필요로 할 때 그들의 쓰기에 대하여 피드백을 받는 것이다.

참고 문헌

Lane, B. (1999). *Reviser's toolbox*. Shoreham, VT: Discover Writing Press.
Tompkins, G. E. (2008). *Teaching writing: Balancing process and product* (5th ed.). Upper Saddle River, NJ: Merrill/Prentice Hall.